Wagner Frota

XAMANISMO VISCERAL

O DESPERTAR DO GUERREIRO

ALFABETO

Publicado em 2014 pela Editora Alfabeto

Supervisão geral: Edmilson Duran
Diagramação: Décio Lopes
Revisão de texto: Hélio Mattos, Tatiana Mamede e Ivane S. Ferreira
Ilustração da capa: Andrey Kiselev (123RF)
Contato com o autor: www.xamanismo.com | wagner@xamanismo.com

DADOS INTERNACIONAIS DE CATALOGAÇÃO NA PUBLICAÇÃO

Frota, Wagner

Xamanismo Visceral - O Despertar do Guerreiro/Wagner Frota. - 1ª Edição - São Paulo, Editora Alfabeto, 2014.

ISBN: 978-85-98307-05-3

1. Xamanismo. 2. Esoterismo. 3. Xamãs. 4. Misticismo I. Título.

ALFABETO

EDITORA ALFABETO
Rua Protocolo, 394 | CEP 04254-030
São Paulo/SP | e-mail: edmilsonduran@uol.com.br
Tel: (11)2351.4168 | Fone/Fax: (11)2351.5333
www.editoraalfabeto.com.br

A todos aqueles que tiveram
coragem de trilhar caminhos com
os quais outros ousaram apenas sonhar.

Apresentação

Enquanto lágrimas de emoção escorriam pelo rosto deste escriba ao relembrar trechos do Despertar do Guerreiro para fazer esta pequena apresentação, tive uma experiência sensorial.

Vi e ouvi claramente:

Mestres xamãs acendendo o cachimbo da paz e vibrando seus tambores anunciando o nascimento de um verdadeiro guerreiro sul americano. "Pacos" andinos queimando "palo santo" e tocando suas maracas na sintonia da fraternidade universal, cantando em versos o despertar de um mago do novo tempo. Uma matilha de lobos uivando para uma prateada lua. Um Jaguar dourado andando sorrateiramente por uma floresta encantada. Companheiros de jornada, alunos, clientes e leitores reunidos no planalto central brasileiro dançando harmoniosamente ao redor de uma fogueira festejando o lançamento de mais um livro do Jaguar Dourado. Internautas conectados na energia da mudança trocando mensagens animadoras na expectativa de acesso a profundos conhecimentos ancestrais. Eu mesmo, participando dos diversos encontros mágicos proporcionados nos workshops além do tempo e do espaço, coordenados pelo Xamã Wagner Frota.

Voltando à matéria com o coração pleno de admiração e com a consciência mais tranquila, consciente de que ainda existem "duas patas" que perseguem ideais puros através de um Sacro Ofício autêntico e desapegado, buscando descobrir os arcanos secretos da Natureza, deixo para os leitores a seguinte dica:

– Leiam este livro com a mente aberta e desconectada deste mundo hodierno transitando livremente junto com o autor na sua procura pelo sentido da vida.

Assim Corvo Branco[1] falou!

1. Hélio Mattos

Prefácio

A coisa mais autêntica sobre nós é a nossa capacidade de criar, de superar, de suportar, de transformar, de amar e de sermos gratos mesmo no nosso sofrimento.

Ben Okri

A história narrada aqui é a minha própria, registrada no meu Diário Estelar a partir de setembro de 2003. Confesso que resisti a escrevê-la, mas em meu interior sabia que precisava libertá-la, deixando que as minhas experiências auxiliem os leitores de "Xamanismo Visceral – O Despertar do Guerreiro" a fazerem o mesmo com as suas.

O livro é uma tentativa de compartilhar todos os ensinamentos que aprendi em minha jornada pela África, Brasil, Equador e Andes Peruanos. Nele estão todas as lembranças de um momento doloroso de minha vida, quando me vi no fundo do poço, e também a odisseia que realizei para me reerguer e seguir adiante... vivendo cada momento como um ato de poder.

Ninguém é capaz de conhecer o caminho que percorri melhor que eu. A função dos meus Mestres e Guardiões nesta jornada foi a de me ajudar a despertar e a me conscientizar daquilo que sou capaz de saber e realizar, auxiliando-me a reconhecer que todos os caminhos conduzem ao mesmo destino. Ao ponto onde todos somos seres que sabem viver plenamente. Mas para chegar a esta conclusão tive que enfrentar o maior dos desafios: o de encontrar comigo mesmo e de conhecer, mesmo que superficialmente, todas as minhas faces.

Sei que a minha jornada não termina com este livro, porém recomeça com ele... mas isso é outra história.

Wagner Frota

Prólogo

Vou contar as coisas não como aconteceram,
mas como me lembro delas.
Charles Dickens

Por um milésimo de segundo pareço flutuar. A dor está mais forte e me faz chorar. Estou sozinho numa cama de hospital. A escuridão parece me envolver e as sombras apertam meu abdômen. Levanto procurando firmar meus pés no chão e vou até o banheiro. As cólicas estão mais fortes. Sento no vaso sanitário. Procuro expelir a dor pelo meu intestino. Defeco apenas sangue gelatinoso. Limpo-me. Vou até o espelho e vejo um rosto magro, pálido e desidratado. Assusto-me com meu reflexo. Vejo apenas a sombra de quem realmente fui.

Há quantos dias tempo estou sentindo essa dor? Perdi completamente a noção de tempo. Recordo-me que estava preparando a minha vitamina matinal, quando comecei a sentir que estava com cólicas abdominais. Em pouco mais de cinco minutos a dor subiu numa escala geométrica, fazendo com que eu não conseguisse ficar em pé. Procurei sentar e respirar profundamente, mas era como se houvesse gases dentro de mim. Deitar também não melhorava. Meus músculos contraíram-se em frenesi, fazendo com que meu corpo estremecesse. Contorci-me feito um marionete convulsionando. Que agonia. Apanhei o celular e liguei para meu vizinho pedindo ajuda.

Passado alguns minutos, a esposa dele chegou. Com o seu auxílio entrei no carro. Minha vizinha ligou o alerta e saiu em disparada pelas ruas de Maceió em direção ao hospital mais próximo. O trânsito estava intenso, por vezes ela andava na contramão. Durante o percurso vomitei algumas vezes. Quando chegamos ao pronto-socorro, meu amigo se encontrava lá nos aguardando com a notícia que o hospital estava em greve. De novo? Não acreditei que a história se repetia. Ligamos para Thálya[2] contando do meu estado e ela nos aconselhou a irmos para o Hospital do SESI.

Dou entrada na emergência. Sou levado para a sala de raio-x numa cadeira de rodas. Enquanto sou radiografado, Thálya chega. Seus olhos se arregalam ao me ver. Pelo visto meu estado é crítico. Como médica ela tem livre acesso no hospital e muitos amigos por lá. Apesar de separados, sempre estamos em contato. Ela é muito mais que uma amiga, é uma irmã. Após me instalar num quarto, Thálya me leva a uma sala onde sua irmã me fez uma ecografia abdominal. Mais tarde, no quarto, me explicou que os dois exames não identificaram nada. O médico de plantão, para diminuir a intensidade da dor, aplicou morfina na minha veia.

Tenho uma noite interminável, a dor parece querer me dilacerar. Nunca me senti assim. Meu organismo se voltou contra mim, parece querer me sabotar. Tenho vontade de morrer. Mas confesso que tenho medo. Sempre disse que estava preparado para enfrentar a morte de frente, mas agora que ela parece bater à minha porta para me levar, não sei se realmente desejo isso. Tenho que lutar. Ao telefone com a minha mãe, prometi que sairia dessa. Não posso desapontá-la e nem sequer imaginar vê-la sofrendo a perda de um filho. Fora ela há o meu sobrinho que tanto amo. Eles são a minha família, sairei vencedor deste embate.

Thálya passou a noite ao meu lado. Pela manhã uma enfermeira tira o meu sangue para fazer mais um exame. À tarde fui levado a uma sala para fazer uma endoscopia digestiva. Após uma sedação endovenosa, o exame é realizado. Desde que as dores começaram, este foi o único momento em que senti menos cólicas. Infelizmente este exame também não conseguiu descobrir o que está ocorrendo comigo. Existem suspeitas de que as alças dos intestinos estão alteradas, mas nada de concreto.

Thálya vai para sua casa, mas pede que a sua irmã passe a noite comigo. Digo que não é necessário, mas não sou ouvido. Tenho mais uma noite aterradora. A dor se aprofunda cada vez mais, a morfina parece não fazer efeito. Na manhã de domingo mais uma vez a enfermeira faz coleta

---

2. Thálya e eu fomos casados e nossa história é parte do livro *Caminhando com os ventos*, de minha autoria. (N.A.)

do meu sangue para exame. Recebo a visita do Dr. Barbosa, um amigo que a partir daquele dia iria acompanhar o meu caso. Ele é um pouco baixo, calvo, olhos pretos, pequenos e vivos, e o corpo magro. Durante nossa conversa, me diz que no dia seguinte eu faria uma colonoscopia.

Passei o resto do dia deitado e com dores. Minha mãe ligou dizendo que viajaria na manhã seguinte, para Maceió, junto com meu sobrinho. Não gostaria que me vissem no estado em que estou, mas uma mãe é capaz de fazer qualquer tipo de sacrifício por seus filhos e certamente não tenho como impedir que ela venha ver o que está se passando comigo. À noite Thályа veio me visitar rapidamente. Ela não poderia dormir lá, na manhã seguinte tinha uma reunião importante de trabalho, mas a tarde viria ao hospital.

Ao recapitular os últimos dias, lágrimas grossas e mornas rolam pelo meu rosto cadavérico. Certamente estou na fronteira de um pesadelo sem fim. Pergunto o porquê de tanto sofrimento. Não tenho a resposta. O dia está raiando. Volto para cama tentando dormir. Não consigo.

A enfermeira mais uma vez entra no quarto para colher mais sangue do meu braço esquerdo. No mesmo braço um tubo está ligado ao soro com os meus medicamentos. Mal consigo me alimentar nestes dias. Senão fosse o soro, eu estaria mais desidratado do que já estou. Tenho que tomar uma medicação preparatória para o exame que irei realizar, mas toda vez que bebo a solução, vomito. No início da tarde minha cunhada entra no quarto e me leva para a sala onde será realizada a colonoscopia. As dores aumentam. O tempo passa e nada de o médico aparecer. Contorço-me constantemente de dor. Apago.

Acordo totalmente grogue. Parece que bebi uma garrafa de cachaça. Não estou mais no meu antigo quarto. Minha mãe está ao meu lado segurando minha mão. Pergunto pelo meu sobrinho e ela responde que ele foi para a casa com a minha cunhada. É melhor assim, não quero que ele me veja neste estado. Peço que me ajude a ir ao banheiro. Mal chego lá, começo a vomitar. Sinto um forte cheiro de fezes. Toda vez que vomito, lágrimas de dor brotam dos meus olhos. A dor abdominal se intensifica intermitente. Ela parece me dilacerar por dentro. Volto para a cama cambaleante. Minha mãe chama a enfermeira.

De repente o médico de plantão entra no quarto dizendo que será necessário me entubar para que eu não venha a ter uma infecção generalizada, por causa do vômito fecal. Tenho que concordar com ele. Uma enfermeira se aproxima com a sonda para colocar na minha narina esquerda. Entro em pânico e começo a pedir que não me entubem, pois está doendo. O médico diz que é necessário. Minha mãe pede que parem. Não somos ouvidos. Ouço-a rezando. Durante o procedimento, elimino um muco sanguinolento pelo reto. As enfermeiras tiram minha calça verde e me deixam apenas de bata com a bunda de fora.

Durante toda noite sinto o incômodo da sonda na minha garganta. Sinto dificuldade de respirar. Minha rotina de exames continua na manhã seguinte. Depois de tirar sangue, vou para uma clínica de medicina nuclear perto do hospital fazer um exame radiológico que segundo me informaram irá finalmente identificar o local onde existe uma hemorragia no meu aparelho digestivo, já que os outros exames foram ineficazes. O exame demora um total de cinco horas.

Thálya apanha-nos na clínica e nos leva de volta ao Hospital. Tento comer algo, mas não consigo. Sinto-me desidratado. Meu corpo está frio e o pulso acelerado. Sinto minha face ficar pálida. A dor aumenta. Dr. Barbosa entra no quarto para me ver. Meu pai liga dizendo que tem uma equipe médica em São Paulo me aguardando. Meu médico não aconselha que eu viaje, pois a pressão atmosférica dentro do avião pode ser fatal para mim. Começa uma discussão dentro do quarto.

As vozes somem ao meu redor. Surge a minha frente a figura de Chamakani, o "Senhor mais Velho", todo vestido de palha da costa, com um capuz trançado do mesmo material, carregando na sua mão direita um cajado feito de palha, contas rajadas e búzios. Ao seu lado tem um caboclo de tez avermelhada e muito alto. O "Senhor mais Velho" se aproxima de mim e fala. Sua voz ecoa dentro da minha mente dizendo que não devo viajar e que a cirurgia tem que ser feita o mais rápido possível. Dito isso, ele desaparece. Ouço meu pai ao telefone dizendo que quem decidiria se iria viajar ou não seria eu. Faço das tripas coração para me manter vivo. A decisão está tomada.

Sou levado de maca para o centro cirúrgico às pressas. Minha cunhada me auxilia na transferência para a mesa de operação. Vejo fortes luzes acima de mim. As luzes me envolvem completamente.

Acordo sendo levado de cadeira de rodas de volta para o quarto pela minha cunhada, que me diz que a cirurgia foi um sucesso. Ainda estou entubado pela sonda. Digo que é uma injustiça ainda estar com aquele tubo dentro de mim. Ela diz que ainda é necessário, mas que em breve ele deverá ser retirado.

Passo mais uma noite em claro, mas sem dor, porém a sonda ainda me incomoda. Minha mãe não arreda o pé do meu lado. Durante o dia, ligo para meu sobrinho parabenizando-o pelo seu aniversário. Aproveito para brincar com ele dizendo que eu havia morrido e que tinha nascido outra vez no mesmo dia em que ele.

Dr. Barbosa me visita e disse que teve que tirar 33 centímetros do meu intestino delgado. Explica que tive uma invaginação intestinal. Meu intestino estava sendo engolido por si mesmo, como se fosse um telescópio, fazendo com que eu ficasse profundamente abatido e chorando de dor. Foi necessário cortar um pedaço dele, pois 12 centímetros já estavam necrosados.

À noite aplicam Valium na minha veia para que eu possa dormir, mas não consigo totalmente. Faço uma viagem, que creio ser parecida como se tivesse tomado LSD. Toda vez que fecho os olhos me vejo num lugar com cores berrantes por todos os lados. Ao abri-los as imagens somem. Passo a noite fechando e abrindo as pálpebras. Apesar de estar sem dor, sinto-me muito cansado.

No outro dia pela manhã a sonda é tirada do meu nariz. Logo depois me levanto para ir ao banheiro. Tomo um banho com auxílio da minha mãe e depois faço a barba. Quando volto para o quarto meu pai está lá em pé sorrindo para mim. Abraçamo-nos emocionados.

Mama África

A vida não é um assunto particular.
Uma história e suas lições só se tornam úteis quando compartilhadas.
Dan Millman

Há algo errado lá fora. Sinto um silêncio amargo. Uma sensação intensa e predatória. Sinto que algo me espreita. Pego emprestado os olhos do jaguar e nada vejo. Talvez eu tenha me enganado. Deve ser porque estou sozinho na selva da *Muatiânvua*, na fronteira entre Angola e a República Democrática do Congo, a pouco mais de sessenta e três horas realizando uma "Busca da Visão" para comemorar mais uma primavera, a minha quadragésima primeira. Deixei Iktomi na aldeia *Lunda Tchokwe* com Pai Legba e fui fazer a minha jornada de quatro dias. Tenho fome. Mas não posso quebrar o meu jejum de sólidos. Bebo água tentando enganar meu estômago e procuro dormir.

Sonho. Um escorpião se aproxima sorrateiro enquanto durmo profundamente. Tenho um sono agitado. Viro para o lado esquerdo fazendo sombra no aracnídeo negro com tons amarelados. Ele se sente ameaçado. Sou ferroado. Uma dor intensa se alastra pela minha barriga, braços e pernas. Abro os olhos e vejo o pequeno animal se afastando na direção do rio. Tento levantar e caio. Meu lado esquerdo não responde aos comandos do meu cérebro. Arrasto-me lentamente em direção a uma árvore de copa larga e elegante. Tento subir, mas não consigo. Desmaio.

Acordo sobressaltado. Tenho arranhões nos braços e pernas. Olho para a minha barriga e vejo o local onde o escorpião me picou, inchado e dolorido. Parece uma bolha de queimadura. Tenho febre. Estou totalmente paralisado do lado esquerdo. Levo a minha mão direita até o local da ferroada. Mas como? O que estou fazendo no alto da árvore? Como cheguei até aqui? Será que estou sonhando? Olho para baixo e fico tonto. É muito alto. Alguém deve ter me colocado em cima deste galho. No meu estado é impossível que eu tenha subido sozinho. E agora como irei descer? Devo estar delirando.

Há quanto tempo estou aqui? Lembro que quando fui picado o sol estava se pondo. Agora ele está a pino. Moscas zunem implacavelmente ao redor da minha boca, olhos e orelhas. Procuro afugentá-las girando a cabeça, mas elas voltam no mesmo instante. É um esforço inútil. Tenho sede. Procuro meu cantil e o encontro preso ao meu pescoço. Água. Que maravilha! Após matar minha sede, ouço barulhos abaixo de mim, folhas estão sendo esmagadas e galhos arrancados. Olho para o chão e me arrepio. Gorilas marcham como um exército na direção da árvore na qual estou instalado. Era só o que me faltava. A situação é totalmente insustentável. Suo frio.

Procuro na minha mente recordar a lição de como ficar invisível que aprendi com Águia de Coração Leve. Fecho os meus olhos e procuro relaxar. Imagino meu corpo tornando-se transparente como um vidro. Intento ficar invisível para todos que estejam olhando para onde me localizo. Aos poucos vou sentindo que a vibração do meu corpo energético diminui e tenho a certeza de que não serei visto por ninguém. Fico invisível como um espírito e silencioso como a coruja no voo.

Não estou me mexendo, embora minha cabeça balance para os lados por causa da febre. Ouço um trem apitar lugubremente, um som distante que de algum modo atravessa o zumbido constante nos meus ouvidos. Meu corpo parece de chumbo. Alguma coisa fria e molhada chega à minha testa. Abro os olhos e vejo um leque de cores e formas que se transformam. Quatro braços fortes fora de foco cruzam meu rosto e se fundem, formando um único braço curto. Sinto náuseas, e meus lábios se abrem involuntariamente. Viro a cabeça, mas nada sai de mim.

Sinto uma respiração forte ao meu lado. Abro os meus olhos lentamente e me assusto ao ver uma massa negra imponente. Vejo a cabeça proeminente de um gorila com supercílios grossos, pequenos olhos castanhos e nariz achatado, alargando-se para os lados. Sua boca larga tem lábios espessos. A dentadura poderosa mostra caninos capazes de causar ferimentos mortais. Seu pescoço curto dá a impressão que a cabeça está enterrada no tronco. Ele cheira como se sentisse a minha presença, mas não consegue me ver. Ufa! Ao se virar para descer da árvore sinto seu pelo macio e longo. Ele tem as espáduas e o dorso largos, ligeiramente arqueados. Vejo que tal como os humanos ele possui cinco dedos, sendo que, os três do meio são grossos e unidos por uma membrana até a altura da terceira falange. Suas orelhas, mãos e pés não têm pelos.

Os gorilas são os maiores primatas do mundo, chegando a pesar trezentos quilos. Aquele pequeno grupo de doze gorilas é uma família. O que chegou perto de mim deve ser o macho dominante. Consegui visualizar mais três machos e cinco fêmeas, os outros pelo tamanho eram filhotes. Alguns estão colhendo e se deliciando com os frutos da *prunus* africana, enquanto o macho alfa arranca alguns ramos e folhas. A luz crepuscular anuncia o fim do dia. Tenho fome e sede, mas nem ouso beber água do meu cantil para não fazer barulho e atrair a atenção dos gorilas. Noto que os machos dormem no solo ou em ramos baixos das árvores, enquanto as fêmeas procuram se aninhar nas partes superiores. Uma delas está bem ao meu lado.

Acordo por causa de um sonho, mas não me lembro dos detalhes. Fecho os olhos, tentando chegar aos recantos da mente. O cérebro gira intensamente na minha cabeça. Acho que de algum modo se soltou. Sinto-me pior com os olhos abertos, então torno a fechá-los. Uma vez removidos todos os estímulos visuais, a escuridão parece maior em minha cabeça, como se a cavidade craniana tivesse virado do avesso. Aos poucos minha consciência volta ao normal e me lembro que estou cercado de gorilas por todos os lados. Abro meus olhos lentamente. O dia já raiou e os gorilas partiram. Ainda bem. Estou suando a cântaros. Apanho meu cantil e bebo todo seu conteúdo. Tenho que dar um jeito de descer da árvore e ir até o rio. Tento me mover, mas meu lado esquerdo continua paralisado.

Escuto um barulho. Espero que não sejam os gorilas de volta. Olho para baixo e vejo uma *palanca* negra com seus longos chifres encurvados seguindo na direção que penso ser a do rio. Perdi totalmente a noção de tempo. Já devo estar a quatro dias na selva, se for verdade em breve deve vir alguém em meu socorro ao notarem que não retornei no dia marcado.

Meu estômago ronca e a cabeça dói. Tento respirar profundamente procurando oxigenar o cérebro. Começo a pensar sobre tudo que me ocorreu neste ano de 2003. Até seis meses atrás eu estava desempregado e morando em Maceió e agora estava com um novo trabalho e vivendo na África.

Logo no início do ano após nove anos de um casamento acomodado resolvi me separar da Thálya e seguir minha vida sozinho. Porém numa certa tarde de julho reencontrei Iktomi após doze anos sem nos vermos e terminamos ficando juntos desde então. Em 1991 havíamos tido uma paixão fulminante, mas por causa da diferença de idade terminamos seguindo caminhos opostos. Hoje ela não era mais uma menina que tinha acabado de entrar na adolescência e sim uma mulher. Assim poderíamos vivenciar o que não pudemos outrora. Ela agora vivia na cidade de Lobito, em Angola, na antiga casa que seus pais moravam antes da revolução de 1975. Após deixarem Angola eles voltaram para Vila do Conde, em Portugal, onde Iktomi nasceu em 1977.

Conhecemos-nos quando ela tinha catorze anos e eu iria completar vinte nove. Apaixonamo-nos a primeira vista, mas era impossível levar aquele relacionamento adiante. Ambos sofremos, mas agora, doze anos depois, nos reencontramos e aquela velha paixão reacendeu como uma brasa. Mantinha ainda os cabelos castanhos compridos, que caiam sobre seus seios altos e redondos. Conservava também suas pernas e nádegas perfeitas. Mas o que mais me atraía nela era seu rosto. Pois tinha uma luminosidade própria, destacando os lábios cheios e bem desenhados, além dos olhos de um negro límpido e profundo com dois grandes orbes cintilantes como jabuticabas.

Quando nos reencontramos em Maceió, ela estava passando férias e eu havia acabado de receber a incumbência de assumir a coordenação de um projeto ambiental no Aeroporto Internacional Quatro de Fevereiro, em Luanda, capital angolana. O projeto que eu coordenava previa e visava à redução do consumo de matérias-primas, água e energia, assim como a minimização do tratamento de resíduos e efluentes, e a redução de riscos. Ao final de dois anos de trabalho, se tudo saísse como planejávamos, iríamos conseguir a certificação ambiental de acordo com a norma ISO 14001. Ao comentar com Iktomi que estava indo trabalhar em Angola ela abriu um sorriso dizendo que estava morando e estudando lá, pois estava fazendo mestrado sobre a espiritualidade *Radá-canzo*. Além de ser zoóloga, ela também havia se formado em Antropologia.

Era o primeiro dia da primavera de 2003 quando aterrisamos no Aeroporto Internacional de Luanda e senti pela primeira vez aquela brisa quente da Mama África. Eu pisava naquele país pela primeira vez. Já para Iktomi era um retorno à casa, pois ela havia passado boa parte da sua adolescência viajando para lá com seu pai. Angola estava sendo reconstruída após um logo período de guerra civil. Do aeroporto seguimos pela faixa costeira e temperada pela corrente fria de Benquela, lembrando-me o clima da costa peruana, direto para a cidade de Lobito. Poucos dias antes de nossa viagem Iktomi me mostrou o exame de que estava grávida de três semanas, o que nos deixou radiantes.

Cá estou, mais uma vez comemorando meu aniversário sozinho, no meio da selva africana com febre e animais selvagens ao meu redor. Um sentimento de angústia aperta meu peito e por um momento pensei que não veria mais Iktomi e consequentemente o nascimento do nosso filho ou filha. Agora, em cima da árvore, todos estes pensamentos vinham à minha mente. Lembro-me também de quando ainda era casado com Thályа e ela dizia que eu me expunha demais a jornadas e testes perigosos. Sei lá! Acho que realizo estas jornadas consciente do meu limite, tendo orgulho da superação, mas também a humildade de reconhecer o que meu Ser realmente pode alcançar.

Desde que passei a trilhar o caminho do xamanismo tenho a necessidade de me afastar da minha casa, do meu entorno e cruzar grandes distâncias, para as regiões mais inóspitas, chegando a lugares em que a vida parece não existir. Nestas minhas buscas geralmente chego a locais que posso definir como a beira do abismo, limites da vida e da morte. Se me perguntarem por que faço isso, confesso que não sei responder racionalmente, pois é inexplicável até para mim na maioria das vezes. Posso arriscar a dizer que o que me motiva não é o prazer da superação. Vai além disso. Creio que sempre estou em busca do meu próprio Ser. Ouso dizer que é uma busca pela sobrevivência da minha alma que se dilui e mescla na essência do grande Mar Cósmico.

Minha cabeça fervilha de divagações. Exausto, com fome e sede volto a dormir. Acordo sentindo as picadas dos mosquitos que insistem em me sugar e também zunir ao redor da minha cabeça. O negrume da noite tomou conta da selva. A febre cedeu. Procuro me manter acordado, mas uma sonolência irresistível faz com que eu boceje. Luto contra o sono. Meu estômago ronca dizendo que ainda estou vivo. Tento movimentar o meu lado esquerdo mais uma vez, mas continuo semi-paralisado. Até quando ficarei assim? Será que virá alguém me resgatar? Não tenho muito o que fazer. Procuro me concentrar visando mandar uma mensagem telepática para Iktomi, mas cedo ao sono e volto a dormir.

Desperto quando o dia começa a clarear. Os sons da selva povoam a manhã: sons de animais, a música dos pássaros, murmúrios das folhas das árvores e suspiros da terra. Vejo um grupo de macacos brincando numa árvore perto da qual estou refugiado. Aos poucos o céu escurece e começa a chover. Que maravilha! Abro minha boca e bebo as pequenas gotas que caem das nuvens, matando um pouco a sede. De repente, reina um silêncio inexplicável, não ouço mais a algazarra dos macacos e o canto dos pássaros, nem o som da chuva e o murmúrio da brisa entre as folhas das árvores. A quietude se faz absoluta.

O estalo de um galho quebrado rompe o silêncio. Olho para o local de onde veio o som e vejo um grupo de nativos africanos com lanças passando por debaixo da árvore na qual me encontro. Reconheço o líder do grupo. É Pai Legba. Apesar da idade avançada, ele mantém a disposição de um garoto. Tem 1,50 metro de altura, rosto anguloso, tez negra como a noite, olhos grandes e brilhantes, cabelos pretos e crespos. Mantém um sorriso fácil e movimentos ágeis.

Tento gritar, mas não tenho forças para fazê-lo. O grupo examina o local no qual eu havia acampado e tinha sido picado pelo escorpião. Os gorilas terminaram apagando o meu rastro até o pé da árvore. Um jovem esbelto olha para cima mas não me vê. Droga! Ainda continuo invisível. Procuro me concentrar para voltar a ser visível. Num último esforço arranco o meu cantil do pescoço e jogo-o lá de cima. Não vejo ou escuto mais nada.

Escuto vozes ao longe. Não consigo decifrar o que dizem. Água escorre da minha testa até os meus olhos e orelhas. Meus olhos estão pesados como o meu corpo. Aos poucos consigo abri-los e vejo dois rostos conhecidos sorrindo para mim. Iktomi diz que a minha febre está cedendo e que Pai Legba irá cuidar de mim. Procuro falar, mas ele leva à minha boca uma colher de pau fazendo com que eu engula um líquido amargo que anestesia imediatamente a minha boca. Tomo mais algumas colheradas e em seguida me sinto flutuando lentamente rio abaixo, sem passar frio, calor ou me afogar... mas incapaz de nadar até a margem. É, de um jeito assustador, bem tranquilo.

Ao longe escuto o som de um chifre de antílope sendo assoprado. O meu corpo infla como um balão chegando ao ponto de estourar. Estouro. Sinto minha essência fluindo rio abaixo. Será que morri? Não! A água ao meu redor está morna. Escuto o batimento do meu coração. Dum, dum, dum... Parece que estou envolvido por líquido amniótico. É isso mesmo! Estou confortável, sentindo a paz que minha mãe me transmite. Uma energia amorosa me envolve. De repente sinto um repuxão. Algo ou alguém me agarra pelos ombros tirando-me daquele remanso. Sinto um gosto metálico na minha boca. Abro os olhos. Vermelho? Nado num mar de sangue. Uma serpente azulada surge a minha frente abrindo a sua bocarra e me engole.

Estou numa caverna transparente. Já estive neste local anteriormente. É a caverna de cristal. Reconheço os rostos encravados nas paredes translúcidas. Vejo um desfile de imagens... *Ongwhehonwhe, Bodhisattvas, Loas, Devas*, entre tantos outros seres luminosos. Raios de luz brilhante formam filamentos que unem cada um destes entes. E sob cada um deles surge uma luz risonha. Olho para uma fogueira no centro da caverna e aprecio o fogo dançando, quando os primeiros raios de Sol atingem meu corpo nu banhando-me com sua energia. Sinto que algo escamoso está tocando minha pele, algo que vem das estrelas. Vejo e ouço uma serpente:

"Sou a Serpente Arco-Íris. Aquela que torna possível que você mergulhe nas profundezas mais sombrias da vida ou quando aspire alcançar brilhantes pináculos de sua alma. Por meio da abertura da mulher, das entranhas do homem, sou capaz de conduzir você da luz para a escuridão, do espírito para a matéria. Nunca se deixe iludir: a sua natureza é sempre dupla, você é um ser de dois mundos que, por meu intermédio, se transformam numa unidade.

Sou *Uruboros*, a Serpente que engole sua própria cauda e, dessa forma, mantém o mundo coeso. Por intermédio do ser humano, que sempre quer atingir algo mais distante e mais elevado, me transformo na Serpente do Arco-Íris, por meio do qual você pode atravessar todas as cores do espectro do ser, até chegar à fonte, à totalidade, à luz branca que brilha acima e da qual, na verdade, você é apenas um aspecto. Agora chegou o momento de você retornar, mas saiba que voltaremos a nos ver".

Zonzo, desperto com a cantilena de Pai Legba:
Fu emi Babá Sakpatà Jehosu, Vodun Dahome...
Ye ye kebwe Oh miwandzi elsenge.
Oh miwandzi a kombi oh, nanga mi suo.
Oh tita Zambi a Pongo oh!
Me mana memboka o.
Me mokaenya pasa bilondo ngadi ye duma ye nkumbe ye ngondo ye.
Me pasama.
Bebae.
Lube ye.
Tsenge ye.
Mepasama bebaj.
Bazingo ye bama ye.
Me pasama.
Begai.
Naki, naki Ekoso.
Kombi na mombango me.
Yoki yoki, zaa ka, zua ka.
Esumba na motina.
Ngak, ngak, Angumba kambondo.
Maga buti ye.
Mikando miasiga.
Vengo vengo.
Mabondo musigo.

Vengo vengo.
Oh vengo vengo.
Tsetsae isae.
Kubengi ngi, nzok ngi ngi.
Adendang dang.
Me yena nati, efuga medenga.
Banzie, nima na kombo, banganga bokaye!

Ainda me sinto fraco, mas estou sem febre. Iktomi me diz que Pai Legba cantou para os Espíritos da Terra, do Céu e para os Ancestrais para que eu voltasse do mundo dos mortos. Assustado perguntei se tinha realmente chegado a morrer. Ela disse que não, mas que havia estado muito perto. Explica-me que em breve irei recuperar todos os meus movimentos do lado esquerdo, mas teria fortes dores durante os próximos meses ao caminhar. Digo-lhe que as dores serão suportáveis diante do que poderia ter ocorrido. Em seguida ela me oferece um *kissangua* de abacaxi, que saciou a minha sede. Após alguns minutos ao meu lado vejo-a atravessar a cabana e sair.

Ouço um latido lá fora, insistente e desesperado. Eu me levanto cuidadosamente, testando meu equilíbrio a cada movimento. Quando consigo me manter razoavelmente ereto, dou um passo hesitante para frente. Estou tonto, mas acho que posso me equilibrar. Dou mais alguns passos e saio da cabana, arrastando minha perna esquerda, seguindo o ruído dos latidos até a beira de um barranco íngreme. Encontro-o a beira do rio latindo para Iktomi que estava se banhando. A luz sempre tênue sob a cúpula verde da selva começava a diminuir. Chamo-a e avalio o terreno tentando encontrar um jeito de descer. Agarro um galho parecido com um cipó e tento chegar até ela, mas meus pés escorregam na lama e acabo tendo que me içar de novo. Ela me vê e vem ao meu encontro.

– Vejo que se encontra melhor, meu bem – diz ela, enxugando-se. – Já está a fazer estripulia.

Rindo, abraço-a e digo que sim, para logo depois beijá-la. Nossa! Estava com saudades de tê-la em meus braços. E pensar que talvez não fosse mais ter aquele momento na minha existência. Abraçados atravessamos a aldeia, sem chamar a atenção das poucas pessoas que lá estavam, seguidos pelo cachorro. Passamos perto dos archotes que iluminavam as construções de barro e palha. Seguimos em direção à cabana de Pai Legba, que nos aguardava. Um macaco insone saltou de uma árvore aos nossos pés e o cachorro late mais uma vez e sai em sua perseguição. A vida estava de volta à selva.

Lobito, 15 de novembro de 2003.

Depois de me recuperar da minha aventura na selva estou de volta a nossa casa em Lobito. Após deixarmos a aldeia de Pai Legba seguimos para Luanda onde passei no Hospital Américo Boa Vida na Avenida Brasil, para fazer uma série de exames, e depois seguimos para o Hotel Continental onde moramos durante a semana. Ontem, após passar no Aeroporto Internacional de Luanda, deixei com o Administrador Geral um atestado médico de 15 dias, e viajamos para Lobito.

As paisagens, as pessoas, as estradas dão claramente a noção real do País que existe fora da Luanda cosmopolita e senhora de si, ora desencaixada e miserável de musseques, as favelas angolanas. Este País é outro, completamente diferente, mais africano, próximo e mil vezes mais agradável e bonito. A viagem até Lobito fica em torno de 590 km da capital angolana. Depois de Luanda é o principal porto. O peixe é maravilhoso, as praias bonitas e a área urbana colonial é mais bem preservada do que a da capital do país.

Um fato que me deixa muito triste ao andar por este belo país é ver a quantidade de pessoas sem braços ou pernas devido a detonação de minas explosivas, que ainda existem por Angola. Três facções políticas, o MPLA, a FNLA e a UNITA, participaram da guerra de libertação face à saída de Portugal e terminaram se envolvendo numa guerra civil pelo poder, ganha pelo MPLA com o auxílio de Cuba. Porém, a UNITA continuou oferecendo resistência até 2002, quando seu líder morreu. O MPLA é o partido do Governo desde a independência, embora a UNITA tenha ocupado uma vasta zona do planalto central até o fim da guerra civil. Felizmente após trinta anos de Guerra Civil, o País está se reerguendo, apresentando boas taxas de crescimento devido principalmente à exportação de petróleo.

A nossa casa em Lobito fica a beira-mar. Não é nada luxuosa como as casas de Luanda, pelo contrário, é bem simples com apenas dois quartos, uma sala, banheiro e cozinha. Mas é aconchegante. Na frente dela tem a árvore símbolo de Angola, um embondeiro centenário, que sobreviveu a guerra civil. É possível ver marcas de balas em seu tronco, mas ela segue firme e forte. Do lado de fora da casa tem um pequeno quartinho no qual Iktomi tem seu criadouro de aranhas. Como toda zoóloga ela tem uma paixão por animais, no caso dela são esses aracnídeos. Ainda bem que não são escorpiões. Duas das dezoito espécies que ela tem me chamam a atenção, são: Antilles Pink Toe e a Cobalt Blue, a primeira tem tons róseos e esverdeados e outra tem várias tonalidades de azul.

Ainda pouco falei com minha mãe ao telefone, mas para não deixá-la aflita não contei nada sobre a ferroada do escorpião. Só liguei mesmo para dar-lhe os parabéns pelo seu aniversário e matar a saudade dela e do meu sobrinho. A minha língua está um pouco enrolada porque ainda não voltei a ter os movimentos normais dos meus lábios, mas segundo o médico em Luanda na próxima semana eles voltarão ao normal. Quase não tenho dores no braço, mas quando caminho parece que estou pisando em pregos.

Agora no aconchego do meu lar, começo a fazer uma análise da minha "Busca da Visão". Primeiro deixei tudo para trás e fui sozinho para um local no seio da Mãe Terra. Ali fui julgado pelos meus demônios e visitado por uma presença que certamente cuidou de mim. Passado alguns dias escuros como a noite fui encontrado, revivido, agraciado com uma visão e por fim renasci. Bem, mesmo que de maneira inconsciente, terminei fazendo o que me dispus a fazer ao sair em busca de uma visão, completando assim meu objetivo.

Passado um mês da minha aventura na selva eu havia me recuperado quase que por completo. A ferroada do escorpião não havia deixado sequelas, porém necessitava do auxílio de uma bengala até me sentir mais confiante e não houvesse mais nenhum tipo de dor. Deveria também continuar fazendo fisioterapia até a última semana do ano. Voltei a trabalhar normalmente e resolvi organizar com Iktomi uma cerimônia do *Potlatcha*, ou da doação, para o dia 22 de dezembro no auditório do Hotel Continental com os "patrícios" angolanos que quisessem participar.

A cerimônia foi muito reconfortante e significativa para mim. Neste dia cada um dos presentes doou algo que lhes pertencia e que era caro para eles. Foi um momento de desapego, no qual doávamos um objeto com o coração cheio de alegria. Para alguns era um verdadeiro sacrifício. No final todos nós fizemos uma grande partilha. Doei uma bússola que havia estado comigo em minhas jornadas aos Andes desde 2000, e apanhei para mim uma pequena flauta de osso que havia sido deixada no meio da roda de doações por um jovem da cidade de *Benguela*. Aproveitei a cerimônia para celebrarmos o solstício de verão, momento no qual o sol banha a Mãe Terra com todo seu calor, começando um novo ciclo na "Roda da Vida".

A Passagem

Na vida, diferente do jogo de xadrez,
o jogo continua após o xeque-mate.
Isaac Asimov

Em fevereiro recebi alta da fisioterapia e deixei de usar a bengala. Desde lá, todos os dias, Iktomi e eu caminhávamos pela orla de Luanda e nos finais de semana fazíamos o mesmo em nossa casa em Lobito. Ela estava com inchaços nas pernas devido à gravidez, que já estava no sexto mês e a sua médica havia aconselhado a caminhar pelo menos uma hora diariamente.

Luanda, 22 de março de 2004.

Acabei de conversar com Iktomi ao telefone. Ela está bem e medicada. Gostaria de estar com ela neste momento, mas minha presença no Aeroporto Quatro de Fevereiro é necessária neste momento. Estamos na fase de implantação da estação de tratamento de esgoto e não tenho como me ausentar. O que me tranquiliza é que desde que soube que a pressão de Iktomi aumentou além do normal, Pai Legba resolveu ir para Lobito e estar ao seu lado.

Ele a tem como uma filha e ela como a um pai. Não é à toa que Pai Legba a tenha escolhido para discípula e a treinado nas artes mágicas do Vodu. Ela o conheceu durante a sua adolescência quando viajava com seu pai pelo interior de Angola e desde então havia sido treinada e iniciada no último ano como uma Sacerdotisa Wanga da Tradição Radá-Canzo que trabalha exclusivamente com cura orientada pelos Loas, entes divinos.

Neste final de semana Iktomi e eu chegamos num acordo sobre o nome do nosso filho. Ele se chamará Balam, que significa Jaguar na língua Maia. Achei um nome muito forte para uma criança, mas ela disse que queria de certa maneira me fazer uma homenagem, além de ser este o nome do personagem predileto dos contos que ela escreve.

No início de abril a União Sindical do Tchad, principal central sindical de Angola, proclamou uma greve geral contra o alto custo de vida no país. A greve teve adesão da maioria dos serviços públicos, afetando inclusive universidades, hospitais, correios, aeroportos, rádios e televisões públicas, portos, empresas de energia e telecomunicações. Era um caos total. Eu nunca tinha visto algo parecido até então. Os protestos paralisaram as principais cidades de Angola.

No dia anterior ao início da greve, por um destas sincronicidades da vida, encontrei com Alex desembarcando no aeroporto. Era um amigo de longa data que havia deixado o *Shabono* Maia no qual vivia em Honduras desde 2002 para passar um tempo conhecendo a África. Seu rosto fino era grave e sereno, e seus olhos castanhos pareciam sempre sorrir. Não havia mudado muito desde a última vez que nos encontramos. Parecia apenas um pouco mais magro e tinha a tez um pouco avermelhada. Conversamos durante algum tempo e marcamos de nos encontrar no dia seguinte na pousada em que se hospedaria.

Na manhã seguinte Luanda estava em polvorosa, a greve começou com os transportes públicos e no decorrer do dia foi se alastrando. Aproveitando essas férias forçadas apanhei Alex em sua pousada e o convenci a passar uma semana em Lobito conosco. Gostaria muito que ele conhecesse Iktomi e Pai Legba também. Prontamente aceitou o convite e seguimos viagem rumo ao sul da capital, passando pela rodovia que corta o belo Parque Nacional da Quiçama.

Por fatalidade nesta mesma semana Iktomi começou a ter contrações do parto. Corremos para o Hospital Municipal de Lobito, mas ele estava com suas portas fechadas por causa da greve. Fomos a uma clínica ginecológica que existia na cidade, mas esta também havia aderido à paralisação geral. Ao voltar para casa, Pai Legba disse que conhecia uma parteira que fez uma série de partos de filhos de amigos.

Quando Pai Legba chegou com Dona Esmeraldina, Alex e eu estávamos colocando uma toalha molhada na testa de Iktomi, pois ela estava suando muito. A parteira levantou o lençol que a cobria e apalpou a barriga. Em seguida abriu sua sacola e tirou uma série de utensílios de lá. Apanhou um vidro de óleo e despejou seu conteúdo sobre a barriga de Iktomi. Começou a fazer então uma massagem de cima para baixo. Enquanto fazia estes movimentos ela ia conversando com Pai Legba num dialeto que não entendíamos.

Alex e eu começamos a acender todas as tochas e algumas velas dentro do quarto, pois devido à greve não havia energia. A parteira envolveu um galho com um pano e olhando para Iktomi pediu para que ela mordesse enquanto fazia esforço para expelir o bebê. Um clima de apreensão envolvia todos. Dona Esmeraldina disse que a cabeça estava aparecendo. Num espasmo Balam recuou, mas a parteira comprimiu o abdômen e disse para que Iktomi não prendesse a respiração, pois não ajudaria em nada.

Passados alguns segundos foi possível ver que a cabeça havia saído. Porém o que eu via não era normal. Balam estava com a cabeça toda roxa e enrolada no cordão umbilical. No momento em que Dona Esmeraldina conseguiu tirá-lo todo de dentro de Iktomi, esta começou a convulsionar. Meu coração estava na boca. Tudo parecia estar ocorrendo em câmera lenta. Vi a parteira cortar o cordão que ligava mãe e filho, e entregá-lo a Pai Legba que enrolou a criança sem vida numa toalha. Eu estava completamente estático. O mundo parou.

Iktomi começou a ter uma série de convulsões. Caminho em sua direção e fico ao seu lado à beira da cama, segurando sua mão. Olho bem fundo em seus olhos e vejo duas pérolas negras brilhando intensamente, lutando para manter-se viva. Seu corpo de energia luminoso estava radiante a minha frente, porém desvencilhava-se do corpo físico.

Um vento apagou uma das tochas que iluminavam o quarto. Vendo os sinais, Pai Legba pediu para que Alex apagasse todas as outras. Uma fumaça invade o ambiente pairando no ar, enquanto o velho sacerdote coloca sua mão direita sobre o ventre ensanguentado, e num movimento de varredura dirige-se até os pequenos pés de Iktomi. Sua mão parou no ar, a certa distância, e passou a sacudir os dedos, como se quisesse secar a mão molhada. Por sete vezes esfregou a perna direita de Iktomi e sacudiu os dedos. Depois repetiu o procedimento na esquerda.

Aproximo meu rosto ao dela e escuto sua respiração suave como uma borboleta. Vejo-a esboçar um sorriso como se quisesse me passar confiança, mas eu sei que havia chegado o momento de ela deixar cair o xale. Aperto sua mão com suavidade enquanto observo Pai Legba passar sua mão acima da virilha dela. Em seguida ele leva sua mão direita com os dedos esticados até o chacra do coração de Iktomi. Faz movimentos circulares no sentido anti-horário e espiralado por três vezes. Afastando a mão repete o gesto no plexo solar, depois se dirige a garganta, depois abaixo do umbigo, ao terceiro olho, ao chacra *básico e por fim* ao topo da cabeça.

Quando Pai Legba terminou, permaneç*o* segurando a mão que já não pulsa entre as minhas. Olho para os belos olhos da Iktomi e vejo que eles perderam o foco, apresentando uma mudança quase imperceptível na direção das pupilas, e depois um vazio glacial.

Sinto Alex apertando um ponto entre as minhas omoplatas e fazendo sinal para eu olhar. Olho para os seios volumosos de Iktomi que delicadamente subia e descia. Passado um lapso de segundo observo uma coisa leitosa e translúcida na superfície do corpo dela, uns três centímetros acima do contorno de sua silhueta. Desaparecendo em seguida. Pai Legba pede para que eu me posicione atrás da cabeça de Iktomi e me d*á* uma pequena pancada com a articulação de seus dedos na minha testa.

Lá est*á*: desfocado, mais nitidamente visível um brilho sutil que paira a uns doze centímetros acima da pele de Iktomi, como se um clone luminoso estivesse emergindo do seu corpo. Controlando minha respiração, posso ver nitidamente a sua essência, seu corpo luminoso. Debru*ço*-me sobre seu rosto, beijo seus lábios ainda róseos e come*ço* a cantarolar nossa canção. Seu peito arqueia, e com grande esforço ela inspira, retendo o ar em seus pulmões.

– Respira meu tesouro - eu digo.

Então ela suspira profundamente, como se seu último alento estivesse abrindo passagem pelo seu peito para sair pela sua boca entreaberta.

Subitamente enxergo com a minha visão periférica a luz leitosa erguer-se e fundir-se com uma substância amorfa, como um basalto, flutuando a trinta centímetros acima do peito de Iktomi. Pai Legba pede que eu bata bruscamente com as minhas mãos no esterno dela como se tentasse ressuscitá-la, em seguida na garganta, na cabeça e, repentinamente a luz desapareceu por completo.

Deixo as lágrimas rolarem suavemente pela minha face, contemplo o rosto recém-beijado pela morte, que marcava sua presença guerreira, na suavidade de seu rosto e na rigidez da absoluta imobilidade. Beijo pela última vez aqueles lábios, para em seguida banhar a minha amada com água de flores do campo e vesti-la com seu poncho cor de laranja.

Enquanto Alex leva o corpo de Iktomi, Pai Legba me abraça carinhosamente. Ao nos separarmos fito os seus olhos profundos e tristes, e vejo lágrimas em sua alma. Eles revelam-me segredos de um coração sofrido. Em seu rosto severo e tenso, as olheiras presentes denunciam cansaço de um corpo que desafia limites, luta e labuta para encontrar-se consigo mesmo. E eu me pergunto... Por quê?

Iktomi foi disposta em uma mesa, e logo em seguida coberta por um lençol branco sob a suave penumbra das velas acesas na sala.

Após lavar Balam com água de rosas, a parteira aproximou-se com nosso pequeno rebento inerte em seus braços e me entregou. Beijo a face do nosso filho e acomodo-o em cima dos peitos de Iktomi, para em seguida envolve-los numa mortalha de linho rústico.

Saio da casa, carregando-os em meus braços, respirando o ar quente da noite. O céu esta límpido. As estrelas brilham, e ao olhar o Atlântico, posso ver a pira funerária que Alex e Pai Legba construíram atendendo um pedido de Iktomi. Com ajuda dos meus irmãos, deposito os corpos sobre a pira embebida em líquido inflamável.

Olho mais uma vez para a face pálida de Iktomi. Há poucas horas, esta era uma mulher radiante. Cheia de luz, amor e potencial de vida.

Alex me entrega uma tocha, que jogo na base da pira funerária. Em questão de segundos, o irmão fogo envolve minha família amada. Uma meia lua surge no céu claro. Nenhuma brisa perturba o plácido fogo. Continuo de pé, numa postura ereta, descalço e sem camisa. Carrego em minhas mãos uma caixa de acrílico transparente, onde Iktomi mantinha suas aranhas. Abro a portinhola da caixa e as liberto. Elas correm em disparada em direção ao fogo, sucumbindo em meio as chamas.

Uma pequena tarântula sobe pela minha perna direita e posiciona-se no meu ombro. Absorto, olho o fogo, enquanto Alex e Pai Legba cantam aos ancestrais, aos espíritos da água, do ar, do fogo e da terra, chamando os espíritos dos lagos, lagoas, dos oceanos, das florestas, das montanhas e dos animais.

Sem controle dos meus movimentos começo a dançar. Sinto minha glote se fechar involuntariamente, uma sensação toma conta de mim arrebatando-me num instante. Todo meu corpo treme. A aranha me pica e corre em direção ao fogo para juntar-se as suas irmãs. A angústia e raiva brotam e explodem num grito. Caio de joelhos. Vejo as forças se reunirem a minha volta, vejo a figura de um felino escuro, andando em círculos, protegendo-me de mim mesmo.

Sinto o fogo me envolver num abraço. Pulo sobre a pira incandescente, cruzando de leste a oeste. Esfrego as minhas mãos sobre o fogo, purificando-me em suas chamas. Descalço, danço sobre as brasas incandescente que caem da pira, suplantando as chamas que expulsaram as trevas que escoavam pelos meus poros com a minha perda. Permaneço parado, fitando a areia e meus pés escurecidos.

Vejo a silhueta de Iktomi saindo do meio das chamas com nosso filho e vir em minha direção. Diz para que eu me deixe amar, que o poder e a magia não são nem brancas ou negras, boas ou más, mas apenas uma questão de propósitos e manifestações. Apanhando uma espada etérea, Iktomi a faz deslizar pelo meu corpo cortando fora as conexões com fatos passados. Ela pede que eu permaneça asceta por algum tempo, para que eu me energize, e consiga livrar-me de antigos relacionamentos, pois só assim estarei disponível no futuro para um novo amor.

Confesso que naquele momento não entendia o que ela queria dizer com aquelas palavras.

Vendo meu ar interrogativo, completou:

– Só após um trabalho intenso surge um ser individualizado, um ser singular.

Olhando dentro dos meus olhos inchados pelo choro, ela me diz:

– A morte e a vida são apenas duas faces de uma mesma moeda. É preciso nascer para poder morrer e morrer para poder nascer.

Após um breve silêncio, ela o rompe dizendo:

– Não tenha raiva, seja forte, desperte o guerreiro que existe dentro do seu coração. Você caiu da luz para a escuridão e agora irá fazer o percurso de volta à luz. Você também é uma criatura do arco-íris. Cada cor existe como filha da luz e da escuridão. Tudo existe dentro de você. Em breve voltaremos a nos encontrar outra vez no tempo e no espaço.

Em seguida beija-me e desaparece no ar.

A manhã do dia seguinte parecia a mais fria de todas as manhãs que eu já vivenciara. O ar estava pesado. A vida parecia parada ao meu redor. Um silêncio sepulcral envolvia nossa casa.

Ao ir para a pequena varanda da casa encontrei Alex e Pai Legba silenciosos contemplando o mar. Eles haviam recolhido as cinzas de Iktomi e as colocado dentro de uma caixa de madeira que pertencera a mãe dela. O velho sacerdote, ao me ver, levantou-se e me entregou além da caixa, um envelope. Abri-o e comecei a ler a carta que minha pequena havia deixado para mim.

Meu amado,

Se esta missiva chegou as suas mãos é porque não sobrevivi ao parto de nosso pequeno Balam. Peço-te que se mantenha centrado como sempre foi. Não se culpe por nada do que tenha ocorrido ou que venha a acontecer, tudo acontece como tinha que ser. Se cá não estou é porque chegou o momento de me juntar aos Loas Ancestrais e continuar a minha jornada em outra esfera de vida. Seja forte. Nosso filho irá precisar de sua força. Sei que irá criá-lo com muito zelo e carinho.

Diga a papai que sempre me lembrava dele e que o tinha na mais alta estima. Caso tenha algum problema na criação do nosso filhote, pergunte a ele, pois certamente ele irá ajudá-lo. Ele tem grande experiência, afinal desde que eu tinha sete anos ele me criou praticamente sozinho.

Saibas que mesmo neste curto espaço de tempo que estivemos juntos, eu fui muito feliz ao seu lado. Éramos muito mais do que amantes, havia entre nós uma irmandade. Por muitas vezes eu não o via como um homem e simplesmente como um amigo, o mesmo sei que ocorria com você em relação a mim. Siga sua vida como o guerreiro que és. Sei que mesmo não estando aí ao seu lado, estarás a pensar em mim sempre.

Com Amor, Iktomi

p.s. jogue minhas cinzas no Kilimanjaro.

Ela sabia. De certa maneira ela sabia que não sobreviveria ao parto. Mas como? Bem que eu sempre suspeitei das fortes intuições que Iktomi tinha. Li a carta mais uma vez. Suas palavras confortavam um pouco o meu coração, mas não eram suficientes para aplacar a dor que se instalou dentro de mim. Respiro fundo, procuro me centrar, mas é muito difícil conseguir isso nesta hora.

Na tarde daquele dia parte da greve foi encerrada, o serviço de telefonia voltou e o de energia funcionava precariamente. Com o restabelecimento da linha telefônica eu tinha que criar coragem e ligar para o Professor Vidal e contar-lhe do falecimento de sua filha e neto. Nem posso imaginar a dor que ele iria sentir. Talvez seja maior do que a minha ou igual. Isso não importa. Sempre disse para mim mesmo que os pais nunca deviam viver mais do que seus filhos. Como dizia Chico Buarque numa de suas belas canções: "Saudades é arrumar o quarto do filho que já morreu".

Professor Vidal ao saber das más notícias se lamentou por não estar em Angola conosco. Procurando manter o controle perguntou se eu queria auxílio no sepultamento. Falei-lhe que conforme solicitação de Iktomi, seu corpo havia sido cremado e que dentro de algum tempo eu iria levar as cinzas para o alto do Kilimanjaro e jogá-la no seu pico, pois havia sido o último pedido dela. Perguntei se ele viria para Angola e ele me respondeu que nunca mais voltaria para lá. Despedimos-nos chorosos e combinamos de continuar nos comunicando.

Durante o restante do mês cuido da minha transferência para o Brasil. Não queria passar nem mais uma semana por lá, imagine um mês todo. Recebi todo suporte necessário da administração do aeroporto e me comprometi a auxiliá-los mesmo a distância, mas era muito pedir para que eu ficasse por lá. Professor Vidal mandou para mim uma procuração em que me dava amplos poderes para passar a casa de Lobito para Pai Legba, pois ele sabia o carinho que Iktomi tinha para com seu pai espiritual.

No meio de maio voltei para Maceió com toda minha bagagem. Alex iria voltar comigo para o Brasil, mas resolveu seguir viagem para o Equador. Passado alguns dias recebi um *e-mail* dele dizendo que iria ficar por lá até agosto, quando seguiria viagem até uma aldeia dos *Shuar-Jívaros* no Peru. Na mesma mensagem me convidou a fazer esta jornada com ele.

Respondi que talvez fosse, mas o fiz só para ser educado, pois não tinha nenhuma intenção de viajar por um bom tempo.

Assim que voltei a Maceió comprei uma casa num condomínio fechado. Minha vida tinha caído num marasmo total. Eu só saía de casa para o trabalho e fazer compras. Todas as noites eu me sentava na varanda e ficava olhando para o vazio do céu. Pouco a pouco passei a me sentir deprimido. Dormia muito pouco e acordava sempre no meio da noite.

Eu não tinha vontade para fazer nada. Todas as noites eu me lamentava para os quatro ventos e tentava sobreviver sem a presença de Iktomi. Queria muito ter o seu corpo perto do meu, me segurando, me acalmando, me protegendo. Sentia falta da sua respiração. Chorava ao acordar e não ver aqueles olhos de jabuticaba madura me observando. Abraçava forte o travesseiro na tentativa vã de sentir o corpo, de poder tocar o cabelo cheiroso, de arranhar de leve as suas costas brancas, de poder abraçar, e pedir para falar coisas no meu ouvido.

Na noite do solstício de junho resolvi fazer uma fogueira no meio do terreno agreste da minha casa. Ao acender o fogo resolvi abrir aquele espaço sagrado saudando as quatro forças fundamentais da criação (os ventos sul, oeste, norte e leste) como também a Terra e o Céu. Fiquei durante um bom tempo vendo as chamas da fogueira dançarem sinuosamente, depois olhei para as estrelas que pareciam brilhar mais intensas naquela noite. Eu estava absorto no meio da noite pensando, tentando sobreviver e não enlouquecer, quando senti um arrepio na nuca e automaticamente voltei meu olhar para o fogo bruxuleante.

Vejo surgir ali do outro lado do fogo a figura conhecida de um guerreiro índio de braços cruzados, com uma bandana azul celeste na sua cabeça. Seus longos cabelos caíam em cima do peito que ostentava um colar de pedra. Ainda usava um saiote que chegava perto dos joelhos, e tinha os pés descalços. Ele havia aparecido para mim pela primeira vez dançando dentro de uma fogueira na Caverna dos Ancestrais na Chapada Diamantina, depois uma segunda após uma confirmação de iniciação do meu clã e a última vez havia sido no Parque Nacional do Jalapão.

Ele ainda mantinha aquele olhar compenetrado e uma altivez. De repente cruzou o fogo e me falou:

– Ser guerreiro não é ser insensível a dor dos outros, nem a sua própria dor. Ser guerreiro é ter a coragem de abrir o seu coração aos outros, utilizar suas próprias fraquezas do passado ou do presente e com elas mostrar aos demais que têm necessidade de evoluir no caminho correto sem cometer os erros do passado. Ser guerreiro é ter a coragem de despir sua vestimenta de guerra e mostrar como é a nossa alma na realidade, sem fingimentos ou egoísmos e oferecer a nossa luz aos outros.

Caminhou em minha direção e após colocar seus dois braços sobre meus ombros disse:

– Ser guerreiro é ter a certeza de que temos algo de importante que pode auxiliar os outros e abrir a nossa alma sem rodeios e oferecer ajuda a quem necessita. Quem pensa que tem algo de importante dentro de si, mas acha que não o deve partilhar com os demias, é porque esse algo no seu interior é feito de egoísmo e ilusão. Irmão, quando tiver algo de realmente luminoso dentro de si vai experimentar uma força inexplicável de querer oferecer aos outros de coração aberto, sem maldade, sem ilusões e vai se sentir imensamente feliz. Só conseguimos alcançar a verdadeira felicidade quando abrimos o nosso coração e oferecemos tudo aquilo que temos aos outros sem sentirmos necessidade de querer algo em troca.

Aos poucos o espírito guerreiro a minha frente dissipou-se e só restou uma brisa suave que embalou o meu ser e apagou a última chama da fogueira.

Naquela noite deixei de ter pena de mim mesmo e na mesma hora decidi que iria caminhar resolutamente a minha estrada. Eu estava ferido, mas não mortalmente. Iria me curar e seguir minha jornada pela vida. Tal como a serpente que solta sua pele sobre a Mãe Terra, eu deixaria o meu passado para trás todo de uma vez. Não deixaria o passado me controlar, pelo contrário, iria retirar dele o melhor para construir o meu futuro e atingir o meu destino.

Pela manhã ao acordar, a minha primeira decisão foi a de contratar um jardineiro e gramar o terreno da minha casa. Estava empolgado em colocar vida na minha casa árida. No mesmo dia escrevi para Alex perguntando qual seria a data que ele pretendia viajar para a tribo dos *Shuars-Jívaros*. Informei-lhe que se o convite estivesse de pé, eu iria fazer esta jornada na selva amazônica com ele.

Arutam

Se as portas da percepção se abrissem,
tudo pareceria como é.
William Blake

Selva Amazônica, 25 de agosto de 2004.

Depois de dois dias de jornada na selva, na fronteira do Equador com o Peru, estou numa aldeia Shuar. Descanso o meu corpo embalado numa rede na cabana principal. Alex e eu fomos guiados até a tribo pelos olhos tridimensionais de Ayauma, um guia nativo, que nos fez percorrer trilhas e mais trilhas nas quais teias de aranhas se agarravam ao meu rosto com véus invisíveis.

A umidade fazia com que nosso corpo suasse demasiadamente. Cada passo dado sobre troncos, riachos, ramos, plantas rasteiras e raizes, não indicavam que rumo estávamos indo. Estávamos conhecendo um novo mundo, um universo verde. Mal podíamos ver o sol, apenas sua luz que era filtrada pela densa folhagem.

Alex durante a jornada me falou que nosso destino ficava nas encostas orientais da Cordilheira do Condor, no Peru. Mas, para chegarmos ao nosso destino, desembarcamos no Aeroporto de Cuenca, no Equador e de lá pegamos um monomotor que nos levou até Zamora, onde nos encontramos com Ayauma que nos levou de carro (se é que se pode chamar aquilo de carro) até o povoado de Numbaime.

Durante a jornada mosquitos e outros insetos devoraram docemente meu corpo. Fazíamos o caminho em total silêncio. Cruzávamos rios e córregos transpostos por pequenas pontes feitas de toras. As trilhas eram margeadas por folhas e samambaias de quase dois metros. Muitas vezes tínhamos que rastejar debaixo de vegetação rasteira ou passávamos por verdadeiras muralhas de ramos e cipós que nos deixavam arranhados e sujos.

Bem, agora isso era passado. Se bem que ainda teremos que fazer o mesmo percurso para voltarmos à dita civilização, mas isso ainda é futuro e não vou sofrer de véspera.

Desde que deitei na rede estou me sentindo um tanto eufórico. Bem que Alex falou para não abusar do chá de guayusa. Ayauma disse que é uma tradição oferecer este chá a todos os visitantes, mas que não era nenhum psicotrópico, apesar de nos deixar levemente alegre como se tivesse bebido alguma bebida alcoólica.

A jornada foi cansativa, irei tentar dormir, pois amanhã vamos participar de um ritual de preparação para as provas que teremos que passar nos dias seguintes.

O dia amanheceu com sol forte e céu claro. O orvalho subia das charnecas, formando uma névoa quente sobre a floresta esmeralda. O *Uwishin* (Pajé), após o nosso desjejum, levou Alex rio abaixo. Na volta fez sinal para que o seguisse. O tempo escorria lentamente. Percorremos a beirada do rio, onde era possível sentir toda a umidade que exalava das águas. Os mosquitos, os pássaros e o vento uivando me lançavam em uma transmutação cinematográfica. À medida que subíamos o rio, a água ficava mais fresca.

Trinta minutos depois, encontrei minha futura cabana encaixada no morro onde deveria me encafuar por alguns dias. Ali a água estava deliciosamente fria. Um pássaro emitiu um guincho fortíssimo, e de repente me senti observado por todos os lados. Eu era um intruso ali. Minha choça era uma palafita totalmente fechada, sustentada sobre sete paus, encimada por um telhado de palha seca, com um piso de cascas de árvores comprimidas. Tudo muito rústico: a única sofisticação era uma esteira de palha grossa e um mosquiteiro amarelado.

Os *Shuar*, são um sub-grupo dos *Jívaros*, e como todos os grupos indígenas que conheço, encontram em sua mitologia explicações para todos os fenômenos naturais, sociais, espirituais, políticos e artísticos que ocorrem no seu dia a dia. Baseado na sua cosmovisão mitológica, eles estabelecem uma relação de equilíbrio com a Natureza. Seu universo é organizado de acordo com suas necessidades. Eles são conscientes dos perigos da selva, porém sabem viver em completa harmonia com a Mãe Natureza, e os outros seres, que são considerados irmãos.

Pude constatar essa relação no final da tarde daquele dia. O *Uwishin* me informou que tanto Alex como eu íriamos passar por um rito de iniciação *Shuar*. O primeiro ritual que participaria, seria a cerimônia do *natem* (*ayahuaska*). Antes, porém, tomei um preparado de folhas de tabaco maceradas em água na intenção de me purificar para enfrentar as provas que teria que passar nos dias seguintes para me tornar um membro da Sociedade Shuar.

O *Uwishin* tinha a pele enrugada pelo tempo e cor de cobre, e os cabelos, grisalhos, desciam até os ombros. Uma pequena tira de palha trançada amarrada na parte de trás da cabeça segurava os seus cabelos, finos e lisos, que eram divididos ao meio. Tinha o queixo quadrado, em um rosto fino e com um nariz aquilino, que lhe conferia uma expressão séria. Usava um colar rente ao pescoço, feito de sementes. Tinha presa a cintura uma pequena bolsa, *hempu*, feita de pele de macaco bem curtida e macia.

Acendeu uma pequena fogueira dentro da cabana e começou a ferver uma panela de barro. Passado alguns minutos um cheiro nauseabundo tomou conta do ambiente. O *Uwishin* apanhou em sua sacola um punhado de ervas e jogou na panela. A vasilha continha um líquido viscoso de coloração avermelhada. Colocou mais um punhado de folhas pequenas e as mexeu com uma colher de pau. Chegando mais perto começou a observar os estranhos desenhos que as folhas verdes escuras formavam no líquido. Elas pareciam bailar diante de seus olhos.

Quando o *natem* foi fervido o suficiente, ele apagou o fogo. Mexendo na sua sacola, apanhou uma cuia na qual despejou o líquido avermelhado. Acendeu um cigarro de palha e baforou em cima do líquido despejado. Em seguida elevou a pequena cabaça na direção da terra como se estivesse fazendo uma oração silenciosa. Depois a entregou para mim, fazendo sinal para que bebesse.

Após eu ter bebido todo o *natem*, o *Uwishin* começou a tocar um *tuntui* (tambor). Passado alguns minutos passou a tamborilar fortemente, de forma pausada, visando chamar *Ayumpum*, um ser da mitologia *Shuar* que controla a vida e a morte.

Após mais ou menos vinte minutos, o *Uwishin* me fez inalar um suco de tabaco pelo nariz, enquanto agitava ritmicamente *shishink* (maraká de folhas de mandioca e goiaba) na intenção de chamar os espíritos auxiliares para que se abrissem os caminhos para que o Pajé pudesse realizar o trabalho de purificação. Enquanto escuto o som do *shishink*, começo sentir muito frio, mesmo com a sensação das minhas entranhas queimando. Fumaça de tabaco é jogada no meu rosto, nutrindo os espíritos auxiliares e auxiliando o *Uwishin* a identificar as enfermidades no meu corpo, em forma de dardos. Após ter localizado as partes afetadas, ele começou uma seção de sucção, cuspindo fora os dardos que não me pertenciam.

Aos poucos me sinto cada vez mais leve, entrando numa espécie de sedação que me leva a sonhar com uma canoa que navega calmamente por uma lagoa transparente. Passado o efeito da sedação, começo a ter ânsia de vômito. Após vomitar durante alguns minutos, sou levado a uma cachoeira e jogado na água gelada. Em seguida me levam de volta para a pequena cabana isolada.

Quando acordei na manhã seguinte, vi inúmeras cabeças encolhidas (*tsantza*) penduradas pela cabana. Mais tarde fiquei sabendo que aquelas cabeças eram de inimigos decapitados, prática ritualística antiga, não mais adotada. Assim que matavam seus inimigos, os *Shuars-Jívaros* arrancavam a cabeça e a escondiam no bosque por oito dias, até que as mesmas estivessem prontas para serem preparadas para se tornarem um *tsantza*. Geralmente eram fervidas e secadas em cima de cinzas quentes. Depois as cozinhavam dentro de um jarro funerário, completamente fechado, sacudindo-o de vez em quando. Por fim pintavam a cara com carvão e a moldavam até que assumisse traços naturais.

Perto do anoitecer, o *Uwishin* entrou na cabana. Apanhou uma cabaça na sua sacola e umas varetas verdes de *maykua* (uma espécie de *datura* conhecida em outras tribos amazônicas pelo nome de *toe*). Logo em seguida começou a raspá-las, enchendo a cabaça. Após macerar em água, espremeu o líquido verde numa vasilha e fez sinal para que eu tomasse o suco de *maykua*. Bebo a mistura calmamente. Procuro sentir um gosto fermentado como o do *natem*, mas só sinto algo similar ao suco de clorofila.

Ao acabar de beber, tenho os meus olhos vendados e sou suspenso por cordas que se encontram amarradas no alto da cabana. Sinto meus músculos sendo esticados ao extremo. Num determinado momento começo a me sentir como uma estrela amarrada numa cama-de-gato, tendo apenas pendente a minha cabeça, pênis e testículos. Começo a suar frio quando sinto um animal peçonhento descendo pelo meu braço direito, ou será o esquerdo? Tento controlar a respiração, procurando respirar o mínimo possível, fazendo-me de morto para que o animal siga seu rumo sem me morder. Funciona! Pois sinto o animal descendo sutilmente por uma das minhas pernas.

De repente algo incandesce meu espírito e hiperventila minha consciência. Não tenho noção de onde me encontro. Parece que estou flutuando dentro de uma bolha. Algo rasga os meus músculos por dentro. Uma rajada de vento toca o meu SER. O *Uwishin* rompe o silêncio da cabana dizendo que a partir daquele momento devo contatar *Arutam*, mas para isso ocorrer tenho que fazer por merecer, pois só assim eu me tornaria um *Achuar*, guerreiro. O silêncio volta a imperar naquela "grande noite". Não sinto mais a minha respiração, mas sei que continuo vivo, pois estou consciente que estou amarrado numa diminuta cabana no meio da selva.

Uma forte ventania me envolve. Como um toque de mágica, meus olhos são abertos. Antes eles tivessem permanecido fechados, pois a imagem de uma bocarra com uma língua bifurcada a minha frente, pronta para me engolir, não é nada agradável. Sou engolido pela imensa anaconda, de olhos vermelhos flamejantes, num só golpe. Sinto meus ossos sendo triturados, deixando-me a sensação de estar sendo transformado em pó. Tudo para! Não há nenhum movimento do lado de dentro ou fora durante algum tempo.

Sou conduzido para fora da barriga da cobra por uma imensa harpia que alça voo. Admiro o brilho diáfano azulado-ouro das borboletas ao nosso redor. Penetramos universos desconhecidos. Visitamos a selva esmeralda. As múltiplas formas da floresta penetram minha consciência, revelando uma lógica desconhecida. Capto o perfume das flores, o sabor das plantas, o frescor e calor das águas. É como toda a vida da selva circulasse por minha corrente sanguínea. Percebi os espíritos da floresta, viajei do mundo subatômico ao macrocosmo. De repente sou jogado de um lado para o outro, como se fosse uma bola de ping-pong.

Vejo um guerreiro ancião esticando seus braços para mim e dizendo que estava ali para me proteger e dar forças. Apanha o meu corpo, joga-o em seus ombros e me leva a um jardim. Recostando meu corpo numa árvore, ele diz que aquele lugar se chama "Jardim dos Encantados". Olhando para o céu posso ver a lua cheia em todo seu esplendor banhando-nos com seus raios, que cicatrizam por milagre as minhas feridas.

Olhando para o guerreiro envelhecido, reconheço-o como um velho amigo que apareceu no meu caminho em outras jornadas. A bandana azul na sua cabeça confirma as minhas suspeitas. Respirando ainda com dificuldade pergunto-lhe quem ele é.

– Sou *Arutam* - ele me responde, – um espírito que transmite uma força especial aos guerreiros *Shuars*, dando-lhes a garra necessária para superar todos os obstáculos que se apresentam no decorrer da sua vida. Sou aquele que o protegeu em todas as suas iniciações e o auxiliou a superar todas as dores que passou até hoje, como também aquele que irá continuar lhe ajudando a seguir adiante sempre. Faço parte de uma realidade distinta da dos seres humanos, sou um espírito que não pode ser visto com os olhos, muito menos ser escutado com os ouvidos. Não tenho um corpo humano. Só posso ser visto por aqueles que já morreram.

Será possível que estou morto? - pensei.

Lendo minha mente, ele riu e disse que eu sabia a que morte ele estava se referindo e continuou:

– É impossível explicar a minha origem. Aqueles que me veem recebem um dom. Poder este que estará presente com você até o momento em que seu espírito deixar este corpo carnal em meio a tempestades e relâmpagos, transformando-se em um verdadeiro *Arutam* que viverá eternamente vagando com os ventos e que em algum tempo estará presente no corpo das futuras gerações.

Fez uma pequena pausa, enquanto eu analisava as suas palavras.

– Na realidade você ainda não é um *Arutam*, um ser onisciente, onipotente e onipresente, estando em todos os lugares. Este *spiritu* é uma realidade de um ser vivo e existente, sua natureza é muito distinta da do ser humano. A sabedoria deste Ser sempre está ligada a nossa realidade, seus poderes são bons e sua força é indispensável para corrigir as más condutas. Como você pode ver, *Arutam* não é um ser corpóreo, sua natureza é de difícil descrição, portanto para demonstrar sua existência ele se manifesta de diversas maneiras na forma de objetos, pedras, minerais, plantas e animais.

Dito isto me abraçou e nos integramos num só corpo que se transformou num lindo Jaguar Azul Crepuscular. Escuto sua voz dizendo:

– Somos um, fazemos parte de uma energia única e sempre seguiremos assim.

Estas foram as últimas palavras que escutei antes de desmaiar.

Criaturas da selva e do mundo subaquático permeam sonhos inexplicáveis. Acordo. Aos poucos uma onda energética se dissipa. Sinto o peso do meu corpo. Ainda continuo amarrado na pequena cabana. O calor é intenso. Não estou só. Minha suspeita é confirmada quando escuto passos. As cordas são cortadas. Despenco no chão pesadamente, sem forças para me manter em pé. Minha venda é retirada dos olhos. Sinto algo na minha mão direita. Olho para ela e vejo uma bandana azul com pintas negras.

Saio da cabana com a ajuda do *Uwishin*. Um sol forte brilha nas primeiras horas da manhã, secando a terra úmida de chuva. Um ar quente e abafado ergueu-se do solo e uma brisa morna fez as folhas e flores dançarem alegremente. Na volta para o povoado nos encontramos com Alex. Ele passou pelo mesmo rito de iniciação que passei. Nós dois estamos nus. Somos os únicos. O grupo de doze guerreiros que nos acompanham veste peles de jaguar e na cabeça usam um pequeno cocar de penas vermelhas e amarelas, como se fosse uma coroa.

O *Uwishin*, que lidera o grupo, nos conduz em direção a uma caverna. Silenciosamente todos nós entramos nela. A escuridão é total. Uma tocha é acesa por um dos guerreiros que a entrega ao Pajé. À medida que entramos cada vez mais fundo naquele espaço, escutamos um som de água. Passados uns cinco minutos de caminhada sentimos um brisa a nossa frente. A chama é apagada. Uma luz natural entra na imensa gruta. Vamos todos em sua direção.

A nossa frente estendia-se um majestoso tapete verde, denso de bosques e florestas, com vida animal e vegetal abundantes. Escutamos o som de água caindo ao longe. Continuamos a seguir o *Uwishin*. Ao entrarmos numa clareira no meio da mata vimos um belíssimo gramado e frondosas árvores com maciços galhos criando pilares naturais. Os raios de sol passam por entre as folhas sacudidas pelo vento, criando uma iluminação diferente. O som de cascata aumenta a cada passo dado. De repente, abre-se a nossa frente uma praia na qual é possível visualizar a mais bela de todas as cachoeiras que já vi. Sem dúvida, aquele era um lugar sagrado.

Uma cidade etérea surgiu por trás das quedas d'água. Aguçando mais a minha percepção visual pude ver o que me pareceu um exército de jaguares guardando aquele "Local de Poder" que emanava ondas vitais de energia, formando uma espécie de núcleo energético. O ar que se respirava era luminoso. Certamente aquela cidade não fazia parte do nosso plano físico. Ao olhar para ela meus olhos ardiam.

A caminhada nos deixara completamente molhados de suor. O *Uwishin* faz sinal para que Alex e eu mergulhássemos na cachoeira. A água gélida me dá um choque térmico, trazendo-me de volta a realidade, dando-me forças para lutar contra a correnteza que procurava me arrastar. Apesar das dores musculares e de câimbras nas pernas, consigo nadar até o outro lado da margem onde sou recebido com grande aclamação por outros guerreiros da tribo. Alex e eu somos abraçados e cumprimentados por termos nos tornado igual a eles... Guerreiros Shuars... agora eu era um *Achuar.*

O *Uwishin* vem em nossa direção e sopra fumo de tabaco em nossos narizes. Isso era realizado para que aprendêssemos a olhar nos olhos da morte e saber que ela sempre estará iluminando nossa caminhada. Apanhando uma faca de osso, ele cortou uma mecha de nossos cabelos e jogou no rio para a correnteza levasse para longe. Depois pediu que vestíssemos uma nova roupa, que foi confeccionada para nós, deixando assim o passado para trás e nos transformando numa nova criatura. Ao voltarmos para a tribo participamos de uma festa na qual bebemos cerveja de mandioca, *masato*, durante noite.

Passamos mais uma semana na tribo *Shuar*, ao lado do *Uwishin* que nos ensinou suas práticas xamânicas. Ele nos auxiliou a adquirirmos nossas setas mágicas (*tsentsak*). Conhecidas também pelo nome de "virotes", essas flechas são consideradas espíritos auxiliares do Pajé. É através do poder dos *tsentsak* que é possível curar as doenças.

Geralmente os *Wawek* (feiticeiros) mandam esses espíritos auxiliares para atingir o corpo da vítima, a fim de atormentá-la, deixá-la doente ou matá-la. O *Uwishin* utiliza seus próprios *tsentsak* para auxiliá-lo a sugar os espíritos dos corpos do doente. O Pajé nos explicou que esses espíritos auxiliares formam escudos que, com o poder do espírito guardião do *Uwishin*, protejem seus "mestres" Xamãs dos ataques.

Um *Uwishin* noviço reúne todos os tipos de insetos, plantas e outros objetos para se tornarem seus espíritos auxiliares. Quase todas as coisas, incluindo insetos vivos e vermes, podem se tornar um *tsentsak*, se forem pequenos o bastante para serem engolidos por um Pajé. Diferentes tipos de "virotes" causam diferentes tipos ou graus de doença, e são usados para a cura. Quanto maior é a variedade desses objetos poderosos que um *Uwishin* tem em seu corpo, maior é sua capacidade como curandeiro.

Cada *tsentsak* tem um aspecto comum e um aspecto incomum. O aspecto comum de uma seta mágica é o de um objeto material comum, quando visto sem tomar o *maikua*. Mas o aspecto incomum e "verdadeiro" do *tsentsak* é revelado ao Pajé que toma a Planta Mestra. Quando o faz, a seta mágica aparece em sua forma oculta, como espírito auxiliar, tal como borboletas gigantes, jaguares, serpentes, pássaros e macacos, que dão assistência ativa a ele, em suas tarefas.

Quando o *Uwishin* é chamado para tratar de um paciente, sua primeira tarefa é o diagnóstico. Ele bebe suco de tabaco, *natem*, e, às vezes, o suco de uma planta chamada "pirípiri", quando chega o fim da tarde e a noite se inicia. Depois agita ritmicamente o *shishink* chamando seus espíritos auxiliares para ajudá-lo no processo de cura. As Plantas Mestras que ele ingeriu ajudam a modificar consciência permitindo-lhe ver o interior do corpo do paciente como se fosse transparente. Se a doença foi causada por feitiçaria, o Pajé verá a entidade intrusa no corpo do paciente, de forma nítida o bastante para determinar se possui o espírito auxiliar apropriado para extraí-la por sucção.

O Pajé suga as setas mágicas de um paciente à noite, e num lugar escuro da cabana, pois só na escuridão ele pode ver a realidade incomum. Com o pôr do Sol, ele alerta seu *tsentsak* assobiando sua canção de poder; depois de cerca de quinze minutos começa a cantar, enquanto joga fumaça de tabaco no rosto do paciente através de um charuto. A fumaça nutre os espíritos auxiliares que auxiliam o *Uwishin* a identificar as enfermidades no corpo do paciente. Quando está pronto para sugar, o *Payé* mantém dois *tsentsak*, de tipo idêntico ao que viu no corpo do paciente, na parte da frente e no fundo da boca. O *tsentsak* próximo dos lábios tem a tarefa de incorporar a essência sugada em si próprio. Se, entretanto, essa essência incomum passar por ele, o segundo espírito auxiliar, na boca, bloqueia a garganta, para que o intruso não possa entrar no corpo do *Uwishin* e fazer-lhe mal. Ao cair assim na armadilha dentro da boca, a essência é apanhada bem depressa e absorvida pela substância material de um dos *tsentsak*. Então, ele vomita o objeto e o mostra ao paciente e à sua família.

Aqueles que não são Pajés podem pensar que o próprio objeto material é que foi sugado, e o *Uwishin* não o desilude disso. Ao mesmo tempo, não está mentindo, porque sabe que o único aspecto importante de um *tsentsak* é o imaterial ou o aspecto incomum, ou essência, que o *Payé* acredita sinceramente ter removido do corpo do paciente. Explicar ao leigo que já tinha aquele objeto na boca de nada valeria, e o impediria de mostrar tal objeto como prova de que havia efetuado a cura.

A capacidade que o *Uwishin* tem de sugar depende em muito da quantidade de força dos seus *tsentsak*, dos quais ele pode ter centenas. Suas setas mágicas assumem o aspecto sobrenatural de espíritos auxiliares quando ele está sob a influência da *natem* e os vê como uma variedade de formas zoomórficas pairando sobre ele, empoleirando-se em seus ombros e saindo da sua pele. Vê que eles o estão ajudando a fazer a sucção no corpo do paciente. Bebe suco de tabaco quase toda hora para "mantê-los alimentados", a fim de que eles não o deixem.

Um *Payé* pode ter um *tsentsak* enviado por um feiticeiro. Por causa desse perigo, o *Uwishin* deve repetidamente beber suco de tabaco, a todas as horas do dia e da noite. O suco de tabaco ajuda o *tsentsak* do Pajé a estar pronto para repelir quaisquer outras setas mágicas. Um *Payé* não sai para uma caminhada sem levar consigo as folhas verdes de fumo, com as quais prepara o suco que mantém seus espíritos auxiliares em alerta. Geralmente o espírito guardião repousa no peito dele, embora seu poder emane por todo corpo.

Durante os outros dias que passamos com os *Shuars*, descobrimos que a conexão com os seres da floresta é reveladora. Com eles aprendemos a nos sentirmos bem em qualquer lugar. E foi exatamente com este tipo de sentimento que fizemos o caminho de volta até *Numbaime*, tendo Ayauma como guia.

Chegando a Quito, Alex me informou que seu "Maestro" estava na cidade Santo Domingo dos Colorados, a oeste da capital do Equador, e que gostaria de me levar para conhecê-lo. Como eu só iria embarcar dois dias depois para o Brasil, resolvi conhecer Don Julio numa reserva indígena dos *Tsachila*, de 10.550 hectares na província de Pichincha.

Don Julio parecia ter idade indefinida. Seu rosto de feitio fino, com maxilares fortes, era sulcado de rugas, e olhos pequenos que brilhavam constantemente, emoldurados por cabelos ralos e brancos que desciam desgrenhados por sobre um poncho marrom largo. Alex me informara que ele era hondurenho, com ascendência maia, e estava há quatro meses na reserva dos *Tsachila* trocando experiências xamânicas com outros curandeiros.

Ao entardecer fomos convidados por Don Julio para participar de um *temascal* andino, *shupoga*. Alex me explicou que essa cerimônia era diferente do *temascal* tradicional dos Maias que habitavam o México, a Guatemala e Honduras, que é grupal. O *shupoga* é uma cerimônia de cura individual, em que ficam dentro da cabana de forma arredondada feita de pedras apenas o condutor da cerimônia e o paciente.

Eu conhecia o temascal tradicional, inclusive tinha sido treinado para conduzir esse tipo de cerimônia quando estive na Península de *Yucatan* no México anos antes. Mas estava muito curioso de conhecer o *shupoga*, que seria conduzido pelo próprio Don Julio.

Os últimos raios de sol acabavam de sumir no horizonte quando entrei nu na cabana de pedras. Alex estava em outra cabana com um Xamã *Tsachila*. Na medida em que as pedras vulcânicas eram colocadas no buraco no centro da cabana, conhecido como o umbigo de fogo, o calor aumentava. A cada respiração, sentia minha traqueia doer. As pedras quentes, incandescentes, absorviam o oxigênio da cabana que só era aberta para entrada de mais pedras ardentes. A cada uma que entrava, Don Julio apanhava uma pequena cabaça cheia de água e jogava em cima dela, aumentando mais o calor e o vapor.

Já fazia um bom tempo que eu não participava de uma cerimônia daquele tipo. Aos poucos fui deitando e fiquei em posição fetal. Deitado, com a cabeça no chão, o ar era um pouco mais suportável. Lutava para aguentar. Controlava a minha vontade, me segurando, para não sair correndo dali. De repente, resolvo permanecer sentado. Tento respirar calmamente pelo nariz e a boca ao mesmo tempo. Inspiro, seguro e expiro o ar lentamente. Algumas vezes tenho a impressão de que vou desmaiar. Vislumbro as pedras avermelhadas na escuridão. O suor escorre pelo meu corpo como se fosse uma corredeira.

O calor intenso me leva a ampliar meu campo de consciência. Minha cabeça parece que vai explodir. Sinto um tremor. Observo-me de fora. Estou de volta a selva da *Muatiânvua* na África. Volto para lá no exato momento em que sou picado pelo escorpião. Vejo nitidamente o corpo poderoso do Jaguar. Só que não sou ele. Algo aconteceu na hora da picada e fomos apartados. Ele corre na direção da selva, enquanto eu procuro me arrastar até a árvore. Viro-me olhando na direção de onde vim, procurando algum sinal do Jaguar. Não o vejo. Tenho que me virar sem ele.

Olho fixamente para cima da árvore, com os olhos semicerrados contra o reflexo do sol. Noto marcas indefinidas como se fossem pequenas depressões. Visualizo alguém no cume da árvore. Será que espera por mim? Olho para o lugar de onde vim me arrastando e vejo umas pegadas, que não são minhas. Respiro profundamente, tentando recuperar o fôlego. Porém meu coração bate com mais força diante do mistério de tudo aquilo. O fluxo de adrenalina aumenta, escalo desordenadamente a árvore. Embora a imagem comece a se desfazer como se fosse etérea, consigo chegar até lá. Quem estava lá?

Don Julio balança meus ombros trazendo-me de volta ao presente. As pedras não estão mais vermelhas e o vapor não se faz mais presente na cabana de pedras. Mas continuo suado. A cerimônia chegou ao fim. Saio da cabana seguido por Don Julio. Caminhamos na direção de um riacho e mergulhamos na água gélida.

Na manhã seguinte, após dormir como uma pedra, parto para Quito, antes agradeço a Don Julio e a Alex pelos momentos mágicos que tive em suas companhias.

Já no Brasil decidi que era chegado o momento de voltar ao mercado de trabalho, pois desde a minha volta da África me encontrava desempregado. Conversando com um amigo, resolvemos fazer uma sociedade e montar uma empresa de eventos e produção musical. O mercado alagoano de música borbulhava com uma série de bandas emergentes e outras já consolidadas no estado, como a Mopho, Maqiavel, Alphagraus, Barba de Gato, Arcanjo, Casa Flutuante, Oxê, Os Giramundos, $ifrão, Dr. Charada, entre outras. Passamos a produzir alguns destes grupos, como também a participar de um projeto musical, tipo *jam session*, com a banda FUGA.

Las Huaringas

Sentir a existência não é superar as lutas e ansiedades da vida,
e sim conhecer diretamente a vida em nós mesmos.
Thomas Moore

No início de outubro Vicente veio me visitar em Maceió. Não nos víamos desde 2002, quando realizamos o *Kapacñam*, a Rota de *Wiracocha*. Ele havia feito uma cirurgia de catarata, e não precisava mais usar óculos. Sempre o tive em grande estima, ele era muito mais que um amigo, era um irmão, pai e filho ao mesmo tempo. Durante sua estada na minha casa, o levei para conhecer o encontro do rio São Francisco com o mar e algumas praias na costa alagoana. Em alguns destes passeios, Thályа estava presente. Havíamos nos separado há quase dois anos, mas ainda continuávamos amigos, fato que agradou meu irmão uruguaio.

Aproveitei a sua estada e o convidei para ir comigo ao Peru em novembro para conhecermos *Las Huaringas*, um poderoso centro energético reconhecido mundialmente, onde manteríamos contato com os curandeiros que lá residiam. Depois iríamos até *Trujillo* nos encontrar com nossa amiga, Dona Julia Calderon, e visitarmos *Chan Chan* e as belas praias de *Wanchako*, conhecendo um pouco da cultura dos *Mochicas* e *Chimus*. Vicente me agradeceu, mas disse que iria recusar desta vez, pois de Maceió ele iria até o Uruguai encontrar sua esposa e de lá voltar para os Estados Unidos.

Mais uma vez eu estava longe da minha residência na ocasião do meu aniversário. Encontrava-me dentro de um ônibus que nos levaria de *Piura* até *Huancabamba*. Alex estava comigo. Contratamos o serviço de guia de um antigo amigo que conheci na minha primeira jornada ao Vale Sagrado dos *Inkas*. Ao desembarcar no Aeroporto, Marco já nos aguardava. Sempre que o via eu me admirava ao ver um peruano com mais de 1 metro e 90 cm de altura, com cabelos negros, lisos e longos, caindo no peito saliente. Seu olhar permanecia vibrante e distante. Uma figura altiva, sem dúvida.

De *Lima* seguimos para *Piura*, localizada ao norte do deserto de *Sechura*, onde passamos a noite. *Piura*, capital da região de mesmo nome, foi a primeira cidade que os invasores espanhóis fundaram quando chegaram ao país.

Na manhã do meu aniversário saímos cedo na direção de *Huancabamba*, que fica a 2.000 metros de altitude. A viagem parece uma montanha-russa. Na parte inicial passamos por paisagens inesquecíveis e por vilarejos parados no tempo. Após o entroncamento de *Chullucanas*, a estrada segue pelas entranhas da cordilheira e o asfalto macio se transforma em uma estrada esburacada, cheia de pedregulhos e precipícios. Depois cruzamos por uma série de bosques, plantações e estranhos vilarejos. Ao entardecer, após nove horas de viagem, *Huacabamba* desponta diante de nossos olhos.

Huacabamba é considerada a Meca do curandeirismo andino. Quando comecei a me corresponder com Don Alberto sobre xamanismo andino, em 1997, ele sempre comentava sobre esta província peruana. Na época o meu interesse maior era conhecer o Vale Sagrado dos *Inkas*, mas algo dentro de mim dizia que um dia iria conhecer os curandeiros do norte peruano.

Após tomar um banho quente e trocar de roupa, encontrei-me com Marco e Alex para celebrarmos meu aniversário de 42 anos jantando num restaurante típico. Escolhemos uma sopa de quinoa com legumes, pois participaríamos de uma cerimônia no dia seguinte e não seria interessante comer algo pesado ou beber qualquer tipo de bebida alcoólica. Após o grupo musical presente tocar o tradicional "cumpleaños", nos recolhemos ao quarto para dormir.

Antes de sairmos de *Huancabamba*, paramos no mercado e compramos um saco de folha de coca para combatermos o mal de altura, *soroche*, pois *Salalá* fica a 3.000 metros de altitude. Eram onze da manhã quando finalmente saímos em direção ao nosso destino, onde seria realizada a primeira cerimônia liderada pelo curandeiro Roman Chasquero Zurita, um *Maestro* que segundo Marco é conhecedor do universo mítico ancestral andino.

Após viajarmos por quase três horas em uma estrada sinuosa, saímos da via principal por um caminho de terra e passamos a subir a encosta da montanha até encontrarmos uma vila, com casas de barro, cachorros magros soltos, galinhas, algumas cabras, ovelhas e bodes que cruzavam as ruelas, bebendo água em pequenos canais de esgoto. O carro em que estávamos tinha muitos problemas ao dobrar as esquinas por causa dos buracos e das paredes das casas que pareciam nos querer abraçar de tão perto que passávamos delas. Havia poucas casas. Todas edificadas em adobe, com tetos de palha e quase sempre desniveladas nas entradas.

Ao pararmos sentimos o clima de magia que envolve *Salalá*. Descemos e seguimos a pé por uma ruela de terra. Após alguns minutos de caminhada, saltamos um pequeno canal de água e entramos num pátio com diversos animais compartilhando aquele ambiente familiar. Passamos por uma venda modesta e fomos direto para a casa do *Maestro* Roman, que tinha a sua porta uma Ford Rural branca com faixa azul.

Cães latiam enquanto entrávamos na casa. Passamos pela sala e cozinha onde fomos cumprimentados por uma senhora, que se dedicava a suas tarefas domésticas, e em seguida fomos levados por Marco a um pátio com uma casa aos fundos. Entramos no casebre escuro, sem janelas, com o piso de terra e folhas de revistas coladas na parede. À nossa frente havia uma mesa com um banco cheio de papéis e outros objetos, e encostado nela, um par de bancos compridos e estreitos desnivelados com o chão. Da penumbra, o *Maestro* Roman surge envolto por um perfume de ervas, plantas e tabaco.

Roman Chasquero Zurita tem uma estatura baixa, cheio de corpo, rosto redondo com maçãs salientes e vermelhas. Os olhos cinzentos repuxados lhe conferiam um aspecto bonachão. Um bigode grisalho cobria a pequena boca com lábios finos. Tratava-se de um homem um pouco mais de 50 anos de idade. Vestia um poncho azul escuro e tinha um sombrero sobre sua cabeça.

O *Maestro* Roman nos convida para entrar numa ampla sala nos fundos da casa, que mais parece uma caverna, onde havia mais cinco pessoas com agasalhos e cobertores. Ele dirige-se a sua *Mesa*, que consiste de um pequeno altar no chão, sobre uma *mastana*, onde estão dispostos diferentes tipos de conchas, espadas, punhais, varas de madeira tropical, *marakás*, pedras, objetos arqueológicos, imagens cristãs, etc.

Alex me pergunta o que era toda aquela parafernália no chão.

– O fenômeno cerimonial conhecido como "Mesada" - respondo, – incorpora uma série de elementos peculiares como o emprego do *Wachuma*, que os participantes bebem, e o Curandeiro também para "ver" e utilizar os objetos de poder e solicitar o auxílio dos espíritos que resultem mais convenientes. A disposição de um conjunto diversificado de "artes", sobre uma manta configura um altar de poder.

– *Artes*? - ele pergunta.

– As "artes" é o nome que se dá aos objetos de poder da *Mesa*, que são utilizados para nos conectarmos com as forças da natureza. Um aspecto peculiar da "Mesa Norteña" é a utilização de diferentes varas, espadas e punhais que são colocados em sua cabeceira, como você pode ver.

Aproximando-se de nós, Marco diz:

– As "artes" geralmente são distribuídas em três campos cerimoniais específicos. A parte esquerda da *Mesa* se conhece pelo nome de "Mesa ganadera" e relaciona-se com as forças escuras e malignas. A "Mesa ganadera" é constituída tradicionalmente por pedras procedentes de ruínas arqueológicas, de locais de poder e por uma concha "Toro", de forma espiralada e também conhecida pelos nomes de *Tríton*. Esse campo inclui uma série de varas e espadas. O lado direito da *Mesa* é conhecido como "Mesa Justiceira", é o domínio de Cristo e Santos, os objetos desse lado da *Mesa* contém as virtudes e poderes competentes para tratar as aflições dos pacientes. Imagens de Santos, cristais, conchas, *marakás*, perfumes, tabaco negro e crucifixo, são elementos próprios deste "campo" junto com sete varas e espadas. No meio da manta se encontra a "Mesa do meio", que atua como o fiel da balança entre a "*ganadera*" e a "justiceira". Geralmente ela é composta de diversas pedras, espelho e uma imagem de San Cipriano.

– E as espadas? – indaga Alex.

- Objetos como a espada maior, a vara de *Chonta*, o *maraká*, as conchas e caracóis marinhos são inseparáveis da *Mesa* do Curandeiro. Sem sua espada e sua vara, não pode defender a si mesmo e a seus pacientes dos ataques espirituais. Sem o *maraká* ele não pode chamar seus espíritos auxiliares e sem as conchas não pode efetuar a "singada" de tabaco.

Um sino reverberou em solene explosão sonora. Todos entenderam que era momento de completo silêncio. O sol devia estar se pondo. A cerimônia teria início em breve e seguiria até o amanhecer. Seria uma noite de vigília, frio, encantada e quem sabia mais o que nos aguardava.

O silêncio foi rompido pelo *Maestro* Roman:

– *Hola*! Filhos, as águas encantadas das *Huaringas* podem sanar os malefícios do corpo e da alma. Os Entes tutelares do mundo andino protegem nosso trabalho. Estamos aqui numa missão sagrada. Por isso peço que fiquem em completo silêncio enquanto dou algumas explicações sobre nosso trabalho.

Neste momento um casal adentrou a sala e sentou-se próximo a nós.

– Em nosso trabalho utilizamos o *Wachuma*, também conhecido como *San Pedro*. Ele é usado pelos antigos "Maestros" desde o período *Chavin*, 1.500 a.C. Sua utilização ativa os poderes dispostos na *Mesa*. As virtudes que possuem só podem ser contempladas e manipuladas convenientemente sob os efeitos do *San Pedrito*. Os objetos são depositários de poder que o *Wachuma* mostra ao Curandeiro. Estas "artes" adquirem uma relevância individual única, personificada em cada caso para intervir no problema que afeta os pacientes. Os "encantos" ou "encantados" da *Mesa*, encarnação física dos poderes utilizados pelo *Maestro*, tem uma natureza semelhante aos espíritos dos locais sagrados, as lagoas e montanhas.

Tirou o seu *sombrero* da cabeça e colocando-o de lado continuou:

– Cada "arte" presente na *Mesa* é o suporte visível de um poder invisível, o "encanto". Esse poder é derivado da presença do ente mítico que anima o objeto. Os objetos na *Mesa* são símbolos ativos de um universo de forças intangíveis e meios para comunicar-se com elas e o altar em si é um mapa simbólico do Universo de acordo com cosmologia andina.

Após uma breve pausa, concluiu:

– A *Mesa* é um paradigma simbólico no qual o ritual de cura é jogado. Representa a luta entre as forças que tomam a vida e as forças que a dão, entre a esquerda e a direita. Porém esta luta, esta oposição chega a ser uma resolução pela reafirmação do curandeiro de seu domínio sobre a esquerda e a direita. Provando mais uma vez que o Xamã é um balanceador de forças opostas. A Mesa é um jogo ritualístico que representa, em símbolos concretos, um ato de harmonização realizado por um indivíduo por meio de seus domínios em ambos os lados. É assim que a luta, as oposições, chegam a ser transmutadas e as curas se realizam.

Maestro Roman levantou-se após as explicações e apanhou junto à parede uma garrafa de *Wachuma*. Serviu cada um dos presentes, colocando o líquido esverdeado numa cabaça cortada e dando uma baforada de uma espécie de charuto de folhas de tabaco.

Depois de todos bebermos o chá com gosto amargo e doce ao mesmo tempo, similar a jurubeba, o *Maestro* começou a balançar um chocalho recitando uma fórmula de florescimento:

"Ervas boas, *San Pedrito* querido despeja e aclara nossos corações, nossos ossos, concentra-se em nossos cérebros, em nossa carne, em nossa alma *San Pedro* lindo. Retire as dores de nossos olhos, ombros, cabeças, pernas, mãos e órgãos. Vamos trabalhando levantando e trabalhando com todos que estão aqui, todos os ausentes que se foram para outras esferas presentes aqui venho trabalhando com a linda *Mesa del Maestro* Roman Chasquero Zurita recordando e florescendo com esta linda florida todos que estão aqui".

Neste momento ele sopra a garrafa de água florida, toma um gole e cospe em seguida sobre a sua *Mesa*, para continuar:

"Pelo sul e norte, pelo oeste e leste de onde sai o sol e a lua, vamos recordando, vamos levantando a sua memória e pensamento. Desde este momento vamos recordando todos os encantos das comadres lagoas desta cordilheira. Em primeiro lugar vamos recordar os *encantos* da *Laguna Shimbe*. Vamos recordar os *encantados* da *Laguna de los Patos* para que eles não sejam ingratos. Depois vamos recordar os da *Laguna Negra*, da *Laguna del Toro*, da *Laguna de Parvas*, as lagoas das sete linhas das *Siete Arrebiatadas*, das setes linhas dos quarenta mil encantos, a *Laguna del*

Rey e da *Reina Inga*. *Laguna de La Huaringa Blanca del lindero de San Juan*, com todo afã vamos trabalhar nesta hora e neste momento... Aqui me ponho em pé como meu lindo *San Pedrito*, com minhas lagoas, com meu tabaco aqui os encanto..."

Sinto o canto se distanciando dos meus ouvidos, sou jogado a outras esferas. Sigo meu coração. Um sentimento de paz me invade. Sou a placidez do oceano. A superfície ondulada que serpenteia. Sou um relâmpago que eletrifica o céu. Uma nuvem passageira. O vento. A brisa. Viajo a outros mundos. Sou o Universo. Flutuo entre mundos. Sou um cometa...

Estou em pé dentro de um círculo de fogo. Don Roman está a minha frente com uma espada na sua mão direita. Ele passa a espada rente aos meus braços, pernas, costas, cabeças... cortando minhas conexões com o passado, protegendo-me dos maus espíritos. Ele recita:

"Vara de aço, ponta diamantada, aqui vais cortando esses males fio por fio. Em nome da *Laguna Prieta*, *Lucero*, da *Laguna del Rey Inga*, da *Laguna Cebada*, da *Laguna Cambray*, com minha *Laguna del Tormento*. Vamos sacando em nome de minha *Laguna Negra*, *Shimbe*, e em nome do Rei e da Rainha, em nome de Cristo, *Padre, Hijo y Espíritu Santo* te vá liberando de todo mal. Com um te ato e com dois te levanto. O defendo e o libero das dores. Jogo para longe todas as dores que vierem até você. Com um te agarro e com a outra te ato e o mal desato. O levanto e o libero com meu tabaco. Vou liberando com esta vara o seu caminho. Com ela toda tristeza passa, toda mal se afasta."

Quando saio do círculo de fogo, Don Roman toma um gole de água florida e cospe nas minhas costas. Este gesto é conhecido pelos nativos andinos como *Kamay*. Volto para o lugar no qual estava sentado antes, sem saber como me levantei de lá.

A cerimônia corta a madrugada. Elmer, o filho do *Maestro* Roman, me oferece uma concha com *ampiri*, uma infusão de tabaco com álcool, para sorver pelo nariz. Coloco a concha na narina esquerda e absorvo o líquido viscoso. Sinto minha cabeça se fragmentar. Meu estômago se retorce. Tenho ânsia de vômito. A cabeça gira. Recosto-me na parede de barro.

Flutuo por uma lagoa entre pequenas luzes faiscantes, multicores. Sou envolto na luz prateada de um eterno e claro luar. Navego ao sabor de invisíveis correntes, encalho em praias repletas de botos cor-de-rosa. Numa delas, seres encantados me estendem suas mãos transparentes. Seus rostos expressam boas vindas. Caminho com eles por uns campos de relva baixa e espessa, salpicados de flores pequenas. Nesse lugar, todo mundo veste túnicas rústicas, que esvoaçam ao vento.

Levam-me até um bosque à entrada de uma floresta densa. Através de gestos e olhares indicam que devo seguir adiante sozinho. A vegetação brilha diante dos meus olhos como uma esmeralda. Ao cruzar o portal de entrada escuto o esturro de um jaguar. Há quanto tempo não escuto aquele som. Vejo suas pegadas no chão, o dobro do tamanho de todas que já vi. Sigo-as. Sinto um forte odor. O aroma rico e fecundo da terra úmida e da flora, ressaltado por um cheiro de visco e almíscar. Do meio da mata surge uma guerreira.

Ela era bem alta para uma mulher. Rosto anguloso, de traços suaves, olhos lânguidos, ligeiramente amendoados, nariz afilado e boca regular de lábios carnudos desenhados acima do queixo arredondado. Seus cabelos negros e longos caíam sedosos por sobre seus ombros nus indo até a cintura. Sua tez, cor de cobre, contrastava com a bata alva de penas que ela vestia. Era lindíssima.

Após me olhar de cima para baixo, faz sinal para que a siga. Silenciosa como a neblina, caminha em passadas felinas. Serena e luminosa, me leva até uma cidadela toda dourada. Entramos num templo com salas vastas, de contornos arredondados, onde o chão é continuo com as paredes, como cavernas, esculpidas por amazonita. Sou o único homem na cidade mítica de *Miscayani*, habitada apenas por mulheres. Estou na cidade das *Hamas-Ohne*, lindas mulheres guerreiras conhecidas nas lendas como Amazonas. Estou atento e concentrado até que, de repente, tudo some e, num solavanco, estou de volta ao velho casebre.

Já amanhecia e a primeira parte da cerimônia chegava ao fim. Levantamos-nos e seguimos em direção ao topo da serra onde está localizado o complexo de catorze lagoas encantadas chamada *Las Huaringas*. Jumentos e mulas foram nossos meios de transporte até nosso destino, a Lagoa de *Shimbe*. Encontramo-nos no meio de um deserto, com um vento gélido que parece congelar o sangue; enquanto isso o pouco sol se esconde por trás de umas nuvens grandes, acinzentadas e ameaçadoras. Após duas horas de jornada através da região agreste, vislumbrarmos a *Laguna de Shimbe*.

Chegamos a 3.807 metros de altitude. Não há nenhuma habitação por lá. O frio congela até as lágrimas e machuca os ossos. A lagoa é rodeada de morros áridos, tão ameaçadores que com céu repleto de nuvens carregadas podem servir de cenário perfeito para filmes de terror. Seguimos o *Maestro* Roman entre charcos e vegetações rasteira.

Don Roman montou seu altar numa pedra, e pediu que todos se despissem. Enquanto isso, Elmer nos dava algumas explicações sobre *Las Huaringas*:

– Estas lagoas nascem das águas cristalinas do rio *Huancabamba*, a maior delas é a *Shimbe*, considerada a melhor para banhos de florescimento, para *despachos*, eliminação de doenças e *botadas*. Outra muito conhecida é a *Laguna Negra*, que devido a suas propriedades curativas é usada pelos curandeiros. *Huaringa* é uma palavra *aymara* que significa líquido espesso e também Deus da Força, logo *Huari-Inga* segundo os estudiosos significa água ou *Laguna del Inga*, ou também *Dios de la fuerza del Inga*. Desde tempos imemoriais que curandeiros utilizam este lugar como centro de cura de diversos males e doação de boa sorte para todo tipo de atividades.

Repentinamente, enquanto o sol desponta entre as nuvens, Don Roman começou a recitar fórmulas invocando o espírito feminino da lagoa e o masculino da montanha. A voz do *Maestro* ecoou pelos quatro ventos. Lufadas moveram as águas da lagoa. Sons guturais pareciam vir dos morros vizinhos. Seriam os *Encantados*? Roman chamou-nos um a um, para o banho de florescimento.

Na minha vez pediu que eu entrasse nas gélidas águas da lagoa e permanesse de pé em frente a ele. Meus pés gelaram. Aproximando-se de mim, Don Roman me segurou pelos ombros e fez com que eu mergulhasse nas águas turquesas da lagoa de *Shimbe*, não uma, mas sete vezes. Em cada uma delas repetiu: "Que você cresça, floresça e brilhe como brilham o sol e as estrelas". Saí da água com uma sensação de calor e energia despertando meu corpo. Roman me entregou sua espada e pediu para que eu corresse até um pequeno monte de terra gritando e cortando o ar para afastar de mim todos os males.

Após correr e gritar como louco voltei ao *Maestro* para devolver-lhe a espada. Ao recebê-la, me entregou uma concha com *ampiri*, infusão de tabaco com álcool, e pediu que eu fizesse a "singada" pela narina direita e depois pela esquerda. Em seguida tomou um pouco de água florida e aspergiu sobre minha cabeça, finalizando a cerimônia.

Deixando *Salalá* voltamos para *Huancabamba* e de lá seguimos em direção a *Trujillo*, passando por *Chiclayo*. Durante a viagem de três dias conhecemos as pirâmides de *Tucume*, construídas por volta de 1.100 a.C., pelo povo da cultura *Lambayeque*. Já em *Chiclayo* tivemos a oportunidade de visitar as Tumbas Reais de *Sipan* no famoso Museu Arqueológico de *Brunning*, um maravilhoso santuário construído em forma de uma grande pirâmide inspirada na arquitetura dos *Mochicas*. Neste lugar encontramos os restos mortais do grande Senhor de *Sipan*, um chefe guerreiro considerado semideus pelo seu povo.

No final da tarde do dia 10 de novembro chegamos a *Trujillo*. Na manhã do dia seguinte fomos encontrar Dona Julia Calderon em sua casa e de lá seguimos para a Cidadela de *Chan Chan*, capital do Império *Chimu*, que fica a 15 km de *Trujillo*. A cidade representa o maior assentamento da América pré-hispânica, de tijolos de barro. Sua complexidade veio à luz após anos de escavações intensivas.

Segundo Dona Julia o povo *Chimu* começou a se formar nessa região no século VIII, mas só se tornou um império entre os séculos X e XII. Foi nesse período que *Chan Chan* se tornou uma enorme cidade para a época, com uma área de mais de 20 mil metros quadrados.

Sua estrutura era dividida em pequenas cidadelas, com uma intensa vida administrativa, comercial e religiosa. Tudo parece tão dividido e compartimentalizado que, quando chegamos a um espaço maior, tomamos um choque. As grandes praças eram utilizadas para as cerimônias mais importantes. Seus altos muros, conhecidos por *ciudadelas*, podem ter mais de onze metros de altura e encerram cada um das onze cidadelas. Dona Julia pediu que a seguíssemos até *huachaque*, um enorme poço artificial com funções onde eram realizados os cerimoniais do povo *Chimu*.

Dona Julia Calderon é a herdeira da *Mesa* de Eduardo Calderon, seu pai, um famoso curandeiro de ascendência *Moche* que correu o mundo. Conhecemos-nos na conferência de Xamãs que houve em *Pisac* em 2001. Ela dividiu na ocasião uma tenda com Mama Julia Farfan, minha doce *Maestra*, e juntas me curaram de um *viento malo* que me atingiu.

Ao chegarmos ao espaço cerimonial de *huachaque,* pediu que sentássemos cada um numa direção. Ela ficou ao leste, Alex ao sul, eu ao oeste e Marco ao norte.

O som do *pututu* reverberou pelos muros de barro do Palácio *Tschudi*. Em seguida, Dona Julia arrumou sua *Mesa* enquanto explicava o significado de cada um dos objetos de poder.

– Aprendi com meu pai que cada um dos objetos da *Mesa* adquire uma identidade funcional em relação com o mundo mítico no momento em que sua "virtude", seu espírito, se manifesta pela primeira vez ao Curandeiro em visão. Na escolha das *artes* existem fatores determinantes como, por exemplo, a origem do objeto - se pertenceu a um curandeiro poderoso; se foi encontrado em algum lugar de poder como determinadas montanhas, lagoas, cavernas, ruínas ou tumbas pré-colombianas; se faz parte de um animal ou Planta Mestra; as qualidades inatas como a transparência e magnetismo; a sua função própria como cortar e defender-se, como as espadas e punhais.

Apanhou sua garrafa de água florida, tomou um pouco e espargiu sobre a *Mesa* que havia pertencido a seu pai, e continuou:

– A forma do objeto, como é o caso de certas pedras cujo formato sugere figuras significativas dentro do mundo simbólico ou mágico. A cor, entre elas a vermelha é importante pela sua relação com o sangue; o branco com a pureza, auxiliando na desintoxicação dos contágios, proporcionando boa sorte e ligada a parte direita da *Mesa*; o negro pela sua relação com a noite, a escuridão que impede a visão dos *maleros*, a morte e o subterrâneo, a parte esquerda da *Mesa*.

Depois de um breve silêncio, Dona Julia continuou:

– Outros fatores importantes sãos os psíquicos como a ressonância afetiva que as *artes* tem com o Curandeiro, tal como o momento em que o curandeiro encontrou ou recebeu o objeto de poder das mãos de seu Mestre e também o poder de evocação que o objeto exerce na psique do Xamã.

Apanhou um *maraká* de casco de tartaruga na *Mesa* e falou:

– Após a escolha dos objetos, ocorre um ritual chamado *compactar*, palavra que expressa o pacto entre as *artes*, a lagoa e o Xamã que trabalhará com elas. Todos os objetos são submersos na lagoa, pedindo que a lagoa assista o Curandeiro em seus trabalhos. Feito esse ritual toca-se um sino de prata ou de outro metal que tenha um som claro, na intenção de despertar os objetos de poder. É efetuada uma cerimônia de recomendação explicando a cada *arte* quando ela deverá intervir com seu poder, auxiliando o Xamã.

Alex pediu a palavra e perguntou por que a lagoa era tão importante neste processo de *compactação*. Um sorriso estampou-se no rosto redondo de Dona Julia. Após jogar para trás a trança que amarrava seus cabelos castanhos, respondeu:

– A água das lagoas situadas nas cordilheiras é utilizada nestes rituais por causa de seus poderes terapêuticos. A água é um elemento feminino, é a essência da Terra. Para produzir vida deve se juntar ao poder fecundador do Sol. Porém se quisermos utilizá-la em todo seu poder, e sua virgindade, temos que apanhá-la antes do amanhecer, quando brota das profundezas da terra com toda sua energia e frescura. É por isso que qualquer ritual que a envolva são realizados no início da manhã.

Apanhou um pouco de água numa garrafa e jogou sobre as artes, para depois concluir:

– A água está associada ao feminino, a chuva, as conchas, ao sub-solo e a purificação. As oferendas principais a esse elemento são as coisas frescas e doces como milho, talco perfumado, perfumes doces, limas, rosas e flores brancas. Entre os metais se oferece a prata, que esta associada à Lua. A *Mesa Curanderil*, assim como a análise estrutural manifesta, deve ser considerada um templo de acordo com o significado técnico do termo, um espaço sagrado ritualmente separado do espaço profano, um microcosmo litúrgico e ritualmente ordenado, baseado num modelo de macrocosmo que a *Mesa* resume de forma simbólica, sendo cada parte deste microcosmo analogamente relacionada com a parte do macrocosmo que lhe corresponde e com o conteúdo da visão em que ela se desenrola.

Acabadas as explicações demos uma volta pela região para conhecer as outras *ciudadelas*. Depois de almoçarmos um maravilhoso *ceviche de pescado* a beira mar, cruzamos a cidade e fomos conhecer o sítio arqueológico denominado *Huacas del Sol y La Luna*, construído pela cultura *Moche*. Os templos foram construídos em forma piramidais com adobe, e ainda estavam cobertos por areia e terra, pois os arqueólogos estavam apenas começando as escavações.

Lima, 18 de novembro de 2004.

Os dias que estive no norte do Peru foram intensos e instrutivos. Chegamos ontem à capital do país. Amanhã voltarei ao Brasil sozinho, já que Alex retomará seus estudos com Don Julio em Honduras e Marco continuará com suas atividades turísticas e xamânicas nos Andes peruanos.

Nesta última semana visitamos Huaraz passando pelo Cañon del Pato. Depois fizemos uma excursão à Lagoa de Llanganuco ao pé do nevado Huascaran, onde acampamos e Marco realizou uma cerimônia conosco. De lá voltamos a Huaraz e aproveitamos para conhecer Chavin de Huantar e, após três horas de viagem pela Cordilheira Branca, chegamos ao sítio arqueológico da cultura Chavin. Este povo foi a primeira civilização andina e surgiu por volta do ano 1.500 a.C. É considerada a civilização matriz das outras culturas andinas.

Chavin de Huantar é bem preservada, embora tenha sido muito danificada pelas intempéries ao longo dos anos. Este local era um centro religioso e de peregrinação. O povo ia até lá para apresentar oferendas e para saber previsões sobre a lavoura e a sorte. Os Chavin eram um povo religioso e destemido e ficaram conhecidos por não se entregar facilmente aos seus invasores. O complexo arqueológico de Chavin de Huantar é repleto de labirintos, pirâmides e templos. Há muitas câmaras e passagens subterrâneas. A característica das ruínas é a presença de "Cabezas Clavas", figuras de pedra com feições felinas incrustadas nas paredes. Não se sabe até hoje sobre as razões de sua decadência por volta do ano 500 d.C.

Hoje pela manhã visitamos um dos mais importantes centros cerimoniais do Peru, aonde chegavam peregrinos das mais diferentes partes, o santuário de Pachacamac. A construção do lugar de culto ao deus criador do mundo foi atribuída à cultura Ichimay, que ocupou a região da costa limenha durante os séculos V e VIII d.C. Mais tarde, o centro foi ocupado por outros povos, como os Inkas, que adicionaram seu próprio estilo sobre as edificações.

Pachacamac, "Que dá Vida ao Mundo" foi o nome dado pelos Inkas à divindade suprema da cultura Ichimay, que ocupou os vales de Lurín e Rímac na costa central peruana. O nome original da divindade pode ter sido o mesmo dessa cultura. Pachacamac foi incorporado ao panteão Inca quando Tupaq Inka Yupanki, filho do Inka Pachakuti, chegou ao território dos Ichma, entre 1463 e 1471 e os convenceu a se unir a seu Império.

O principal centro de culto de Pachacamac foi a cidade-santuário do mesmo nome, no atual vale de Lurín, ao sul de Lima, que abrigava seu templo original e oráculo, construídos sobre uma pirâmide truncada, junto com um grande albergue para peregrinos e vários templos menores. Pachacamac era simbolizado por um poste totêmico esculpido em madeira com cerca de 2,3 metros de altura, conservado em uma câmara escura do templo de Inti, forrada de ouro e prata. Esse ídolo tem duas faces opostas, uma decorada com serpentes, a outra com espigas de milho, que possivelmente representam os aspectos destruidor e criador.

No mundo Andino a dualidade se manifesta em cada ato de nossas vidas, entende-se que homem e mulher tem a polaridade necessária para manifestação da vida, já que a unidade só se manifesta com a presença da polaridade em seus aspectos positivo e negativo (masculino/feminino). A melhor representação que temos a respeito da polaridade no Mundo Andino é a efigie de Pachacamac que foi talhada numa peça de madeira e representava de um dos lados o aspecto masculino e do outro o feminino. Foi feita de madeira porque este material pode ascender ao céu quando transformado em fumaça pela ação do fogo, e tem que ser assim porque Deus (feminino/masculino) não poderia ser guardado, sintetizado, reprimido, limitado em uma estrutura. Wiracocha representa o Deus para o homem no seu entendimento, mas aquilo que trascende qualquer conceito ou definição da divinidade, foi chamado de Pachacamac.

Na minha jornada pelo norte dos Andes peruanos, verifiquei que os Curandeiros reconhecem uma ativa e imprescindível rede de interrelações entre as desordens físicas e causas que podem definitivamente ser qualificadas como psicológicas. Atuam, com o rito, sobre o mundo mítico e com a terapia sobre o paciente através de símbolos e ações carregadas de simbolismo, ou através da visualização de signos significativos, atingidos por meio de substâncias psicotrópicas, para interpretar e explicar a enfermidade, sua origem e possível cura numa perspectiva cultural. Neste caso, a medicina nativa vale-se do constante e imprescindível contato com as entidades do mundo mítico realizado por meio da ação ritual, a mesma que exerce uma função de controle do perigo do contato com o numinoso, e alcançado por meio da visão. Quaisquer uns desses meios necessitam da intervenção de um especialista com um carisma especial cujo papel é ver entre os mundos, o Xamã, um mestre curandeiro que se diferencia do homem comum.

Pude observar ainda que a síntese xamânica andina conservou estruturas e elementos originários de sua cosmologia e cosmografia autóctone mantendo-os ativos dentro do contexto sincrético cristão. Assim como conservou a reinterpretação cristã dos velhos mitos de origem e a estrutura ritual das práticas terapêuticas e adivinhatórias ancestrais. A Mesa mesmo é um compêndio visível que expressa esta síntese religiosa através de objetos-símbolos.

Subida ao Kilimanjaro

No cume da montanha está suspensa uma nuvem,
e meu coração está suspenso acima dela.
NATALYA 'IKTOMI' VIDAL

A jornada ao norte do Peru me deu uma sacudida fazendo com que voltasse a minhas práticas xamânicas com fervor. Minha primeira providência foi a de reativar o Círculo de Pedras, um grupo de estudos e práticas xamânicas que havia criado em 2002, mas que com a minha ida para África teve suas atividades interrompidas. Não obtive sucesso no meu empreendimento, pois o grupo não demonstrou interesse de participar. Nesse ínterim fui convidado por uma organização espiritual que trabalhava com a *Ayahuasca*, para coordenar suas atividades xamânicas.

Participei dos trabalhos desta organização durante algum tempo, mas não me sentia feliz em exercer os meus conhecimentos xamânicos naquele grupo que mais se preocupava em fugir do seu cotidiano do que em trabalhar a si mesmo em prol da sua evolução espiritual e humana. Os indivíduos lá trocavam seus vícios pelo uso da Planta Mestra. Para mim, substituiam uma dependência por outra. Eles utilizavam o "vegetal" como muleta, ficavam dependentes dele e terminavam se perdendo.

Não é a *Ayahuasca* que os induz a isso, mas eles próprios, afinal, como Planta Mestra ela indica caminhos segundo a vivência de cada um, e a experiência não é pautada na lógica comum ou verdade cotidiana, mas nos processos internos de crescimento e involução, com todo o arcabouço de conhecimento consciente, inconsciente e senciente do indivíduo, despido de certezas e padrões de raciocínio vulgar.

A *Ayahuasca*, como qualquer planta sagrada, é o ponto indicador onde o caminho se ramifica, ajuda-nos a percorrer nossa trilha, mas pode ser inútil e até perigoso, se não estivermos prontos a aceitar a jornada. Ela é considerada um atalho, mas não é um caminho para curiosos e aventureiros, é uma trilha que é cuidadosamente desvendada pelo Xamã.

Ao completar um ano da passagem de Iktomi para o "acampamento do outro lado do rio da vida", resolvi que era chegado o momento de atender ao seu pedido de jogar suas cinzas, junto com as de Balam, no Monte *Kilimanjaro*, ao norte da Tanzânia. Não tinha a mínima vontade de voltar à África, mas além da minha missão, era um sonho antigo escalar o ponto mais alto do continente africano. Seu nome no dialeto *kiswahili* significa Montanha Brilhante (*Kilima Njaro*) e chega à altitude de 5.893 metros no Pico *Uhuru*.

Na segunda semana de junho viajei em direção à África. Tinha a intenção de escalar o *Kilimanjaro*, realizando uma Busca da Visão no velho estilo *Lakota*, "subindo a colina" em completo jejum sobre a montanha solitária na planície africana. Seu formato cônico é fruto de uma fusão das lavas de três vulcões e pode ser vista a 170 km de distância. Encontra-se exatamente na linha do Equador possuindo cinco tipos de vegetação. O sopé está coberto por uma floresta tropical, depois existe uma floresta de altitude, seguida de savana de altitude, um deserto vulcânico e no seu cume uma geleira. Os tipos de vegetação são fáceis de identificar, pois em cada uma delas crescem plantas diferentes das outras zonas. Ao fazer o percurso até o cume parece que estamos saindo do centro do planeta até o polo.

Só para variar, mais uma vez desafiando meus limites, escolhi a rota mais difícil conhecida pelo nome de *Machame*. Para me auxiliar na jornada contratei um guia. Às seis da manhã, Hamisi e eu começamos nossa caminhada partindo do Portal *Machame*, que fica a uma altitude de 1.800 metros. O calor de 25 graus já neste horário anunciava que o dia seria muito quente, mas, para minha surpresa a medida que subíamos floresta adentro, a temperatura diminuiu para 15° graus e começou a chover forte. Enquanto caminhávamos por entre árvores altíssimas, nossa trilha transformava-se em lama, fazendo com que a caminhada ficasse mais difícil a cada minuto, principalmente num trecho com ângulo de quase 45 graus.

A cada passo o verde exuberante da floresta se fechava a nossa volta. As raizes das árvores seguravam a terra e formavam pequenos degraus, que me lembraram o Caminho Inka quando escalei a montanha Ausangate até 4.200m de altitude, nos anos 2000.[3] Após a chuva, o céu azul apareceu e tive a primeira vista do cume do *Kibo*. O *Kilimanjaro* é formado por três vulcões: o *Shira*, *Mawenza* e o mais alto, o *Kibo*.

Durante a subida era possível avistar macacos que se aproximavam curiosamente, e também inúmeros pássaros. Fora estes animais, o que mais me chamou atenção foi um leopardo que pudemos ver ao longe e que parecia muito mais interessado em procurar uma caça do que com a nossa presença. Durante todo percurso Hamisi pediu para que caminhássemos devagar, pois isso era fator crucial para nosso processo de aclimatação. Próximo ao acampamento *Machame*, a paisagem mudou drasticamente e a floresta tropical cedeu espaço a uma vegetação com árvores mais baixas e esparsas. O terreno aos poucos ficou árido e firme, deixávamos a floresta tipicamente tropical e passávamos à floresta tropical de altitude.

Após 15 km de percurso no primeiro dia, chegamos ao acampamento a 3.000 metros de altura. Tomei diversos copos de chá para me esquentar, pois era o único alimento, além da água, que eu me permitiria durante a peregrinação. Após me agasalhar e fazer minha cama ao lado do fogo no centro da cabana com uma arquitetura interessante, deitei-me e dormi pesadamente.

Pela manhã tomei mais algumas canecas de chá e antes das sete horas saímos. Subimos por uma trilha íngreme e rochosa. Uma ladeira escorregadia nos fazia derrapar, mas minha bota parecia ter garras e não me deixava cair. Lá pelas oito horas, notei que a paisagem ganhava cores novas e contornos, árvores franzinas e praticamente sem folhas cobertas de líquens. Hamisi por diversas vezes tocou o meu ombro, apontou para o céu e também para o alto das poucas árvores, mostrando-me abutres e alguns falcões que surgiam rapidamente. A cor verde escura da mata transformou-se em verde claro com a abundância de capim que nos cercava.

3. *Ausangate*, na região de Cusco, tem 6.372m de altitude.

Caminhávamos lentamente, com a respiração ritmada e profunda. De tempos em tempos, uma brisa leve soprava para refrescar o calor da subida. Ao entardecer, pouco antes de chegarmos até o segundo acampamento, Hamisi apontou mais uma vez para cima, mostrando o magnífico pico nevado do *Kilimanjaro*. Chegando ao acampamento *Shira*, alcançamos a altitude de 3.830 metros. As árvores são praticamente inexistentes. Meu guia insistiu para que eu comesse algo antes de dormir, mas disse a ele que não tinha fome e que o chá já era suficiente. Hamisi respeitou minha decisão e informou que iríamos dormir um pouco mais esta noite para que nos aclimatássemos com a altitude, pois a jornada no próximo dia não seria nada fácil.

Na manhã do terceiro dia o céu estava claro e sem nuvens. Voltando-nos para o oeste podíamos ver a incrível vista do Monte *Meru*, e ao leste, as neves do *Kilimanjaro* brilhavam sob a luz do sol. Levantamos acampamento e subimos calmamente para nos aclimatarmos. Na medida em que galgávamos a montanha, respirar se tornava cada vez mais difícil e nosso organismo passava por uma transformação metabólica para aumentar a quantidade de glóbulos vermelhos, que conduzem o oxigênio no sangue. Minha frequência cardíaca aumentava, fazendo com que meu coração batesse cada vez mais forte para captar o máximo de ar.

Silenciosamente, enquanto caminhava, agradecia ao Grande Espírito por ter me preparado fisicamente durante o ano todo para fazer a jornada que estava empreendendo na maior montanha da África. Durante todo dia, caminhando por uma trilha marrom-avermelhada de poeira e pedras, procuramos nos manter em completo silêncio e falando somente o necessário. Na Torre Lava, a 4.581 metros de altitude paramos para descansar e neste momento, não pude resistir e comi um pedaço de frango oferecido por Hamisi. Era realmente necessário que me alimentasse, pois não conseguiria completar a jornada senão o fizesse.

Enquanto descansávamos, Hamisi contou que descendia de moçambicanos e sabia um pouco de português, aprendido com seu pai. Com 25 anos, este jovem guia já havia subido o *Kilimanjaro* mais de 300 vezes. De repente as nuvens se moveram com uma velocidade inacreditável e o céu azul desapareceu sob uma névoa espessa em questão de minutos. A ameaça de chuva fez com que a descida para o acampamento *Barranco*, a 3.910 metros, fosse feita às pressas, por uma trilha que segue uma vertente de água em um vale de cinécias gigantes. Após nos instalarmos, jantamos e dormimos como anjos.

O quarto dia foi de pura aclimatação, sendo mais fácil do que o dia anterior. Contornamos a montanha, ganhando pouco a pouco altitude e nos adaptando ao clima, procurando cada vez mais oxigenar nosso sangue. Antes de chegarmos ao nosso acampamento em *Barafu*, entramos na região das lobélias, árvore de 3 metros típica do *Kilimanjaro*. Esta árvore é uma verdadeira guerreira por sobreviver a uma altitude acima dos 4.000 metros. O verde no vale contrasta com o resto da trilha, que passa por uma paisagem desértica, praticamente sem vegetação alguma. A paisagem inóspita segue até o acampamento *Barafu*, situado sobre rochas, a 4.600 metros na região denominada zona alpina.

Assim que chegamos ao acampamento, por volta das 16 horas, comemos e bebemos muito chá para afastar o frio de 5 graus. Antes de dormir, Hamisi traçou o plano para a subida ao Pico *Uhuru*.

Sonhava com dançarinas num belo oásis, quando Hamisi me acordou à meia-noite e meia para que prosseguíssemos em jornada rumo ao cume da montanha. Perguntei a ele porque tínhamos de ir tão cedo. Hamisi respondeu que necessitávamos chegar ao cume antes do sol nascer para evitar deslizamento de terra, pois havia a possibilidade de cairmos cratera abaixo.

Começamos a subida pelo deserto vulcânico à uma da manhã, após uma rodada de chá quente. Segundo Hamisi a temperatura estava em torno de 2 graus... Uau! Que frio! Eu estava vestido com um *anorak* e um agasalho por baixo, havia colocado minhas luvas, um gorro que Hamisi me dera e óculos que protegiam nossos olhos do vento cortante.

Nosso percurso até o cume seria de quase 5 km num desnível de 1.300 metros que deveríamos vencer antes do Pai-Sol surgir.

Apesar do vento cortante, Mama África parecia estar do nosso lado já que a lua cheia iluminava o caminho. A primeira hora de jornada foi tranquila, o que me fez agradecer silenciosamente a Mãe Natureza, mas de repente a temperatura caiu vertiginosamente obrigando-nos a uma pequena parada para nos agasalharmos ainda mais. Para piorar a minha situação, comecei a sentir uma fisgada na perna direita fazendo com que caminhasse mais lentamente. Hamisi vendo minha situação, disse para eu caminhar sobre suas pegadas e assim o fiz. Cada passo dado era uma vitória.

Eu não ousava olhar para o alto do cume e pacientemente caminhava pisando as pegadas de Hamisi em câmera lenta. Um silêncio fantasmagórico nos envolvia. O gelo no chão me fez perder a sensibilidade nos pés, mesmo com botas de caminhada e meias grossas. Subia procurando não pensar mais no frio.

Ao atingirmos o quinto tipo de vegetação, fizemos uma pequena parada para comer uma barra de chocolate e beber água, para nos dar forças de continuar a subir pela geleira. Após descansarmos um pouco, seguimos adiante. A temperatura voltou a cair. O ar rarefeito aumentava o grau de dificuldade da trilha, e o chão de terra e pedras desliza sob nossas botas, fazendo a ascensão ainda mais extenuante. Respirava profundamente. Passamos a pisar com maior dificuldade devido ao aclive que se apresentou a nossa frente. Hamisi fez com que andássemos em ziguezague por cima dos cascalhos escorregadios. As vezes parecia-me que não saíamos do lugar.

Além da dor contínua na perna, comecei a ter dor de garganta e falta de ar, mas mesmo assim continuei adiante não me importando com a chegada e sim com a caminhada. Todos os obstáculos não me fizeram desistir da escalada que terminou sendo uma grande aula de como caminhar com paixão na Natureza. Enquanto os minutos passavam, continuamos contornando as pedras e nos equilibrando sobre o cascalho do vulcão que felizmente encontrava-se adormecido.

A cada passo me sentia mais fraco, tropeçando constantemente, com a sensação de que iria morrer a qualquer minuto. Aos poucos fui me sentido adormecido, como se estivesse anestesiado e me via andando na montanha segurando meu bastão que me ajudava a dar cada passo. Neste momento eu era uma estrela que fazia sua jornada rumo à lua. Dum, dum, dum... A batida forte do meu coração me trouxe de volta ao meu corpo que agora não tinha mais dores.

Finalmente chegamos perto do cume coberto de neve. Eu não tinha mais forças para subir e não conseguia equilibrar-me, mas ainda assim eu repetia para mim mesmo que conseguiria vencer os 210 metros finais. Olhei para lua cheia que havia me acompanhado durante toda a jornada e vi desenhado em sua face a imagem do puma. Neste momento respirei profundamente e comecei a subir graciosamente aquele terreno até o topo, como se fosse meu amigo Pata Marrom. Às 7 horas da manhã, quando os primeiros raios do sol surgiram, conseguimos chegar ao pico *Uhuru* a 5.896 metros de altitude, conhecido como o teto da África.

Senti uma emoção indescritível, que me fez esquecer o cansaço. A paisagem glacial começava a refletir as cores do amanhecer. Naquele momento, pude contemplar toda obra do Criador ao ver a faixa carmim surgindo no horizonte, por cima das nuvens, para em seguida transformar-se numa linha amarela incandescente misturando-se ao azul do céu.

Neste momento, apanhei minha mochila abrindo-a em seguida. Tirei de dentro a pequena caixa que guardava as cinzas de Iktomi e segurei-a com minha mão esquerda. De dentro da caixa tirei uma pequena carta de despedida que escrevi para ela e li em voz alta:

Sou agradecido por todos os momentos que passamos juntos, por toda chance que tivemos para crescer. Levarei o melhor de você comigo e seguirei seus conselhos aonde for. Isto não é o que eu queria, mas pegarei a estrada. Talvez porque eu veja tudo como uma lição. Ou porque eu não quero andar por aí com raiva. Ou talvez seja porque eu finalmente tenha entendido. Existem coisas que não queremos que aconteçam, mas temos que aceitar. Coisas que não queremos saber, mas temos que aprender. E pessoas que não podemos viver sem, mas temos que deixá-las ir. Siga sua jornada rumo à liberdade meu pequeno anjo de luz.

Lágrimas caíam dos meus olhos inchados pela altitude e pouca hidratação. Segurei a caixa com a minha mão direita e arremessei suas cinzas ao vento, cumprindo a minha promessa de uni-la a Montanha Sagrada. Este pequeno gesto de amor fez com que eu fechasse mais um ciclo na "Roda da Vida", deixando para trás meu período de ascetismo e começando do zero mais uma jornada pelo "Círculo da Vida", caminhando para onde o Vento me levasse.

Após minha pequena cerimônia, começamos a trilhar o caminho de volta em direção ao sol nascente. Durante a descida diminuí a velocidade, pois não conseguia coordenar minhas pernas para descer rápido. A trilha de volta em ziguezague em areias vulcânicas é árdua, mas ao chegarmos ao acampamento *Mweka* no final da tarde, de volta a 3.000 metros de altitude, estavámos felizes. O ar fresco ao nosso redor e o sentimento de conquista são motivos para celebração. Dez quilômetros nos separam do Portal *Mweka*, o final de nossa jornada. Não tínhamos pressa de chegar lá. Tampouco queria me despedir de um lugar tão espetacular, mas era preciso fazê-lo.

Você consegue experimentar o poder e não se perder no processo? Essa foi a pergunta que Mama Julia me fez há alguns anos. Dizem que poucos completam sua jornada de iniciação. Muitos param ao longo do caminho e ficam satisfeitos em serem curandeiros. Tornam-se donos de si mesmos. E há os que caem na armadilha do poder. Perdem-se ao longo do caminho. Apesar das minhas jornadas em 2004 e a última ao subir o *Kilimanjaro*, sinto que falta algo na minha vida que não sei identificar o que seja. É como se faltasse algo dentro de mim. Não é a falta de Iktomi. É como se eu não estivesse completo.

Além de exercer a atividade de produção musical, resolvi que iria definitivamente trabalhar com cura xamânica. Passei a realizar uma série de atendimentos como alinhamento energético, harmonização e irradiação xamânica, além de resgate de fragmentos da alma. Meu trabalho visava a capacidade de relaxar o corpo físico e reduzir o nível de estresse, para auxiliar meus clientes a ficarem mais receptivos, permitindo-se o uso de seus próprios poderes de visão interior e imaginação para viajar ao conhecimento e informação vitais necessárias à cura.

Em minhas atividades como terapeuta xamânico procuro trabalhar com as imagens e símbolos naturais do ser interior de cada um dos que me procuram e interpretá-los, a fim de superar obstáculos e problemas; exercitando a minha capacidade de entender as pessoas e a trabalhar com elas, buscando a cura.

Na minha caminhada dentro do Xamanismo aprendi que existem três causas clássicas da doença, do ponto de vista do Xamã, e curiosamente, elas não são bactérias, micróbios e vírus, mas sim estados internos. A primeira é a desarmonia. Isto é o que ocorre quando os indivíduos perdem uma ligação importante na vida ou quando são privados do sentimento de pertencer a algo. Desarmonia é o que ocorre quando vemos um casal idoso que viveu junto por quase toda uma vida, e de repente um deles morre. Dentro de seis meses, o cônjuge que sobreviveu fica deprimido e adquire um câncer. A desarmonia provoca uma diminuição do nosso poder pessoal que, por sua vez torna-nos vulneráveis à doença.

A segunda causa é o medo. Ele diminui a capacidade de funcionamento de qualquer sistema imunológico. Esta não é, naturalmente, nenhuma grande notícia para os médicos modernos que sabem muito bem que o medo e desarmonia podem se manifestar como doenças reconhecidas pela ciência moderna.

A terceira causa clássica da doença é o fenômeno conhecido como a perda da alma. E aqui encontramos algo curioso, como Jeanne Achterberg escreveu, no artigo "O curador ferido": *A perda da alma é considerada como o diagnóstico mais grave e a maior causa de doença e de morte prematura pelos povos nativos tradicionais, e não é sequer mencionado em nossos livros de medicina ocidental.*

A perda da alma implica sérios danos ao Ser Interior de uma pessoa. O dano geralmente resulta em uma fragmentação desta essência, as partes de nossa alma podem se separar e muitas vezes se dissociam em consequência de acidentes, choques, doenças, traumas e violências, e não retorna a quem os perdeu. Nas sociedades indígenas a perda da alma ocorre geralmente através da prática de feitiçaria, em que os indivíduos tentam eliminar seus inimigos, atacando-os através do canal psíquico. Em nossa cultura, a perda da alma é mais frequentemente associada ao trauma.

A parte fragmentada da alma se refugia no mundo astral, onde pode estar cristalizada ou perdida, ocasionando um rompimento na psique ou um vazio na alma que continua no corpo. A perda da alma ocorre em resposta aos abusos, como em casos de estupro ou agressão. Pode, também, acontecer como resultado de traição, separação, aborto, acidente, ou até mesmo cirurgia. Aqueles que participaram de guerras voltam, muitas vezes, doentes por terem sofrido com a perda da alma. Infelizmente, a nossa medicina moderna ocidental tem pouco a oferecer-lhes em termos de cura verdadeira, e muitos deles ainda estão traumatizados com o que aconteceu a eles.

Segundo uma das minhas "Maestras", Rainbow Woman: *Este afastamento acontece como medida de segurança, permitindo ao corpo físico que sobreviva ao acidente, choque ou trauma. Mas, a consequência desta dissociação é uma perda de poder - físico, psicológico ou espiritual - impedindo a pessoa de levar adiante uma vida sadia, criativa, plena e feliz.*

Na perspectiva nativa tradicional a doença é vista como uma intrusão, como algo que entra no corpo e não pertence a ele. Isto é verdade se estamos lidando com um vírus, uma flecha ou um pensamento negativo. Mas o ponto principal não é a intrusão. A questão fundamental é a perda de poder ou de uma parte da alma que permitiu a doença entrar e se manifestar, em primeiro lugar. Esse é o problema e este é o campo onde o Curador faz seu melhor trabalho. Neste caso, o Xamã terá que realizar o Resgate de Alma, que é uma técnica xamânica para a integração da personalidade.

A primeira etapa envolve o que poderíamos chamar de aumento de energia, um processo no qual o Xamã capacita seus pacientes por intensificar sua fonte de poder pessoal com a assistência de seu espírito guardião. A segunda envolve o diagnóstico do problema, desvendando a causa, e perceber o efeito dentro do corpo da pessoa. Muitas vezes isso envolve o acesso ao estado expandido de consciência xamânica em que o Xamã pode perceber a intrusão da doença. A terceira envolve a extração da energia intrusa que o deixou doente do corpo do paciente. A quarta e última etapa é a crítica. Esta é a prática misteriosa conhecida como resgate de alma.

Ao fazer o resgate de alma, o Xamã e os espíritos que o assistem, vão trabalhar em conjunto, procurando as partes perdidas da alma, encontrando-as e trazendo-as de volta para a pessoa que a perdeu. Só desta forma a alma pode ser restaurada ao seu estado original sem danos, e só dessa forma o paciente pode ter certeza de que a doença não volte a acontecer.

Guardiões Ancestrais

Adquirimos a capacidade de refletir sobre o mundo do qual fazemos parte e sobre ele atuamos com consciência, embora não com sabedoria... ainda.

Wagner Frota

No segundo semestre de 2005 voltei a manter correspondência com Mama Julia. Não nos víamos há cinco anos, quando ela guiou Steve e a mim no Caminho *Inka*. Contei para ela de toda a minha jornada desde que nos vimos pela última vez e por fim disse que a minha intenção era de voltar a *Ollantaytambo* para vê-la e aprender um pouco mais do conhecimento andino. Ela se alegrou em saber das minhas intenções, mas muito mais em saber que eu havia começado a exercer o meu lado Curador.

Nos anos de 2000 e 2001 ela havia me iniciado em três ritos de passagem. O primeiro visava despertar o curador, o poder curativo das minhas mãos e também o meu processo de cura pessoal. O segundo foi de proteções energéticas para que eu pudesse caminhar com valor e beleza pelo mundo. O terceiro me conectou com a linhagem dos Guardiões da Sabedoria, da Terra, do Passado e do Futuro. Seres Luminosos que transcenderam o estado de ser mortal e se tornaram seres "*angelicais*". Foi com estas linhagens que comecei a trabalhar em meus processos de cura.

Lembro que ao perguntar Mama Julia sobre os Seres Luminosos, ela explicou:

"Para fazer com que estes seres se aproximem de nós devemos primeiro nos conectar com os quatro princípios fundamentais da criação, que são as forças arquetípicas do sul, oeste, norte e leste, assim como a Terra, nossa Mãe, e o Céu, nosso Pai. Assim nos conectamos com as forças da natureza, que costumamos chamar de Eco-esfera. Forças que criam e destroem. Isto lhe

dá o poder, a habilidade e a responsabilidade de participar da possibilidade da Criação de toda a Vida.

Depois de aberto o Espaço Sagrado, abrimos nosso Campo de Energia, que nos conecta com a Noosfera, que é estritamente humana. É este Espaço Sagrado que dá a oportunidade aos Seres Luminosos do passado e do futuro de coexistir conosco e intervir em nossa vida. Para abri-lo levam-se as mãos, palma com palma, ao alto da cabeça... ao oitavo chacra, que se situa em cima de nosso corpo físico, mas dentro do nosso Campo de Energia. Passamos as mãos pelo oitavo chacra e expandimos essa órbita luminosa para nos rodear e conter. Ao fazer isso, criamos um microcosmo em que estamos fora do tempo ordinário.

Ao expandirmos nosso Campo Energético criamos este microuniverso fora do tempo e do espaço, entrando no Infinito. Assim somos capazes de obter a guiança e a sabedoria dos Seres Luminosos, a Tribo Alada, que nos apóia em nosso trabalho. Eles não podem intervir diretamente em nosso mundo devido a este ser demasiado denso, por isso temos que criar um microcosmo, um universo no qual eles possam vir e ajudar-nos em nosso trabalho xamânico. Ao abrir este espaço é possível sintonizar determinados tipos de frequências nas quais passamos a ter uma percepção interior de nossa natureza prática e profunda, que nos torna uma pessoa mais carinhosa e compassiva, e que certamente enriquece a qualidade do nosso relacionamento com tudo que nos cerca e com a nossa mãe, a Terra.

Sintonizando frequências mais finas e sutis, podemos nos comunicar com estes seres luminosos que habitam um Universo continuum de luz e energia, vivendo e respirando, com a essência de seu ser, na eterna presença de Pachacamac, o Infinito. Estes seres agora são parte da grande matriz da vida. Ao nos relacionarmos com eles, podemos ter acesso a seu espírito atemporal e passamos a compartilhar de sua compreensão do passado. Podemos ter acesso a eventos do pretérito como se estivesse olhando um holograma vivo. Passamos a ter contato com o que parece ser um tipo de memória coletiva, um registro vivo, detalhado do conhecimento e da jornada humana sobre a terra".

Nunca esqueci este ensinamento e sempre que podia procurava me conectar com os Seres Luminosos. Numa das minhas meditações, um destes seres veio a mim na forma de um ancião com as mãos cruzadas no peito saliente, olhar perdido, distante. Uma figura magnífica. Usava sandália de couro cru e na cabeça, prendendo os cabelos totalmente brancos e lisos que lhes desciam pela nuca, uma fita amarela, que presa a testa descia pelas costas, enrolado numa longa trança. Rosto grave, de tez avermelhada, e de feitio quadrado. Os olhos negros quase cerrados, encimados por quatro rugas que se desenhavam nítidas na sua testa larga.

A luz que emanava daquele Ser era muito forte, parecia que visualizava diretamente o sol. Passados alguns segundos, ele descruzou os braços e falou:

"Uma das missões que tenho é a de ajudar você e outros a sintonizarem as frequências que irão curar a Terra e levá-los de volta ao seu destino original nas estrelas. Todos nós, inclusive você, somos os Guardiões da Terra. Cada forma de vida é a energia manifestada na matéria, que segue sempre fluindo, em mutação. Nenhuma célula é a mesma depois de oito meses. Oito meses atrás você pode ter sido um átomo de um rio, de uma alpaca, de um salmão, um jaguar, uma águia. Dentro de oito meses criará um novo corpo em sua totalidade, que será uma réplica do que tinha anteriormente e que foi informado pelo seu carma e pela genética que herdou de seus pais.

Mas também pode criar um corpo que será informado por aquele em quem você irá se transformar. Aquele no qual se converterá como parte de uma nova espécie de ser humano que está surgindo na terra neste milênio. Como diz a maioria das profecias dos sábios das Américas.

Muitos dos Seres Luminosos eram as almas originais presentes no momento da criação. Pertencemos as Tribos Aladas, as Águias Xamãs. Nós não necessitamos de uma forma corpórea. Somos eternos, somos os guardiões deste Sistema Solar. Alguns de nós são seres humanos que atingiram um patamar mais alto. Uns estão nos corpos, alguns em forma de espírito, mas todos têm uma missão: cuidar do bem-estar do planeta. Os budistas nos chamam de Bodhisattvas.

Nós somos seres com consciência infinita, tanto do passado como do futuro, que podem, querem e sabem como trabalhar com vocês, com a finalidade de juntos criarmos um mundo que queiram dar aos seus filhos e netos, sonhando a realidade de um planeta são e íntegro. Procuramos durante suas meditações e o sono, curar as feridas do seu passado e de vossos antepassados. Ajudamos, assim, a curar o seu Campo de Energia. Nosso apoio amoroso facilita e acelera sua jornada de cura. À medida que se curar, você ajudará a curar o mundo. Com o decorrer do tempo, você verá que eu sou o outro você, pois estaremos sintonizados".

A luz sumiu como veio. Muitas das minhas perguntas foram respondidas neste contato com este Ser Luminoso, mas algumas outras surgiram. Principalmente quando este Ente disse que "... eu sou o outro você". Os Maias falavam exatamente isso ao saudar outra pessoa... "*In Lak´ech*".

Passados alguns dias, escrevi para Mama Julia narrando o ocorrido no meu encontro com o Ser Luminoso. Em sua resposta ela disse que pelo visto, estes seres estão disponíveis para me apoiar na minha luta para trazer um pouco mais de luz e cura para o mundo. Falou também que eles também estavam ao meu lado para proteger-me contra as energias negativas do mundo de hoje. Concluiu o *e-mail* dizendo que pelo visto eu estava pronto para passar por mais três ritos iniciáticos e que gostaria de me ver o quanto antes nas montanhas andinas.

Tinha vontade de reencontrá-la o mais rapidamente possível, mas só poderia fazê-lo em junho de 2006, já que tinha alguns compromissos profissionais agendados até maio.

O vento gelado batia no meu rosto, fazendo com que os meus olhos lacrimejassem quando desembarquei no Aeroporto Alejandro Velasco Astete em Cusco. Um táxi me aguardava para me levar até *Ollantaytambo*. Após uma hora de viagem cheguei a minha querida *Ollanta*. No hotel da família de Mama Julia, me acomodei no quarto reservado para mim. Fui informado por seu filho, Elvis, que ela estava em *Rumira* com uma amiga. Ao invés de ir encontrá-la, resolvi descansar um pouco para me aclimatar à altitude.

Despertei com um leve toque na porta. Era Mama Julia me chamando para almoçar com sua família. Ela estava muito bem. Seu sorriso aberto era um convite para um abraço gostoso. No almoço estava presente apenas seu marido, Don Porfírio, que eu não via desde o solstício de 2001, que celebramos juntos na Pirâmide do Sol em *Ollantaytambo*. Quando saboreávamos uma *granadilla*, Andrea se juntou a nós. Havia se passado sete anos desde que eu tinha visto a caçula do casal. Ela estava se transformando numa linda moça.

Mama Julia disse que tinha uma surpresa para mim em *Rumira* e que na manhã seguinte eu iria descobrir qual. Terminado o almoço, ela me disse que iria fazer um *siesta*, pois mais tarde chegaria um grupo de hóspedes americanos e gostaria de estar descansada para recepcioná-los. Falei para ficar à vontade e resolvi caminhar um pouco pelos arredores de *Ollanta*.

Era uma tarde gostosa de meados de junho e raios de sol aqueciam o meu corpo. Ao andar pelas ruelas de pedra da cidade, fui cumprimentado por todos que encontrava no caminho. Estava muito feliz por estar de volta àquela cidade. Era como se estivesse retornando para o lar da minha infância. O carinho que eu tinha por Mama Julia e o que ela demonstrava por mim eram de mãe e filho.

De volta ao hotel, tomei uma sopa de *quinoa* com legumes e me esbaldei com xícaras e mais xícaras de mate de coca. Antes de dormir fui ao encontro de Mama Julia na recepção e combinamos de sairmos bem cedo para *Rumira* na manhã seguinte.

Uma manhã brumosa se ergueu no dia seguinte. O vento gelado trouxe uma sensação de vazio. Após um delicioso café da manhã colonial, saímos em direção ao nosso destino nas montanhas, que ficava a dois quilômetros da cidade. Em nossa caminhada matinal seguimos por uma estrada esburacada até perto de *Rumira* e depois seguimos por uma asfaltada. Durante o percurso, Mama Julia me contou que estávamos indo para uma propriedade que havia adquirido recentemente, em que estava construindo um novo hotel, com alguns bangalôs, e deveria ser inaugurado até o final do ano.

Ela me confidenciou que sua intenção era construir um refúgio para aqueles que estavam em busca de paz e silêncio. Quando chegamos ao local, pude ver a belíssima vista do vale de *Rumira*. No meio da propriedade de 10 hectares foi construída uma Sala de Cerimônias, que seria utilizada para trabalhos espirituais por uma variedade de grupos. Um pouco mais acima estava sendo levantado um salão de jantar, onde as refeições seriam preparadas e servidas. Pude notar que oito cabanas estavam em construção, incorporando a cantaria *inka*.

Vi uma figura conhecida sair de dentro de um dos quartos, com um cachimbo na boca. À medida que ela descia ao nosso encontro, reconheci Dona Bernardina. Seu nariz fino e arqueado parecia começar na testa. Seu cabelo negro dividia-se em duas longas tranças emoldurando-lhe a cabeça. Seus olhos continuavam suaves e acinzentados. Seu rosto magro tinha a pele acobreada, o que ajudava a disfarçar sua boca levemente rasgada e de lábios finos. Um xale vermelho caía-lhe pelos ombros.

Ao chegar perto de nós ela tragou seu cachimbo e o ofereceu a mim. Ao inalar, pensei que meus pulmões iriam explodir. Tive um acesso de tosse, enquanto as duas riam sem dó de mim. Enquanto eu procurava recuperar o fôlego, o pito foi tirado da minha mão e passado para Mama Julia que o inalou suavemente, devolvendo-o em seguida para a dona.

Estive com Bernardina no Vale Sagrado em duas ocasiões, a primeira em 2000, quando estávamos em *Moray* e a última no ano seguinte durante a conferência xamânica que houve em *Pisac*. Ao contrário de Mama Julia, que adorava falar, ela na maioria das vezes permanecia calada. Eu sabia que ela vivia perto de Puno, a beira do Lago Titikaka. Marco tinha dito que ela descendia de um dos povos mais antigos das Américas, os *Pukinas*, que viveram no altiplano andino e nos *canyons* da região de *Moquequa* e *Arequipa* no Peru.

Dona Bernardina estava hospedada na futura instalação do novo empreendimento de Mama Julia, após ter participado de um encontro de *Laykas* na cidade de *Urubamba*. Curioso, perguntei o que vinha a ser um *Layka*. A visitante gentilmente me respondeu:

– *Layka* era o nome pelo qual eram chamados os Xamãs no Peru, antes da chegada dos invasores espanhóis. Após a invasão dos europeus, sacerdotes inquisidores começaram a perseguir os Xamãs e se referir a todos os praticantes da espiritualidade andina pelo título de *Layka*, igualando-os com *brujos* e *hechiceros*. No início deste milênio o termo voltou a ser utilizado pelos Xamãs andinos no lugar de *Paq'o*, *Hampeq*, *Uwishin*,

Yatiri, entre outros nomes, como uma forma de desafio aos opressores da cultura andina.

Após inalar seu cachimbo mais uma vez continuou:

– Eles são os Guardiões da Terra, os Guardiões da Sabedoria. Não são Xamãs comuns, não são curadores ordinários, herbalistas ou parteiras. Eles foram os primeiros homens e mulheres de medicina que chegaram aos Andes há setenta mil anos, e antes disto caminharam pelo Himalaia, cruzaram as planícies da China até a Sibéria, atravessaram o Estreito de Bering até chegarem as Américas, e se estabeleceram na América do Sul. Não nasceram com dons especiais do Espírito, mas adquiriram seus poderes através do estudo dos ensinamentos de sabedoria ou *Insights*, e principalmente da disciplina. Alguns cresceram para se tornarem líderes e curandeiros de renome, enquanto que outros viveram suas vidas calmamente, criando seus filhos e cultivando milho.

Tomando a palavra, Mama Julia completou:

– Eles são guardiões de antigas iniciações. Todos os ritos de passagem que você passou aqui conosco e pelas quais irá passar ainda originaram-se nas grandes iniciações dos Vales Asiáticos, e foram trazidos para as Américas por eles. Os nove ritos, dos quais você já fez três, são comuns em todas as tradições xamânicas, embora sejam expressas em formas e estilos diferentes em diversas culturas. Como te falei anos atrás, ao receber os ritos você sentirá a presença da linhagem ancestral dos *Laykas* junto a você, e também a presença dos Seres Luminosos que trabalham conosco desde o Mundo Espiritual.

Dona Bernardina deu mais uma tragada em seu cachimbo e olhando para mim, falou:

– Não sei se você sabe, mas estas iniciações conectam a pessoa com uma linhagem antiga de conhecimento e dá poder ao indivíduo. Os ritos são uma transmissão do potencial que existe dentro de cada um. Este poder pode dar o impulso necessário ao indivíduo para que ele possa realizar um salto quântico transformando-se num *Inka*, um Ser Luminoso. Os *Laykas* dizem que estamos entrando num milênio de ouro, no qual nós somos os instrumentos da Paz, os agentes da transformação. E tenho certeza absoluta de que você será um destes agentes.

Eu me senti extasiado ao ouvir as palavras daquelas duas mulheres de sabedoria. Era como se os sábios ancestrais falassem por suas bocas. Pelo que eu tinha entendido até o momento estes ritos não são apenas as fases de iniciação, mas passos essenciais para a evolução da humanidade. Enquanto as nações lutam por territórios, os *Laykas* lutam pela Terra procurando transmitir a sabedoria que irá fomentar a paz entre os povos. Neste tempo de crise global, todos nós temos que assumir a nossa cidadania planetária e intensificar a tarefa de auxiliar na administração de toda a criação. E certamente podemos fazer isso.

Continuando nossa conversa, Mama Julia tomou mais uma vez a palavra:

– Os *Laykas* são guardiões de antigas profecias que falam de um tempo de uma grande oportunidade da humanidade entrar numa idade de ouro, um milênio de Paz. Mas segundo eles as profecias não servem para nada, a menos que as pessoas conheçam as chaves, os ritos de passagem que são os processos, as transmissões energéticas que nos permitirão entrar naquele Ser em que estamos nos convertendo. Só assim daremos um salto quântico para sermos um ser humano completamente diferente, que chamamos de *Homo Luminous*. Afinal como eles mesmos dizem: "Nós somos quem estávamos esperando".

Acabada nossa conversa, Mama Julia disse que teria que voltar ao Hotel para verificar algumas pendências, pois no dia seguinte queria me levar ao *Apu Wakaywillka*, a Montanha da Lágrima Sagrada, conhecido também como *Veronika* e por causa disto teria que se desvencilhar de todos os outros problemas. Ela me disse que eu deveria passar o resto do dia com Dona Bernardina, pois ela tinha muito a me ensinar sobre os *Laykas*. Aceitei a sugestão e nos despedimos.

Após comermos alguns milhos cozidos, Dona Bernardina solicitou que fossemos até um pequeno morro de onde tínhamos a belíssima vista do rio *Wilcanota* com suas corredeiras. Chegando lá ela me contou a história dos *Laykas*.

– Há milhares de anos atrás, uma mulher caminhava sozinha por uma floresta tropical africana quando resolveu descansar. Sentou-se debaixo de uma árvore frondosa e relaxou. De forma espontânea entrou em um estado contemplativo. Passado algum tempo começou a ouvir um som.

Ao focalizar sua atenção nele, o som aumentou em tamanho e presença até senti-lo ecoar por todo universo. Parecia um coro de milhões de vozes. Diante dos seus olhos, a mulher viu o mundo explodindo em milhares de linhas de luz, cruzando todas as direções. Eram as "Teias Cósmicas", as emanações do *Texemuyo*, como meus ancestrais *Pukinas* chamavam. Era o som dessas linhas que vibravam conscientemente, como se tivesse vida, que ela ouvira anteriormente. Passado o impacto da visão, a mulher retornou para sua aldeia e contou o que tinha ocorrido.

Durante uma pequena pausa, vejo seus olhos faíscarem.

– Antigamente as pessoas estavam mais próximas da Voz do *Spíritu*, o "Conhecimento Silencioso", e entravam acidentalmente nesse estado, bastava apenas que ficassem em silêncio interior por certo tempo, que variava para cada um. Isso ocorria com certa frequência, pois a humanidade ainda estava próxima das emanações do *Spíritu* e ainda não estava envolvida pelo "borbulhar" da mente. Esse fenômeno voltou a se repetir outras vezes com essa mulher. E com o tempo, ela entendeu que bastava silenciar-se interiormente para ouvir o *Texemuyo*.

– Muitos homens e mulheres seguiram-na. Passaram ouvir a voz do *Spíritu*. E o Espírito aos poucos passou a fornecer uma série de conhecimentos e visões. Ao ouvi-lo, aprenderam a curar doenças e a manusear as ervas, receberam também estórias, músicas, poesias, informações e soluções para todo o tipo de problemas. Conheceram o movimento dos astros. Conviviam em harmonia com a natureza e conheciam suas leis ocultas. Esses homens e mulheres se tornaram guias de seus povos e ficaram conhecidos como os primeiros Guardiões da Sabedoria, os *Laykas*.

– Esses Guardiões tinham uma habilidade natural para entrar espontaneamente em contato com o *Texemuyo*, e com o passar do tempo começaram a ensinar aqueles que não sabiam como fazê-lo. Com o decorrer dos anos, esses aprendizes passaram a contatar o *Spíritu* e se tornaram *Laykas*.

Dona Bernardina faz uma breve pausa, enquanto apanhava um pouco de fumo na sua bolsa feita lã de alpaca e alimentava o fornilho de seu cachimbo.

– Pouco a pouco a humanidade começou a se afastar do "Conhecimento Silencioso", o que fez diminuir o número de *Laykas*. Os poucos que restaram, começaram a acessar um novo tipo de "Conhecimento Sagrado" que lhes foi fornecido pelos Seres Alados, as Águias Xamãs, que os ensinaram a voar. Procurando tirar a humanidade de suas gaiolas conceituais. E convocavam todos aqueles que tinham potenciais para juntarem-se a eles nas copas das altas árvores ancestrais, onde os ventos do Espírito sopram forte e livremente.

Após acender seu cachimbo, continuou:

– Nesta época tínhamos seis canais físicos de percepção, porém com o decorrer dos séculos a intuição/imaginação foi deixada de lado e passamos a explorarmos o tato, olfato, audição, visão e paladar. Assim, os egos terminaram assumindo a autoridade decisória dos domínios espirituais. A maioria dos humanos se entusiasmou com a informação dos sentidos. Os egos passaram a ver os Seres Alados como elementos "estranhos". Esqueceram que espírito e ego são duas manifestações da mesma presença. A matéria passou então a ser sua única realidade.

– Na tradição *Pukina* o ego é apenas uma parte da equação humana, a outra é o espírito. Para que essa associação dê certo não é necessário que o ego seja expurgado. Aqui nos Andes o chamamos de *nuga*, o administrador de todos os temores do corpo físico. Por isso não procuramos matá-lo como fazem outras tradições espirituais. Os *Laykas* andinos o consideram uma peça imprescindível da nossa identidade. Para nós ele é um reflexo, bem claro e nítido.

– Ele pode ser independente? - pergunto curiosamente.

– O *nuga* pode até criar esse tipo de ilusão, mas não acreditamos que exista um reflexo independente. Aqueles que acreditam nisso, certamente vivem uma vida perturbada e incompleta. Para que isso não ocorra, os Guardiões da Terra em seus ritos de passagem trabalham o despertar de nosso Espírito ou Consciência Infinita. A partir daí passamos a ter a consciência de que o *Spíritu* se encontra fora e dentro de nós, e como também opera através de nós e como nós mesmos. Afinal, você e eu somos Ele disfarçados de nós.

– Não é fácil compreender este conceito, porém os ritos de passagem pelos quais somos iniciados nos levam a uma compreensão celular visceral, em que sabemos que somos Espíritos sonhando a realidade do mundo e escolhemos sonhar um Sonho Sagrado. Ou seja, ao permitirmos que o *Spíritu* entre na nossa consciência, a ilusão irá evaporar-se e a consciência irá transformar-se, e um sentido de "Eu" desperto se manifestará dentro de nós. Passaremos a ver o mundo a nossa volta com uma percepção infinita. O ego passará a ser nosso companheiro e começaremos a criar um novo sonho para a realidade humana.

– Quando o *nuga* passou a criar esse tipo de ilusão que falei em boa parte da humanidade, os *Laykas* resolveram se espalhar pelo mundo e terminaram fazendo a grande travessia terrena. Foi assim que os Guardiões da Terra percorreram o continente africano, as montanhas e planícies asiáticas, cruzaram o estreito de Bering, descendo pelas Américas até chegarem ao Lago *Titikaka*. Historiadores dizem que isso ocorreu há 30.000 anos a.C., mas segundo os *Pukinas*, eles chegaram aqui nos Andes a 70.000 a.C.

Enquanto Dona Bernardina limpava seu cachimbo, tomei um longo gole de água do meu cantil e o ofereci em seguida. Depois de beber e cuspir uma gosma negra ela falou:

– Os *Laykas* tem como princípios: Não fazer nenhum mal a si ou aos outros; ser fiel à sua palavra, deixando-a ser verdadeira; não roubar, nem mesmo um olhar; usar sabiamente a força da vida dentro dele; e dar mais do que ganha, pois nada no mundo pertence a ninguém. Em suas visões, esses Guardiões da Sabedoria descobriram que todo o poder vem do *Spíritu*, e que Ele apenas o empresta para aqueles que puderem alcançá-lo. Este poder jamais deve ser usado para prejudicar outros seres conscientes ou para adquirir vantagens materiais. Ele deve ser utilizado para a evolução de nossa Alma.

– A alma, ou *ánima* como chamamos aqui nos Andes, é a nossa conexão com o *Texemuyo*, o lugar onde o *Spíritu* habita dentro de nós. Ela reside no nosso *poq'po*, nosso Corpo de Energia Luminoso. Quando morremos, ela se expande em um globo luminoso envolvendo nossos vórtices energéticos em um corpo de luz. Após um período de descanso e purificação, nossa *ánima* produz outro corpo, como tem feito repetidas vezes sobre tantas vidas. Ele nos leva aos nossos pais biológicos, e para uma vida melhor, não a mais fácil, para adquirir a experiência que necessitamos para crescer espiritualmente.

Interrompendo-a eu disse:

– Mama Julia me ensinou que os traumas de nossa vida anterior são transfundidos no corpo como impressões em nosso Corpo de Energia Luminoso.

– É exatamente isso - disse ela. – Os ritos de iniciação dos antigos sábios das Américas são nove processos que curam nossas feridas do passado, como a linhagem dos nossos ancestrais, assim como nossa herança genética e cármica. Quando você passar por todos eles verá que os ritos nos ajudam a transformar nossos corpos de energia, curando-os. Assim passaremos a viver e morrer de uma forma diferente.

– Como assim?

– Os *Laykas* acreditam que quando limpamos todos os nossos *chacras* conquistamos um corpo de arco-íris. Cada vórtice vibra na sua frequência natural, irradiando as sete cores do arco-íris. Segundo a lenda, quando você assumir o corpo de arco-íris poderá fazer a viagem além da morte. Será capaz de ajudar os outros na sua cura e morrer conscientemente, desde que saiba o caminho de volta. Os Xamãs da selva acreditam que a morte é um grande predador que anda com cada um de nós, tornando-nos mais mortos do que vivos. Quando os chacras estão claros, não somos mais assombrados pelo medo da morte, uma vez que a reconheceremos como uma companheira.

– Aqueles que alcançam seu corpo arco-íris passam a envelhecer mais devagar e vivem muito mais que as pessoas normais. Alguns chegam a cento e trinta anos. Reza a lenda que alguns chegaram até duzentos anos. Estes evoluíram e se transformaram em *Homo Luminous*.

O papo estava ótimo, mas o sol mergulhava no horizonte. O incêndio no céu e no espelho do rio se apagava. Era chegada a hora de colocar o pé na estrada e voltar para *Ollantaytambo*. Despedimos-nos. Pequenas corujas povoavam o crepúsculo e vagalumes encantavam o início da noite brilhando a minha frente na escuridão, como se quisessem iluminar o meu trajeto até a antiga cidade *Inka*.

Ritos de Passagem

Curar a terra é nosso caminho, através dele aprenderemos a singularidade de nossa condição e poderemos interagir, quiçá, com alguns dos poderes que circundam essa dimensão na qual estamos restritos chamando de realidade, quando apenas é mais uma camada de vasta cebola.

NUVEM QUE PASSA

Acordei com os primeiros raios da manhã, quando a bruma orvalhada ainda cobria as pastagens em que algumas ovelhas se alimentavam. Era uma manhã tipicamente andina, e algumas inspirações do ar fino e gélido revigoraram-me após meu exercício matinal. Brumas pairavam sobre o vale, obscurecendo o rio.

Don Porfírio nos levou de *van* até *Apu Veronika*, *Wakaywillka*, o nevado tutelar da área de *Ollantaytambo*, onde realizamos uma cerimônia de conexão antes de eu vivenciar mais um rito de passagem. Em seguida caminhamos por uma trilha, com faixas de neve e terrenos limpos com rochas escuras. A medida que subíamos a montanha as brumas se afastavam e o sol aquecia aquela manhã. Tinha dificuldade de respirar, mas após mascar algumas folhas de coca senti meu cérebro ser oxigenado e segui adiante. Após quase uma hora de caminhada chegamos ao cume da montanha a 5.832 metros de altitude.

No topo Mama Julia abriu sua *Mesa* e dispôs seus objetos de poder. Enquanto ela e Dona Bernardina arrumam o local de nossa cerimônia, visto meu poncho negro. Fui incubido de fazer uma fogueira num braseiro pequeno de barro. Recolhi alguns matos secos pelos arredores e juntei alguns pedaços de *palo santo* que Mama Julia havia me dado. Como ventava muito no alto da montanha, tive certa dificuldade em acender o fogo, mas por fim consegui.

Com a pequena fogueira acesa, abri o espaço sagrado saudando os quatro ventos, a Mãe Terra e o *Spíritu.*

– Ventos do Sul, grande Serpente, envolva-nos em suas espirais de luz. Ensina-nos a jogar fora nosso passado, como você deixa a sua pele para andar suavemente sobre a Terra. Ensina-nos o caminho da Beleza. Ho!

– Ventos do Oeste, Mãe-irmã Jaguar, protege o nosso espaço sagrado. Ensina-nos o caminho da Paz, para vivermos impecavelmente. Mostra-nos o caminho além da Morte. Ho!

– Ventos do Norte. Beija-Flor, avós e avôs, Ancestrais Sagrados venham nos aquecer. Nós honramos aqueles que vieram antes de nós, aos que virão depois e os filhos de nossos filhos. Ho!

– Ventos do Leste. Grande Águia, Condor, venha a nós a partir do lugar do sol nascente. Mantenha-nos debaixo de suas asas. Ensina-nos a voar lado a lado com o Grande Espírito. Ho!

– Mãe Terra. Nos reunimos para a cura de todos os seus filhos. O povo pedra, o povo em pé, os quatro patas, os duas pernas, aqueles que rastejam, os que nadam, a todas as nossas relações. Ho!

– Pai Sol, Mãe Lua, Nações das Estrelas. Grande Espírito, você que é conhecido por mil nomes. Você que é o único inominável. Obrigado por nos reunir aqui neste momento e nos permitir cantar a canção da vida. Ho!

Em seguida abrimos o espaço sagrado do nosso corpo de energia luminoso todos juntos. Depois me sentei ao lado direito de Mama Julia, enquanto Dona Bernardina sentou-se a esquerda dela. A *Mastana* a nossa frente estava cheia de objetos de poder, doces, flores, folhas de coca, conchas, ervas aromáticas, grãos de milho e uma garrafa de vinho.

Por cima da manta de alpaca, Mamita abre um papel totalmente branco e começa a fazer uma cama com as folhas de coca. Em seguida começa a colocar botões de cravos na forma de um coração. Por cima jogou os doces, grãos e no centro depositou uma vieira na qual derramou um pouco de vinho. À medida que em montava o *despacho* para Pachamama, ela explicou que iríamos pedir proteção a Mãe Terra e também ao Ser Tutelar do *Apu Wakaywillka* para a nossa jornada no alto da montanha. Ao final, apanhamos três folhas de coca e fizemos um *kintu*, soprando em seguida nele toda a nossa intenção naquele trabalho.

Após depositarmos os *kintus* sobre o *despacho*, Mama Julia dobrou-o cuidadosamente e o amarrou com um cordão prateado. Depois passou o embrulho pelas nossas cabeças e o pressionou por três vezes na altura dos nossos corações, retirando nossa energia pesada. Após isso, seguimos até uma pequena rocha onde Dona Bernardina havia feito um buraco momentos antes de começar a cerimônia. Gentilmente Mamita depositou o *despacho* nele e jogou terra por cima.

Voltamos para onde se encontrava a *Mesa* de Mama Julia e ela me diz que irá me iniciar no quarto rito de passagem que pertence ao legado *Layka*:

– O objetivo desta iniciação é melhorar a sua capacidade de percepção dos níveis energéticos da realidade. Ela irá ajudá-lo a se liberar do seu passado, assim como a serpente troca de pele. Ao receber este rito, filamentos de luz se estenderão da parte posterior da sua cabeça para o seu terceiro olho e o chacra do coração. Esta prática despertará a sua capacidade de perceber o mundo invisível. Daqui a alguns meses você será capaz de perceber o mar de energia a sua volta, além de ter *insights* visionários. Além de permitir que perceba o todo, incluindo o que alguns asseguram que não existe.

Ela me pede para sentar numa pedra próxima pois devido a minha altura seria impossível fazer o que necessitava realizar comigo se eu estivesse em pé.

Sento de costas para Mama Julia. Passado alguns minutos sinto sua mão passando suavemente pelas laterais do meu corpo como se estivesse alisando o meu campo de energia luminoso. Sinto o toque de uma pedra na altura do meu terceiro olho. Lentamente ela segue um percurso pelo alto da minha cabeça até a altura do meu córtex visual. Sinto uma mão pressionando a parte posterior da minha cabeça, enquanto mais uma vez sinto a pedra pousando entre as minhas sobrancelhas para em seguida passar pela minha têmpora esquerda até atrás da minha cabeça, onde esteve anteriormente. O processo se repete mais uma vez, só que agora pelo lado direito.

Escuto uma respiração forte. Neste momento uma mão pousa com delicadeza no meu ombro direito e sinto a pedra encostada ao meu coração. De lá, ela sobe pelo meu ombro esquerdo indo até o meu córtex visual outra vez. A *kuya* é trocada de mão e é colada mais uma vez sobre o meu chacra cardíaco, enquanto a mão esquerda fica posicionada na parte de trás do meu pescoço. Ela segue em direção ao ombro direito e pousa por fim na parte posterior da minha cabeça.

Sinto mais uma vez a pedra sendo pressionada no meu córtex visual, enquanto uma mão espalmada é colocada na minha testa. Após um átimo a mão é postada no meu coração, enquanto a pressão do objeto continua atrás da minha cabeça. Em seguida um sopro quente percorre o alto da minha cabeça, sendo repetido por mais duas vezes. Passam-se alguns segundos e Mama Julia pede que eu abra meus olhos e me levante. Ao fazer isso ela me abraça e pede que eu vá até o braseiro, ainda aceso, e passe minhas mãos pela a fumaça e depois leve ao meu coração, a testa e a parte posterior da minha cabeça. Esses movimentos irão alimentar as sementes energéticas que ela plantou dentro do meu corpo energético.

Descemos a montanha em completo silêncio. De repente Mama Julia toca meu ombro e aponta para o céu. O vulto majestoso de um Condor, num voo lento, planava quase imóvel desferindo um amplo círculo sobre o vale do *Urubamba*, seguindo na direção do sol. Silenciosamente agradeço ao *Spíritu* por aquele espetáculo que só pode ser visto nas Cordilheiras dos Andes.

De longe avistamos a *van* de Don Porfírio no local que havíamos combinado de nos encontrar no início da tarde, porém era Elvis quem estava aguardava para nos levar até *Ollantaytambo*. Fizemos uma pequena parada em *Rumira* para que Dona Bernardina apanhasse suas coisas e a levamos até *Urubamba* para pegar o ônibus que a levaria até *Pisac*. Após almoçarmos no restaurante *El Maiz* nos despedimos daquela mulher de olhar brilhante, impassível e rosto esculpido pelo sol e pelo vento, e voltamos para *Ollanta*.

De volta ao hotel *Munay Tika* tomei um banho e resolvi descansar um pouco. Mas passado pouco mais de meia hora que havíamos chegado, Elvis bateu a porta do meu quarto dizendo que sua mãe me aguardava no quarto que ela utilizava como consultório.

O cheiro de *palo santo* domina o ambiente. Mama Julia está atendendo uma senhora. Sento no local que ela me indicou e observo. Ela começa a recitar uma série de palavras em *qué*chua. Sua sonoridade me lembra as ladainhas recitadas em velórios que participei. Depois ela pega uma vasilha com algum tipo de gordura dentro e começa a besuntar a perna inchada da mulher.

Impressiona-me ver Mamita trabalhando sempre com um sorriso estampado no rosto arredondado. Ela conhece muito bem o comportamento social das pessoas, tanto como seus males físicos, psicológicos e espirituais. Sempre auxilia aqueles que a procuram para resolver um problema de saúde ou apenas para um conselho. Além de ser uma excelente curandeira, ela também é uma herbalista de mãos cheia. Durante toda a tarde ela cuida e orienta uma dezena de pessoas, que saem satisfeitas de lá.

Quando acabaram as consultas, Andrea entrou no consultório e trouxe dois pratos com *papaya* para nós. O mamão estava uma delícia. Ajudei a Mama Julia a guardar suas coisas. Ela lamentou não poder me dar mais atenção nestes dias que eu estaria por lá, mas disse que havia reservado a manhã seguinte para irmos até *Choquechinchay* fazermos mais um rito de passagem que iria me auxiliar a reconectar com o meu lado feminino, para que eu realmente conhecesse e incorporasse a verdadeira natureza do masculino.

O frio da manhã machucava o meu rosto quando entramos no santuário de *Ollantaytambo* e seguimos na direção de *Choquechinchay*. Apesar de agasalhados sofríamos ao respirar o ar gélido que rasgava nossas narinas como se fossem lâminas de gelo. O sol não havia surgido entre as montanhas, o que fazia a manhã muito mais fria do que o normal. Lágrimas quentes escorriam pela minha pele quando chegamos ao nosso destino. Aquele espaço era dedicado aos Guardiões Felinos e recebia o nome de uma constelação na qual se via a figura de um puma.

Enquanto acendia uma pequena fogueira no seu braseiro de barro, Mama Julia me explicava sobre o rito de passagem pelo qual eu iria passar naquela manhã.

– Para conhecer sua natureza masculina, é necessário você entrar em harmonia com a Mãe Terra e o poder do sagrado feminino. Os Guardiões deste rito eram os homens e principalmente as mulheres que viviam nos antigos altares de pedra na região do Lago *Titikaka* e aqui no Vale Sagrado dos *Inkas*, tendo *Machu Picchu* como o principal destes locais de poder. Este rito nos conecta a uma linhagem de seres luminosos do passado. Os

Guardiões do Amanhecer são os protetores da Terra, os Guardiões do Feminino e da Grande Mãe, eles tem a capacidade de utilizar da força existente destes antigos locais sagrados para curar e trazer harmonia ao mundo. Ao receber este rito, você começa a curar o aspecto feminino que vive dentro de você e da sua relação com a terra, a nossa mãe, que quer que estejamos curados e de bem com a vida em todos os aspectos.

Uma rajada de vento frio nos atingiu quando os primeiros raios de sol começaram a surgir.

– Os Guardiões são seres luminosos que agem em nome da humanidade, para promover a harmonia com a natureza através da reverência para com a Terra e sintonia com os ciclos do sol, lua e estrelas. Eram principalmente as mulheres que conheciam a forma feminina da Terra. Elas foram as parteiras psicopompas que participaram de nascimentos e mortes, bem como herbalistas e curandeiras. Tanto as pessoas do sexo feminino quanto as do masculino têm a capacidade de acessar e usar os dons do feminino. Este rito nos conecta com a linhagem de pessoas que procuram expressar seu amor cuidando de si e da comunidade.

Após a explicação saudou os Quatro Ventos primordias e seus arquétipos. Em seguida pediu para que eu sentasse em frente a sua *mastana*, que nos separava. Tirou de sua sacola um punhado de folhas de coca e as jogou sobre a manta. Analisando detalhadamente as posições das folhas por um determinado tempo, suspirou e falou:

– Existe um poder a sua volta, cercando-o. Você tem coisas importantes para realizar, mas não poderá fazê-lo enquanto não parar de correr e enfrentar esse poder. Isso ocorre porque você ainda não absorveu esse poder. Ele faz parte do seu Ser, e por isso o persegue. Ele é incrivelmente poderoso e o está desafiando para um encontro. Vocês já estiveram frente a frente várias vezes, como também já estiveram unidos, mas algo aconteceu que o fez afastar e agora terá que reencontrá-lo e assumir esse poder.

Mama Julia falava amorosamente esboçando um sorriso doce como o sol ao entardecer do verão.

– De certa forma você tem evitado este poder nos últimos anos - ela continuou – Terá que readquiri-lo diante da Mãe Natureza. Porém antes de entrar em contato com ele, outra vez, necessitará se despir do seu passado.

Mas ao mesmo tempo deverá recapturar sua História Pessoal antes que ela se liberte livremente.

Um vento forte passou por nós movendo alguns das folhas de coca na *mastana*, apanhando uma delas entre os dedos Mamita falou:

– Existem diversos tipos de atos de poder, atos de confrontação com o *Spíritu*, com a natureza, com o inconsciente e com a vida. Quando você decidiu sair do conforto do seu lar e se aventurar a explorar o domínio do desconhecido, realizou um desses atos. Seu confronto com o passado também será deste jeito. Assim como o medo paralisa, ele também estimula a seguirmos em frente.

– Quando fiz o trabalho do sul anos atrás realizei isso - falei interrompendo-a.

– Mais uma vez te falo para não se deixar cair na armadilha. Apesar de ter se reconciliado com seu passado e do medo do futuro, você ainda não é uma criatura de poder. O presente não dura, converte-se no passado assim que é exposto. É a sombra que produzimos. A nossa sombra. Por isso devemos trabalhar para sermos seres luminosos como o Sol. A única coisa que não tem sombra.

– A primeira coisa que tem que fazer para trabalhar com sua sombra é trabalhar com os ancestrais. É necessário ficar atento para lidar com ela. Deve-se ter cuidado ao andar por suas trilhas e não ser devorado por ela. Temos que caminhar resolutamente pela trilha da vida e integrar o poder da sombra em nós. Ou seja, devemos uni-la a nós, e não procurar dominá-la. A força que vem dela certamente gerará uma nova realidade existencial. Lembre-se que não há limites, exceto aqueles que impomos a nós mesmos.

Concordei balançando a cabeça.

– O jeito como nos relacionamos com o mundo a nossa volta revela se estamos prontos ou não para trabalhar com nossa sombra. Se tivermos uma personalidade agressiva, estressada ou violenta com as pessoas é indicativo de que precisamos nos trabalhar antes de ir ao encontro da sombra. Ela só deve ser "visitada" quando já tivermos resolvido estes lados nossos. Resolvê-los é fundamental no processo de integração da nossa sombra.

– É por isso que toda iniciação é um rito de morte - digo – no qual diluímos aquela personalidade com a qual nos identificamos nos primeiros estágios de nossa caminhada dentro do xamanismo, mas não é nossa essência, e sim fruto dos condicionamentos do meio. Teremos que morrer para encontrar a vida, todas as tradições espirituais insistem nisso. Morrer, a meu ver, é abandonar, resolver as questões relativas à personalidade com a qual nos identificamos e então mergulhar profundamente na nossa essência, que será desenvolvida, como a de uma criança recém nascida.

– A morte é o ato mais poderoso do Xamã - diz Mama Julia – Aprender a morrer é como aprender a viver. Quando morremos com consciência, deixamos para trás o invólucro e nos identificamos com seu conteúdo. A energia primordial. Apesar de ter completado todo ciclo da roda da medicina, temos que lembrar que ela é uma grande espiral e continua girando. Posso te dizer, olhando a folhas de coca neste momento, que a morte o está perseguindo e que você terá que encará-la em breve.

Faço uma cara de espanto querendo saber mais, porém ela parece me ignorar e finaliza:

– Miticamente quando morremos fazemos uma viagem de regresso ao "Paraíso", uma jornada ao nosso Ser Primordial que caminha com beleza pelo mundo, conversa com as árvores, com os rios, com as montanhas, com os animais e com o Espírito. O rito que realizaremos agora, o ajudará a curar o lado feminino que existe dentro de você, a dar um passo além do medo e a praticar a Paz.

Olho-a em silêncio.

– Agora feche os olhos e respire profundamente. Relaxe.

Sinto sua respiração e a vibração das suas mãos sobre minha cabeça e lateral do meu corpo. Depois tenho uma sensação de calor no meu ventre, que seguiu para o plexo solar e por fim para a região do coração. Passado alguns segundos Mama Julia segura minha cabeça e a puxa de encontro a sua, encostando nossas testas por mais ou menos uns trinta segundos, para depois voltá-la a posição original. Continuo com os olhos fechados durante mais algum tempo.

Permaneci o resto da semana em *Ollantaytambo*. Durante minha estadia visitei a comunidade de *Willoc*, povo que vive no vale de *Patakancha*. No caminho até lá passei por *Markacocha*, um sítio arqueológico pré-*inka* e entrei numa igreja no meio de uma colina construída para render culto a imagem "del Niño de Markacocha", em cujo interior há centenas de crânios humanos utilizados como decoração. Uma coisa bem mórbida.

A trilha ancestral a *Willoc* me levou a um passado que continua vivo nas tradições de seus moradores que se vestem exclusivamente de vermelho, identificando-se como membros de uma tribo única e diferente do resto da região. Esse povo que ainda fala a língua materna *qué*chua parece saído de uma tela surreal. Estar ali me levou a ver como eram os Andes antes da chegada dos invasores.

No penúltimo dia de viagem, Mama Julia me levou outra vez a sua propriedade em *Rumira* para passar por mais um rito iniciático. Ao contrário do anterior, este iria me auxiliar a conectar e curar a energia masculina em meu interior. Restabelecendo a relação com o Céu, com o Pai. Ela explicou que o rito está associado aos picos nevados das montanhas que ao longo da história foram considerados locais de poder.

– As lendas dizem que a Sabedoria antiga habita as altas montanhas. Os picos cobertos de gelo eram reverenciados como lugares de poder, assim como outras montanhas ao redor do mundo. Os *Apus*, como as chamamos nos Andes, são as moradas dos nossos Ancestrais. Os *Laykas* acreditam que a alma tem três partes. Quando as pessoas morrem, uma parte de sua alma, a mudança, retorna à Terra para ser reabsorvido na natureza e se tornar um com toda a vida. Outra parte, o poder e sabedoria, retornam para as montanhas sagradas, os *Apus*, e a terceira, o imutável retorna ao Céu.

– Na maioria das tradições espirituais, é nas montanhas que a maioria dos seres humanos se encontra com o divino. Receber este rito, o dos Guardiões da Sabedoria, te conectará a uma linhagem do passado e do futuro. Uma linhagem de seres luminosos que venceram a morte e pisaram fora do tempo. O trabalho do Guardião da Sabedoria é proteger os ensinamentos da medicina e compartilhá-los com os outros quando necessário. Este ritual ajuda você a pisar fora do tempo e a experimentar o Infinito.

– Este rito nos oferece os dons do divino masculino. Ao recebê-lo verás que em breve começará a curar as feridas de todas as suas vidas passadas. O Guardião da Sabedoria é a parte de nós que procura o seu próprio lugar no conselho da fogueira eterna que se encontra dentro da Caverna de Cristal dos Ancestrais.

A transmissão do rito se deu parecida com a anterior, porém nesta tive a sensação de um leve formigamento no meu plexo solar, coração e na altura do terceiro olho, entre as sobrancelhas. Ao juntar as nossas cabeças senti um repuxão como se elas estivessem se fundido e vi uma série de flashes nos quais eu atravessava um longo caminho pelo *Himalaia*, passando pelas florestas siberianas, cruzando o *Estreito de Bering* e depois as Américas até o Lago *Titikika*. E por fim me vi sentado em torno de uma fogueira meditando em um templo de pedra acima das montanhas sagradas.

Tudo foi muito rápido. Era como se eu recordasse todas as minhas existências anteriores sobre a Mãe Terra. Ao contar para Mama Julia, ela revelou que sabia que isto aconteceria comigo e esta tinha sido a razão principal de ter me convidado para voltar a vê-la, pois tinha visto em suas meditações ao luar que eu estava necessitando de entrar em sintonia com os Seres Alados e, quando relatei meu encontro com um, resolveu me iniciar nos três ritos - o do Visionário, o dos Guardiões do Amanhecer e, por último o da Sabedoria.

Explicou que eu deveria me converter num Ser Alado e permitir que eles se convertessem em mim, assim as recordações deles iriam se desenvolver dentro de mim, porque eles são quem eu serei. Disse ainda que eu teria que passar por mais três ritos no futuro, mas isso só ocorreria quando estivesse preparado. Por fim disse:

– Lembre-se de que só quando o corpo, mente e espírito estão em completa harmonia é que o Xamã pode realizar o seu verdadeiro ato de poder. Parte de nossa tarefa é saltar com graça para a próxima etapa de nossas vidas, ao chegarmos ao fim de cada uma. Certamente você não pode controlar seu destino, mas poderá influenciá-lo. Aprenda a dançar com ele e a conduzi-lo através dos salões do tempo e do espaço. Siga adiante sempre meu irmão e lembre-se que o vejo sempre nas minhas fogueiras ao luar.

Na minha volta ao Brasil, procurei semanalmente fazer uma meditação olhando uma fogueira na minha casa. Mama Julia havia me dito que em cada um dos ritos pelos quais passei ela plantou algumas sementes energéticas em meu campo de energia luminoso das quais eu deveria cuidar para que dessem frutos. Explicou que essas sementes iriam me nutrir, dando-me o sustento necessário para que pudesse continuar a minha jornada. Disse que deveria regá-las com a luz do fogo, procurando sempre ter muito amor e a paciência para cultivá-las, pois só assim poderia colher grandes frutos, podendo alimentar-me delas e alimentar outras pessoas também.

Conforme Mama Julia havia me dito as sementes começariam a atuar por meio de um processo de combustão e metabolização das energias densas e resíduos de vidas passadas, de traumas assentados nas raizes dos meus vórtices energéticos, *chacras*. Numa das minhas meditações em frente à fogueira no meio do meu jardim, escutei claramente sua voz dizendo:

– As sementes germinarão com o fogo, e você terá que executar uma série de meditações com este elemento para despertá-las e ajudá-las a crescer. Depois disso, elas o ajudarão a queimar o lodo psíquico acumulado em seus *ñawis,* os cintos de energia da tradição iniciática andina, permitindo a volta da luz original de cada um deles e a conquista do corpo de arco-íris. Quando você for iniciado nos ritos de passagens andinos voltaremos a conversar sobre essas faixas energéticas e como você deverá trabalhar com elas.

Encontro com a Sombra

Aquele que combate monstros deve acautelar-se para que ele mesmo não se torne um. E saiba que quando se contempla o abismo por um longo tempo, o abismo também o contemplará.
Friedrich Nietzsche

Maceió, 13 de agosto de 2006.

O dia dos pais sempre foi um dia fora do tempo para mim. Não me recordo de ter passado nenhum deles ao lado do meu pai. Bem, certamente devemos ter comemorado algum juntos, principalmente quando era criança e meus pais ainda casados, mas da minha adolescência até hoje tenho certeza que não. Não foi por falta de tentativa da minha parte, pois sempre procurei celebrar esta data junto ao meu pai, mas ele se esquivava dizendo que não gostava destas celebrações. O mesmo ocorre com o seu aniversário. Na maioria das vezes só nos falamos por telefone.

Apesar de todo amor e educação que minha mãe me deu, a ausência paterna foi uma constante em minha vida. Ninguém tem culpa disso e nunca passou pela minha cabeça cobrar de alguém. Aprendi na minha caminhada que todo menino tem muito o que aprender em sua jornada para se tornar um homem. No meu modo de ver, ele só se torna um homem por meio da intervenção ativa de seu pai e da companhia de outros homens. Isso não ocorreu comigo. A única presença masculina que tive foi a do meu padrasto, que me deu todo apoio possível e terminou sendo minha referência. Porém nunca fomos companheiros. Eu precisava ter um guia na minha vida e talvez por isso tenha enveredado muito cedo no caminho do misticismo.

Nunca tive um pai que me ensinasse a andar de bicicleta, a pescar, como me relacionar com uma garota e todas as coisas que um menino tem que enfrentar em sua jornada para se tornar um homem. A masculinidade é concedida. Um garoto aprende quem ele é e do que é feito a partir da companhia de um homem ou da de outros. Ao descobrir isso, procurei trocar ideias com pais de alguns amigos meus. Um deles, o Drº Azevedo, se tornou o meu guia durante pouco mais de um ano. Depois de sua morte prematura, vi que teria que continuar a caminhada sozinho.

Depois de muito tempo numa jornada solitária, em 1993 encontrei Águia do Coração Leve que se tornou o meu pai espiritual e me iniciou no Sagrado Caminho do Xamanismo. Foi ele que me mostrou que temos nos dias de hoje um mundo de homens não iniciados. Homens parciais, meninos, que caminham por aí em corpo de homem, com todas as suas responsabilidades a cumprir. Mas estes garotos nunca passaram pelo processo de iniciação masculina. É por isso que muitos de nós somos incapazes de verdadeiramente viver como homens em qualquer situação que a vida nos jogue. Homens inacabados que não têm a capacidade de passar aos filhos e filhas aquilo que necessitam para se tornarem, eles próprios, homens e mulheres plenos.

Durante muito tempo em minha vida ansiei por alguém que me mostrasse o caminho. O que significava ser homem e o que eu deveria fazer nessa ou naquela situação. Tal como eu, existem milhões de meninos que estão se transformando em homens sem terem respondidas as questões que formularam sobre a masculinidade durante sua vida. A maioria se transforma em homens que agem, mas suas ações não estão fundamentadas em força, sabedoria e bondade genuínas. Pois não existe ninguém para lhes mostrar o caminho.

A iniciação masculina, como todos os outros ritos de passagem, é uma jornada, um processo de busca, uma história que se desenrola com o passar do tempo. É fantástico poder vivenciar um ritual, ouvir as palavras ministradas a nós numa cerimônia iniciática. Esses momentos são decisivos em nossas vidas. Mas são apenas momentos, que passam rapidamente e são engolidos pelo tempo. Necessitamos mais do que um breve momento. Precisamos de uma jornada, uma odisseia de muitas experiências entrelaçadas, construídas umas sobre as outras. Carecemos de iniciação e de um Guia que nos mostre o caminho que temos a percorrer. Este deveria ser nosso Pai.

É de seu pai que um menino extrai a sua identidade, a masculinidade e as respostas as suas questões mais profundas sobre si mesmo. E a ferida mais profunda que um homem carrega é a do seu pai. Seja por meio da passividade, da rejeição, da violência ou do abandono, a maioria dos homens não recebem do pai o amor e a validação de que precisam quando ainda são meninos. Pelo contrário, recebem uma ferida que deixa uma marca profunda. Talvez Freud esteja errado e a culpa não seja da mãe e sim do pai. No meu modo de ver, essa ferida se torna definidora para um homem.

Apesar de ter crescido separado do meu pai, na maioria das vezes, me vejo fazendo coisas que ele faz. O que prova que a genética é mesmo hereditária. Mas descobri por meio de Mama Julia que posso me curar das feridas do meu passado, como a linhagem dos meus ancestrais, assim como minha herança genética e cármica, apagando assim esse "fardo" do meu Ser. Não é que eu não admire meu pai. Pelo contrário. Admiro-o muito, mas não quero ser ele.

Pai Legba, certa vez disse que: "Eu ouço, eu esqueço. Eu vejo, eu lembro. Eu faço, eu entendo." É a pura verdade, principalmente quando se trata da iniciação masculina. Meninos e homens aprendem por meio da experiência. Isso também é verdade para as mulheres, mas posso atestar que é essencial e insubstituível para meninos e homens. Uma coisa é ouvir que tem o que é necessário. Outra coisa totalmente diferente é descobrir o que se tem por meio de alguma prova surgida em um teste que o trabalho duro exige. A experiência é tanto uma revelação quanto um tipo de criação, em que do que somos feitos se manifesta e escreve a lição em nosso coração.

Durante muito tempo em minha vida me recusei a crescer. Queria ser como Peter Pan, vivendo minhas aventuras. Porém, quando comecei a trilhar o caminho do xamanismo, identifiquei as minhas feridas internas e resolvi seguir adiante na minha jornada. É por isso que na noite de hoje procurarei ir de encontro a minha sombra conforme fui aconselhado por Mama Julia.

Após fechar o meu diário estelar, começo a me preparar para a jornada que irei empreender. Tomo um banho de ervas e caminho até a varanda de casa. Vejo duas tochas acesas iluminando o jardim e a pequena roda de pedras que fiz no centro dele. Meu estômago ronca. Passei todo o dia em jejum completo como preparação ritualística. Mansamente caminho para o centro do círculo de pedras. Gotas de chuva dardejam meu corpo nu. Pequenas rãs começam a coaxar. Sinto o terreno aos meus pés.

Saúdo os Quatro Ventos, a Terra e o Céu, para em seguida abrir o meu campo de energia luminoso. *Neste momento visualizo ao sul uma coluna de energia com o elemento água circulando dentro dela, ao oeste surge outra coluna com o elemento terra, ao norte uma com o vento e ao leste uma de puro fogo. Invoco então a presença dos meus ancestrais dizendo:*

– Eu vos chamo meus ancestrais, além do tempo e do espaço, na beirada desse círculo de poder. Eu sou o Ser que está aqui agora. Meus olhos são, por vezes, janelas por onde olham para a existência. Mas meu corpo e meu destino me pertencem. Sou o novo, sou quem está aqui agora. Serei sempre grato por seus conselhos e ajuda em momentos de grande necessidade, mas me respeitem e permitam que eu construa sábia e livremente minha vida.

Sinto sons de respirações como se dezenas de pessoas estivessem ao meu lado.

– Peço que a minha sombra, aquela que faz parte da minha essência se apresente, *Aqui e Agora, e que possamos nos unir novamente.*

Escuto um conjunto de vozes. Abro os olhos e vejo o mundo oscilar violentamente. Os sons começam a diminuir, e é substituído por uma dor latejante que vai de orelha a orelha atrás do crânio. Sinto minha visão ficar nebulosa. Ao levar as mãos aos meus olhos, ela clareia e vejo surgir uma caverna bifurcada. De um lado estão todos meus antepassados do lado feminino, do outro todos os masculinos. É dessa caverna que meus ancestrais me observam e sussurram suas intuições.

Entre os homens vejo a figura de meu pai quando criança. Ele parece infeliz. Vou em sua direção e apanho-o no colo, acalentando-o. Aquela criança frágil em meus braços será meu pai em um momento da linha temporal. Ele tem muito a caminhar, terá muito desafios pela frente e encontrará algumas dificuldades para se tornar um homem. Compreendo toda sua aflição e lhe ofereço meu amor. Neste momento uma luz translúcida nos envolve. Sinto-a entremear todo meu Ser. A criança sorri e saindo dos meus braços corre feliz a luz do sol.

Minha visão fica nebulosa outra vez. Fico estático, esperando que volte ao normal. Aos poucos clareia. Continuo em pé. As pernas abertas, os joelhos dobrados e os braços balançando lado do corpo, como um equilibrista andando na corda bamba.

Deito no chão levemente molhado da chuva recente. Deixo meu corpo relaxar nesta postura e acomodo-o. Respiro suavemente. Ao expelir o ar procuro deixar minha consciência sair com ele. Tomo conhecimento do intervalo entre o final da expiração e o início da inspiração. Relaxo. Sinto uma rajada de vento forte tocar meu cabelo e tudo escurece.

Pareço flutuar. Ao abrir os olhos vejo a minha frente uma encruzilhada tríplice. Sinto às minhas costas o frio de uma rocha. Tenho que escolher um dos caminhos e trilhá-lo, mas qual? Vejo surgir uma criança no caminho a minha esquerda, uma jovem à direita e no do meio uma criatura encapuzada. Sigo na direção da última. A escuridão da noite me envolve quando dou meu primeiro passo. Os outros caminhos não existem mais. Fiz a minha escolha. O firmamento ribomba.

Um som primevo ecoa na parede de arbustos, um som de milhares de vozes que gritam. O céu volta a estrondar neste momento arrepiando-me cada vez mais. Aonde me encontro? Será este o caminho que me levará a minha sombra? Não sei. Só sei que tenho que continuar seguindo em frente, pois a cada passo sinto a terra ceder logo atrás de mim, como se estivesse desmoronando. A escuridão é claustrofóbica. Não posso parar. Movo-me como uma sombra.

Um raio de luz verde e lilás surge e desaparece como um flash. A escuridão se impõe predatoriamente, na sua forma mais bruta. Escuto uma voz chamando-me de um abismo oculto. Sinto o caminho se inclinando. Um frio sepulcral me envolve como se fosse uma rajada de vento. Congelo. Não consigo me mover. Uma luz tênue surge acima de mim, é a lua minguante. Procuro ver onde estou.

Uma floresta fluida me circunda. As árvores, cipós e moitas oscilam luminescentes. A criatura encapuzada surge entre as folhas. Tento ir até lá, mas meus pés parecem ter criado raizes e não me deixam sair do lugar. Uma risada se transforma numa gargalhada. Escuto uma voz dizendo:

– Você não pode me subjugar como subjuga a si mesmo. Não é possível me conquistar como fez com suas mulheres.

A selva a minha frente se liquefaz como grãos de areia escorrendo entre os dedos. Continuo a caminhar na escuridão. Vagueio a ermo pelo sopro da noite. Sinto que sou perseguido na penumbra. Uma sombra caminha, agora, ao meu lado. É possível sentir a presença constante, intensa e atemporal. Respiro profundamente. Tento diminuir o ritmo do meu coração, pretendendo que ele bata levemente para não ser ouvido. Passo a caminhar lentamente, pois não pretendo mais fugir. Enfrentarei o que estiver me perseguindo.

Escuto pensamentos em surdina que atabalhoadamente se entregam a movimentos graciosos. Não sei onde me encontro ou para onde vou. Prossigo, passo a passo, em silêncio. Movo-me intencionalmente, não sou eu, é apenas o meu corpo que caminha. Que procura uma luz, um destino. Nesta trilha sem rumo a minha mente mergulha na imensidão do sonho, qual ego invisível, qual silhueta de um corpo esquecido para trás. Procuro sem nada encontrar. O cansaço de uma jornada sem fim começa a apoderar-se do meu corpo. Paro para descansar. Percorro com o olhar esta escuridão que me abraça e nada encontro, estou perdido, não sei onde estou.

Entrego-me a fraqueza do meu ser, a insignificância do meu agir, sinto, agora, a dor do martírio a que me entreguei. Causa impensada, consequência inesperada, mostraram-me certezas desconhecidas, revelam-me os dissabores de mágoa, de desilusão, de fracasso. Fui cego, pois não quis ver a intensidade que me rodeava, fui sincero, pois não suportei um agir de outra forma, fui feliz e empurrei a felicidade para o abismo. Estou desorientado. Sinto-me insignificante. Como eu gostaria de controlar o tempo.

Sinto um esvair da força que me impulsiona neste caminho. Penso em palavras proferidas por uma alma que canta instantes à memória, que afagam dulcíssimas loucuras de sintonia, amargor que me turva os olhos arrancando lágrimas e sorrisos. Grito. Ouço um eco, que me relembra, mais uma vez que estou só. Conjecturo. Valerá à pena embrenhar-me numa luta num campo desconhecido, poderei redescobrir-me, conseguirei revelar um eu manchado pela atitude, um eu condenado pela instabilidade da dúvida, um eu agora consciente do que penhorei ao entregar-me a lugares sem pensar, ao permitir uma dor quase que premeditada.

Quero acordar deste sonho, quero adormecer desta realidade. Vasculho os despojos do meu íntimo por retratos da composição austera que me projeta ao mundo. Procuro, em desespero, encontrar entre restos de ideais, crenças inacreditáveis de um surrealismo sentido, agora, tão intensamente.

Choro. Sento numa terra umedecida por lágrimas. Descanso. Tento recuperar a consciência, sintonizar corpo, mente e espírito. Deito-me lentamente sobre o medo do adormecer, o indesejado augúrio do acordar. Fecho os olhos pesadamente. Luto contra o sono. Não posso dormir. Em águas turvas de pensamento partilho visões do estar sem tempo, do permanecer rodeado por outros seres, outras histórias, outras vidas. Olhares que contemplam visões carregadas de diferentes significados, de distintas interpretações. Sinto-me rodeado por espectros de culpa, ameaçado por dementes lembranças que vão sugando momentos em que um sorriso me aqueceu o espírito, fugazes instantes que estupidamente partilhei com o vento.

Sonho com frases não proferidas pela inconveniência do conflito, lugares estanques pelo peso do seu significado, santuários preservados pela sensibilidade de um passado inesquecível. Estou perdido. Revejo fragmentos de um reflexo outrora forjado, adormecido, inconsciente, mutável e inconstante. Perco-me ou encontro-me? Se ao menos essas sombras abandonassem os meus sonhos. Quem serão? Debruçado sobre mim, revejo fiapos de momentos, passados ou desejados, memórias de sonho, crenças em sublime idealismo, o acreditar na possibilidade desse tal instante, o mito, o acontecer.

Qual sombra de gente, caminho perdido por becos vazios do Ser. Despido de certeza alguma percorro trilhos esquecidos por contrariedades propositadas do agir. Vagueio solitário, abraçado pelo frio da alma, aquecido pelo gelado sabor do remorso. Sufocado por palavras que se desprendem do seu significado ao serem proferidas, lágrimas de gelo rasgam-me a pele ao despedirem-se destes olhos turvos pela revolta, pela angústia, pela ausência. Minha mente fervilha pela intensidade do pensamento, pelo palpitar de um mortal sentir, pela excitação interior qual criança que recebe um presente, sinto um despertar noutra dimensão, realidade paralela na qual transito sem me aperceber.

Sou elemento desmembrado, figura mutilada pelo espaço, visionário inseguro de uma possibilidade de reencontro. Deste tormento não encontro saída, deste suplício não vislumbro refúgio. Quero desistir, entregar-me a um julgamento da mente, a uma pena conquistada pela fraqueza que me define. Sou personificação do receio, sou estupidamente um eco de nadas no ocaso, sou fugacidade férrea de confiança, sou tentativa. Estou cercado de olhares carregados de sofrimento. E em cada um deles, dessas rugas de tempo, vejo o vazio e o medo de um destino incerto, da improbabilidade do acordar, das dores antigas, feridas que não saram com o tempo, pregos espetados no corpo e que a cada movimento provocam o aperto no coração e a dor na alma.

Molha-me uma chuva incessante, refresca-me os sentidos a muito desprovidos de sensação. O clarão de um relâmpago ausente me desperta para pensamentos sem conteúdo, parece que se aproxima o fim desta noite, deste purgatório a que me ofereci. Sinto-me desprender das amarras do constrangimento, vou-me libertando do peso do receio, do martírio de tanto pensar quando se torna tão mais fácil simplesmente não pensar, não ponderar, apenas sentir.

Ergo-me fortalecido, olho em frente e prossigo. Certamente chegarei a algum lugar, se tropeçar e cair, encontrarei forças para me reerguer. Não vou desistir. Caminho firme no precipício da possibilidade, atravesso o pântano da conquista, mergulho em mares do incerto, voo por céus pela mágoa amaldiçoados. Nesta viagem sem destino sigo confiante, jornada sem rumo, pegadas da possibilidade em chegar. Na escuridão distingo vultos que se escondem e choram. Escuto vidros que se estilhaçam pela brutalidade de uma atitude impensada, farpas que se cravam no meu corpo como memória do meu infortúnio.

Um som de desespero emerge das cinzas, uma súplica sentida, uma vontade desejada, uma fusão de corpos que já não sabem ser ímpares. Desconheço por onde me desloco, não sei para onde caminho. Sou consumido pela frialdade da revolta, chicoteado por mãos sem corpo, escarnecido por vozes inaudíveis. Vejo-me usando uma série de máscaras. Máscaras? Tenho as minhas. Quem me dera poder apagá-las da minha vida ou queimá-las. Continuo minha caminhada. Cair é uma possibilidade, afogar-me um destino, ser fulminado pela crueldade da mágoa uma incerteza. Terei consciência do caminho ao qual me ofereço? Não sei ou quero acreditar que não.

Respiro. Sinto-me mais leve. Uma tela translúcida pulsando com azuis, verdes, magentas e amarelos, envolve-me. Correntes de turbulência resplandecentes se fundem em redemoinhos de luz. Sinto minha consciência se expandindo. Meu corpo se ilumina por fragmentos de instantes. Consciente, construo uma teia de lembranças, sopros da saudade, fugacidade do vento que passa, que leva para longe a intensidade da presença, que arrasta sem permissão a possibilidade, a vivência, reflexo de um sorriso de alma qual espelho de medo, agonia do parecer irreal.

Vislumbro o tempo, que demora a passar, que se recusa a aproximar essa sintonia, que atrasa o apagar da luminosidade das estrelas. Em fragmentos de momentos fortaleço sensações, descubro forças antes desconhecidas, encontro um porto de abrigo, um refúgio desse tempo que foge, que não para, que não descansa. Já não sou o mesmo e nem voltarei a ser. Mudei a minha máscara, troquei de olhar, obrigação imposta pela vulnerabilidade do acontecer. É nesse significado que me revejo, que retorno depois desse voo distante, dessa ausência de vozes inconscientes, gritos de um ódio infundado, choros de espírito esvaziado de conteúdo.

Tropeço. Tudo se transforma no meio da escuridão. Vejo a criatura encapuzada a minha frente, ao alcance das minhas mãos. Sua cabeça move-se lentamente. Seu rosto está oculto por um véu confeccionado com o mesmo tecido das estrelas. Estendo a mão para arrancá-lo, mas meus dedos param no ar. Contemplo um rosto inerte, ouço a respiração lenta, relaxada, em plena sintonia com o coração da Mãe de todos. Permaneço então quieto, sem movimentos estranhos as entranhas da Natureza, o canto das aves, da água, dos seres dedico estas melodias a este instante, a esta viagem, a uma imaginação extrapolada para uma realidade desconhecida, distante ou impossível, incertezas de viajante.

Estou vendo os olhos atrás do véu, suas pupilas dilatadas. Reconheço o meu olhar quando o vejo no espelho todos os dias. Tudo se expande. Vislumbro por outro olhar esse eco de vida. Descubro que a minha frente está um reflexo há muito aguardado. A esse olhar entrego a esperança do tempo, a esses instantes lançarei a âncora do meu sentir, à certeza de um proferir em igualdade a um pensar fincarei o meu desejo de integrá-lo a mim.

Reencontro-me. Frente a frente, essa presença assume o contorno que tanto tenta proteger. Vejo traços, esboço de um todo ainda desconhecido, mas que define um conteúdo que me contempla e do qual não consigo desprender-me. Num diálogo sem sons apenas se escutam os uivos do tempo que não pára e o pulsar dos sentimentos. Não é preciso palavras, gestos, sinais.

Numa estranha sintonia nasce uma compreensão muda, forte e verdadeira de que somos um só. Vejo um sorriso se escancarando e encontro abrigo nele. Permaneço imóvel.

Sou arrebatado pela beleza de tons estranhamente misteriosos, acobreados de acreditar, prateados de pensar, dourados de sentir. Entrego-me a esta sintonia que me abraça, me conforta, me preenche de luz. Escuto os sussurros das vozes de meus ancestrais. Sorrio. Sou agraciado pela possibilidade de ser sentido, enriquecido pelo valor da compreensão, achado inesperado numa noite escura, até então sem esperança. Meu Ser é composto de fragmentos de uma saudade constante... sinto me completo, sou estrela num céu imenso de pontos de luz, um ser não fragmentado, mas construído por esses pedaços dos nossos instantes.

Lágrimas rolam pela minha face, misturadas a gotas da chuva que cai. Levanto-me da grama. Olho ao redor e vejo as duas tochas ainda flamejantes. Silenciosamente agradeço a todas as forças presentes naquela noite por me auxiliarem a transpor o véu do tempo e o espaço. Em seguida assumo um compromisso com meus ancestrais:

– A todos vós, a todos esses olhares, por cada uma das lágrimas que não mais conseguem esconder, pela tempestade de sentimentos que vos abriga, tende fé, tende esperança por um novo amanhã, por um bem estar ainda possível na Mãe Terra. Farei de cada um dos vossos sorrisos um troféu de orgulho. Continuai com confiança, meus ancestrais sagrados, antepassados do meu despertar.

A Magia dos Andes

O verdadeiro sentido no âmago do espírito que vive no ser humano é sua paixão pela aventura. A alegria de viver vem dos nossos encontros com as experiências novas e por isso não existe uma alegria maior do que ter um horizonte que esteja mudando sempre, como um sol, novo e diferente a cada dia.

Chris McCandles

No final de 2006 meu amigo Mallku, do Peru, escreveu-me enviando uma cópia do seu novo livro "Inka Power Places" e pedindo que eu fizesse uma apresentação do mesmo. Fiquei muito lisonjeado com o convite e devorei o livro. Escrevi para ele na segunda semana de 2007 enviando o pequeno texto que havia feito para seu fantástico livro. Dias depois recebi um *e-mail* dizendo que ele viria ao Brasil em maio realizar alguns *workshops* e gostaria de saber se eu teria interesse em produzir um deles em Maceió. Respondi que seria um prazer. Aproveitei a sua vinda e comecei a organizar uma viagem para os Andes em junho, com a coordenação dele.

Duas semanas depois de nosso último contato recebi um e-mail de sua esposa, a Aisha, se apresentando e mandando as informações necessárias para criação do *folder* da vivência, como também a programação da viagem ao Peru em junho. Após fazer a tradução para o português comecei a trabalhar intensamente para a realização dos dois eventos. Enviei uma série de *e-mails* sobre o *workshop* e publiquei na minha página da *internet* o programa da jornada aos Andes.

Nina, uma amiga de Belo Horizonte, foi a primeira a me responder dizendo que não poderia participar da vivência de maio, mas que iria viajar conosco. Logo depois foi a vez de Vicente escrever confirmando a sua participação na viagem. Além deles, um casal de Maceió me ligou dizendo estar interessado também, mas só teriam uma resposta definitiva após a vivência que seria realizada por Mallku em maio. Eu contava os dias para rever meu amigo, afinal não nos víamos desde setembro de 2002.

Em 18 de maio busquei Mallku e Aisha no aeroporto e os levei para minha casa, onde ficariam hospedados. No outro dia, pela manhã, fomos bem cedo para o local onde seria realizado o *workshop* para arrumarmos a sala e recepcionar os quarenta e um participantes. Metade eram amigos meus que se interessavam por xamanismo, inclusive quatro faziam parte do Círculo de Estudos Xamânicos que eu havia criado anos antes no altiplano alagoano.

Meu irmão andino deixou todos os presentes extasiados com a sabedoria ancestral dos povos dos Andes. Ao final da vivência ele foi aplaudido de pé pelos presentes. Depois de organizarmos todo o local após o evento, Mallku me chamou de lado e me deu uma pena de Condor. Fiquei literalmente sem palavras. Não tinha como agradecer tão grandioso presente. Sempre tive a vontade de ter uma e havia tido diversas oportunidades para comprar, porém aprendi com Mama Julia que um objeto de poder de tal magnitude não deveria ser comprado, e sim dado por outro Xamã.

Durante sua estada em Maceió levei-os até a casa de Anka, um amigo que trabalhava com *ayahuasca* e que havia participado da organização espiritual com que eu tinha trabalhado em 2005, mas que agora resolverá seguir com seu trabalho sozinho. Ele mesmo realizava a produção do chá da planta e gostaria que o Mallku experimentasse. Combinamos que ao cair da noite estaríamos lá para comungar juntamente com ele.

A cerimônia começou por volta das 19 horas. Procurei me concentrar no som envolvente da música que saía de um *notebook*. Passado quarenta minutos comecei a sentir um pouco de frio e vesti o meu poncho. Logo em seguida comecei a ver a minha frente uma onda de cores líquidas que se misturavam inebriadamente. De repente senti uma sensação de paz me envolvendo e passei a me sentir conectado com as mentes ali presentes.

Na mudança de uma música para outra tenho a sensação de não estar no meu corpo. E realmente não estou, pois o vejo a minha frente como um reflexo no espelho. Olhando no fundo dos meus olhos sou tragado por uma espiral infinita e mergulho no desconhecido. Algo subterrâneo floresce diante dos meus olhos. Aos poucos me acostumo com a luminosidade difusa. Vejo uma figura encapuzada se aproximando. Procuro ver o seu rosto, mas um tênue véu esconde a identidade dela. Neste momento escuto uma voz feminina:

– Você não pode me conquistar como faz com uma mulher. Não pode me subjugar como subjuga a si mesmo.

Tento balbuciar algumas palavras em resposta, mas não consigo.

– Sou aquela que torce e enrola o fio de cada vida. Sou inexorável.

Ao ouvir essas palavras sei quem está a minha frente.

– Saiba que a sombra é aliada da luz. E que a natureza não reconhece o bem e o mal, só o equilíbrio e o desequilíbrio.

Dou um passo a frente em sua direção. Não posso olhar nos olhos da Senhora atrás do véu e ver o nascimento, a morte e o destino do universo... pois ela não deixa. Não tenho dúvidas, aquela a minha frente é a Senhora do Destino.

– No tabuleiro de xadrez do tempo e espaço você é um peão constante, mudando de rumo e de direção. Eu o manipulo pelas minhas mãos, seguindo diferentes direções consoantes as hipóteses do jogo.

Neste tabuleiro que me desloco encontro tantas surpresas, opostos contraditórios do meu sentir. Contudo aprendo, sempre. O meu Eu cresce, fortalece, amadurece. Regras deste jogo que me são impostas, não são opções, são consequências.

Olhando através do véu, consigo visualizar a tez branca da Senhora do Destino e vejo os brilhos dos seus olhos sob ele. Neste momento movo minhas cordas vocais e consigo falar:

– Sei que apesar de peão, de simples peça neste jogo também sou o adversário. Também sei jogar e posso intervir neste jogo de xadrez do meu existir. Sei que, muitas vezes, são inúteis as meras tentativas de me esquivar as suas jogadas, as suas intenções, mas também sei que, por efêmeras vezes, triunfo com a minha estratégia. É tempo de começar um novo jogo. Estou pronto para começar, não receio os seus truques... também tenho os meus.

Ela gargalha e some a minha frente.

Quando me dou conta, olho em volta e vejo Aisha dançando perto da piscina e os outros ao meu lado sentados em completo silêncio, de olhos fechados. Um sino toca dando o trabalho como encerrado.

Na madrugada do dia 18 de junho chego mais uma vez ao Peru. Encontrei com Nina no aeroporto de Guarulhos e de lá seguimos para *Lima*. Antes do raiar do sol, Vicente rompeu o saguão do aeroporto com o restante do grupo que iria fazer a jornada conosco, sob a batuta de Mallku.

Chegando a *Cusco* fomos recepcionados por Amaru, um colega de Mallku e que havia se tornado meu amigo quando fiz o *Kapacñam*, a Rota de *Wiracocha* com Águia de Coração Leve, Artur Guerrero e Vicente em 2002. De lá seguimos para *Chinchero* onde foi realizada uma cerimônia no "Cérebro de *Pachamama*", para que a Mãe Terra abençoasse nossa jornada.

Em seguida fomos para *Ollantaytambo*. Enquanto Mallku guiava o grupo pelo Santuário Sagrado de *Ollanta*, fui com Nina e Vicente visitar Mama Júlia. Chegando ao Hotel *Munay Tika* perguntamos onde poderíamos encontrar *Mamita* e fomos informados que ela estava no restaurante. Ao chegarmos lá, ela abriu um sorriso de satisfação ao nos ver. Ficou ainda mais surpresa de reencontrar Vicente. Sentamos ao seu lado e ela pediu a sua filha, Andrea, que nos trouxesse um mamão papaya. Devido ao curto tempo que tínhamos conversamos por apenas 30 minutos.

No caminho para o nosso hotel próximo a *Urubamba*, conversei com Nina, que estava emocionada por ter finalmente conhecido Mama Julia. Eu também estava muito alegre por rever minha "maestra" e por ter recebido o convite de retornar a *Ollantaytambo* no próximo ano para que ela transmitisse os ritos iniciáticos andinos que estavam faltando para completar minha iniciação. Ela me havia dito que os três últimos ritos são os dos Guardiões da Terra, das Estrelas e do Criador.

Na manhã seguinte fomos até *Moray*, onde Mallku fez mais uma meditação com o grupo no Templo Circular daquele local de poder. De lá seguimos para as "Salineras de Maras" para conhecer os poços de águas salgadas que brotam de dentro da montanha e são utilizados até os dias de hoje pelos nativos andinos. Almoçamos no restaurante "El Maiz", um velho conhecido de outras vezes que estive no Vale Sagrado dos *Inkas*. Depois fomos para *Ollantaytambo* e pegamos o trem que nos levou a Águas Calientes para pernoitarmos antes de ir a *Machu Picchu* na manhã seguinte.

Eram quase cinco da manhã quando despertamos para fazer o desjejum antes de subirmos até a Cidade de Cristal. Toda vez que volto a *Machu Picchu* me rendo aos encantos daquele Centro Iniciático que é alimentado por poderosas energias, e desta vez não foi diferente. Pela primeira vez levei uma câmera para filmar a beleza daquela cidade que no início da manhã estava mais uma vez envolta em brumas. Ao cruzarmos o portão principal vimos toda a magnitude da obra realizada pelos sábios andinos. Olhando a minha direita pude ver também o *Apu Putukusi* em todo seu esplendor. Em 2002 prometi que subiria ao cume daquela montanha sagrada, mas pelo visto não seria desta vez.

Mallku pediu que seguíssemos direto até a Pirâmide do Sol e nos posicionássemos ao lado do *Intiwatana*, o amarrador do sol. Ele nos orientou a formar uma fila indiana próxima ao altar cerimonial, *usnu*, e quando os primeiros raios de sol venceram as brumas e atingiram *Machu Picchu*, chamou-nos individualmente até a "Mesa Cerimonial do Puma". Fui um dos últimos a subir até o *usnu* e quando lá estava os raios solares atingiram em cheio o meu Terceiro Olho. Silenciosamente agradeci a Tata Inti, o Pai Sol, por aquela dádiva e deixei o local indo me posicionar perto de uma pedra que parece ser uma maquete das montanhas a nossa frente.

Saindo da pirâmide nos reunimos no gramado da praça central e Mallku, tomando a palavra, se emocionou ao dizer que já fazia sete anos que ele não participava daquele ritual solar em *Machu Picchu* devido a uma série de coisas, mas que se sentia feliz e honrado em estar ali depois de tanto tempo vivenciando aquela Iniciação Solar com todos nós.

Peço a palavra e digo:

– Todos nós aqui somos irmãos. Alguns são americanos, australianos, brasileiros, espanhóis, húngaros, peruanos e uruguaios. Cada um de nós são as folhas e nossos países são como os galhos de uma grande árvore.

Todos nós pertencemos a um mesmo tronco. Somos os filhos da Mãe Terra, nossa amada *Pachamama*.

Depois de a maioria falar um pouco sobre a sensação de estar naquele lugar mágico, Tessa, uma garota californiana, realizou uma meditação tocando seus sinos de cristal que nos levou a outras esferas.

Passamos o resto do dia caminhando pela Cidade Luz dos *Inkas*. Chegando ao Templo do Condor, levei o pequeno grupo de brasileiros e americanos comigo até uma pequena *chinkana*, uma passagem entre as pedras, e seguimos por passagens estreitas que simbolizam um mergulho no útero da Mãe Terra. Ali deixamos o mundo ordinário e ingressamos na realidade do nosso coração. O caminho estreito e ondulado nos faz lembrar a serpente, que simboliza o renascimento. Explico a eles que ingressar naquele local sagrado é uma experiência xamânica, e sair um reconhecimento da grandeza da Vida.

Antes do por do sol retornamos a Águas Calientes, pois teríamos que dormir cedo, já que na manhã seguinte deveríamos madrugar, uma vez que iríamos nos reunir na Praça das Três Janelas para celebrar o *Inti Raymi*, a Festa do Sol, ocasião em que era comemorado o Ano Novo Solar dos *Inkas*. Antes de embarcar para o Peru, eu havia estado em São Paulo participando do "Voo da Águia" um evento organizado pelo meu irmão de caminho, o Léo, no qual fiz uma palestra sobre esta celebração que era realizada a séculos pelos povos andinos.

Na ocasião expliquei que nesta época, na Cosmovisão Andina, os discípulos do sol vivenciavam altos níveis iniciáticos visando tornarem-se "Maestros". Neste dia o hemisfério sul se encontra mais distante do Sol e por causa disso chama-se Ano Novo Solar. Os sábios andinos, observando os ciclos da natureza, tal como outros povos ancestrais, entenderam que os dias dos equinócios e solstícios não só marcavam o início de uma nova estação, mas também geravam frequências energéticas necessária para iniciações de seus líderes.

Para os *Amautas*, sábios, quando os seus discípulos se encontravam posicionados em determinadas *Huacas* Sagradas, os primeiros raios de sol atingiam primeiramente o centro coronário dos aprendizes, queimando as cargas que não eram necessárias nas suas vidas, abrindo assim sua visão interior e iniciando-os no mistério maior do seu Ser. Desta feita, os sábios andinos cumpriam, mais uma vez, a missão de perpetuar sua estirpe sagrada, iniciando novos seres de luz.

Ao final da minha palestra em São Paulo, expliquei que não havia preço a ser pago para ser um "Iniciado Solar", bastava abrir nossos corações e liberar a mente. Desta maneira, o sol convertia simples mortais em seres mágicos. Após serem iniciados, os novos Filhos do Sol mudavam de atitude, trocando determinadas tarefas que faziam anteriormente, por uma missão de serviço e ação para um mundo melhor. O *Inti Raymi,* por conter em si a semente da luz, é um dia propício para vislumbrarmos o futuro, buscando presságios e sinais, meditando e confiando na voz interior. É o momento do retorno da luz, da renovação e do renascimento.

Na manhã do dia 21 de junho, nos dirigimos a *Machu Picchu* para a "Plaza das Três Ventanas" e no posicionamos em duas filas indianas uma ao sul e outra ao norte da praça, olhando para o leste, enquanto Mallku, ao oeste, olhava para o Sol que nascia por trás das montanhas. Quando o primeiro raio solar surgiu, nosso irmão tocou seu *pututu* e pudemos escutar o som daquele instrumento musical de poder ressoar pelas cadeias de montanhas que cercam a Cidade Luz dos *Inkas.*

Ao final da cerimônia nosso grupo se dividiu. Alguns foram escalar o *Wayna Picchu,* outros seguiram explorando a cidade e eu levei, juntamente com Vicente, um pequeno grupo de americanos e brasileiros até a *Huaca* das Sacerdotisas no caminho até a Porta do Sol, onde realizei uma pequena cerimônia. De lá seguimos até nosso destino. Chegando a *Inti Punku* apreciamos mais uma vez o santuário de *Machu Picchu,* que cobre diversos quilômetros quadrados de construções e terraços conectados por escadas feitas de rochas sólidas em volta da montanha.

Todo o grupo se encontrou no início da tarde no restaurante Índio Feliz, na avenida *Pachacutek* em Águas Calientes, onde saboreamos um delicioso *menu* da nova cozinha andina. De lá seguimos de trem para *Cusco,* para pernoitarmos.

Na manhã do dia seguinte visitamos *Típon*, considerado o Templo das Águas dos *Inkas*. Mallku lavou nos canais sagrados uma série de discos chamados *Pukara*, símbolos da entidade solar. De lá voltamos a

Cusco para almoçar e depois fomos até *Amaru Mach'ay*, mas como o local estava fechado para visitações, nosso *cicerone* providenciou um show ao ar livre de um grupo de nativos que tocavam instrumentos ancestrais e cantavam na língua *quéchua*.

No dia seguinte visitamos *Pisac* e lá Mallku distribuiu os discos solares a todos os participantes da jornada. As mulheres receberam os discos prateados, os dourados foram entregues aos homens. Deixando as ruínas fomos até *Pisac* explorar o seu mercado. Após almoçarmos por lá voltamos a *Cusco*, seguindo direto para *Sacsaywaman*. Infelizmente devido à festa do *Inti Raymi* no dia seguinte, o sítio arqueológico estava apinhado de turistas, mas mesmo assim tivemos a oportunidade de apreciar um belo pôr do sol refletido nos muros *inkas*.

Na alvorada do dia 24 de junho estávamos em *Q'enqo* para acompanhar o nascimento do sol e o despertar do Puma nas *Suqanqas* daquele local de poder. Mallku tocou o *pututo* por três vezes saudando *Tata Inti*. Vimos neste instante o primeiro raio de sol atingir a *suqanqa* à esquerda do sol. Lentamente ele iluminou as duas *suqanqas* e percebemos, através de um jogo de sombras, os olhos do Puma e vimos a cara deste felídeo claramente.

Retornamos a *Cusco* a tempo de acompanhar os festejos do *Inti Raymi* na antiga praça sagrada dos *Inkas*, a *Huacaypata*, chamada atualmente pelo nome de *Plaza de Armas de Cusco*. De lá seguimos para o local que Mallku chama de *Killa Wasi*, e que eu conhecia como *Killarumiyoc*. Enquanto o restante do grupo fazia uma meditação, explorei aquele local de poder e escolhi uma caverna para relaxar. A energia feminina daquele lugar é muito forte. A escuridão da caverna me convidava a um estado de introspecção.

Percebo um vazio subjacente a todas as coisas. O chão é úmido e viscoso, tenho que tomar muito cuidado para não escorregar na trilha rochosa. Subo e desço até chegar num corredor estreito com cerca de nove metros de comprimento, através do qual tenho que andar de gatinhas. Após atravessar o corredor chego a um grande recinto com diversas passagens estreitas, como a do início.

As estalactites são maravilhosas. Ouço a queda suave da água gotejando do teto. O silêncio é soturno e nada se move além das gotículas. A galeria é ampla e longa. Ao final dela vejo um túnel muito baixo. Abaixo e entro nele. Ele não é mais largo que meus ombros. Com o braço comprimido contra meu corpo, rastejo para frente como uma serpente colocando minha barriga sobre o chão gélido e úmido. A passagem em alguns lugares mal tem 30 cm de altura, fazendo com que eu deite o rosto no chão. Sinto-me como se estivesse me movendo dentro de caixão. Mal consigo respirar. Passados alguns minutos, finalmente, o túnel torna-se um pouco mais alto. Descanso sobre os antebraços. Ao voltar a rastejar, o túnel volta a ficar estreito. Avanço metro a metro com dificuldade durante um bom tempo. Meu coração bate mais forte e sinto falta de oxigênio. O teto acima de minha cabeça é muito duro. É terrível. Até quando seguirei por este túnel sem fim? Então, subitamente vejo uma luz intensa e sigo até ela com rapidez. Ufa! Cheguei ao fim e posso voltar a respirar normalmente.

O salão no qual estou agora é gigantesco. É majestoso. Apanho uma tocha pendurada acima do túnel pelo qual saí e ilumino as paredes. São cobertas de gravuras de cima a baixo. A superfície foi trabalhada com instrumentos de pedras e ali vejo dispostas diversas imagens de felídeos: Jaguares, Panteras, Gatos e Pumas. Explorando um pouco mais me deparo com a gravura ancestral de um ser metade homem e metade felino. Seus pés são humanos, as mãos são patas, o corpo é revestido de pele animal, mas com a estrutura humana repleta de pintas similares ao do Jaguar. O rosto também é miscigenado na forma de uma cabeça felina mais com traços humanos. É incrível!

Sou desperto ao ouvir passos se aproximando da caverna. Levanto-me rapidamente e bato minha cabeça na rocha. Vicente se aproxima e diz que é hora de voltarmos para *Cusco*.

Durante todo o percurso de volta até a antiga capital dos *Inkas* procuro analisar a visão que tive na caverna em *Killarumiyoc*. Tenho a nítida sensação de que conheço aquele salão. Puxo pela memória e consigo lembrar. Passei rapidamente por lá quando tive o meu segundo encontro com Arutam. Foi quando voltei da Pedra Furada, no Jalapão, em julho de 2002. Na ocasião passamos rapidamente por uma aldeia de pedras, e depois entramos numa caverna escura. Creio que havia um templo por lá, mas não tive tempo de explorá-lo e desta vez também não. Sou paciente, tal como Arutam se revelou para mim anos depois, irei esperar a ocasião de conhecer mais a fundo este lugar enigmático.

Na manhã do dia seguinte seguimos em direção a *Puno*, mas fizemos uma parada de uma hora em *Raqchi* para caminhar pelo Templo de *Wiracocha*, construído pelo *Inka Wiracocha* em homenagem a entidade suprema dos Andes. Antes da chegada dos espanhóis este local era chamado de *Cacha*. Na ocasião era uma vila complexa de diversas construções com variados propósitos, incluindo terraços para agricultura, casa de estocagem, praças, fonte d'água e *wayranas* (construções de apenas três paredes).

Ao final da tarde chegamos a *Puno*, e, após nos instalarmos em nosso hotel, saímos para jantar.

Durante toda a madrugada Vicente e eu tivemos dificuldade em respirar devido a altitude da cidade que fica a 3.830 metros acima do nível do mar. E para piorar nosso quarto era todo acarpetado. Depois de ensoparmos nossas toalhas e colocarmos na cabeceira da cama, conseguimos respirar melhor e dormir algumas horas.

Após um delicioso café da manhã fomos até o porto de *Puno* que ficava a oito quadras do hotel. Como nosso grupo era grande, viajamos em dois iates até a Ilha de *Amantani*. Apesar da noite desgastante, eu estava feliz em voltar ao maior corpo aquático de água doce navegável do mundo, o Lago *Titikaka*. Aquela paisagem é surreal. Suas profundas águas azuis parecem se expandir além do altiplano e se misturar com o céu límpido. Durante nosso percurso passamos pelas ilhas flutuantes dos *Urus* e pudemos apreciar os barcos feitos de *totora*, uma espécie de papiro.

Depois de quatro horas de viagem desembarcamos em *Amantani* e seguimos para a casa de uma das oitocentas famílias que habitam a ilha. Vicente e eu ficamos hospedados na residência de um senhor, Alfredo, que nos fez sentir em nossa própria casa. Ao cair da tarde participamos de uma cerimônia de gratidão a *Pachamama* com um dos *Paq'os* da ilha e seu ajudante. Quando o *despacho* foi concluído nos reunimos em volta de uma fogueira e o *Paq'o* depositou a oferenda a Mãe Terra no fogo. Jantamos e ficamos olhando as estrelas que pareciam brilhar ainda mais naquela ilha.

Acordamos às cinco da manhã, com o céu ainda escuro. Após nosso desjejum, seguimos em direção ao Templo de *Pachatata*, que fica numa colina a 4.460 metros de altitude. Fiz a caminhada até o primeiro portal seguindo a Aisha, mas logo depois a ultrapassei e segui a frente do grupo. Ao ultrapassar o terceiro portal o caminho se bifurcou e segui o caminho da esquerda, que me levaria até o Templo do "Padre Tierra". Cruzei mais três portais até chegar ao templo quadrangular. Saudei *Pachatata* e aguardei a chegada do grupo.

Mallku pediu que todos se reunissem em círculo e fez uma mandala de flores no formato de um coração. Um a um os participantes da jornada pegaram com Amaru um *kintu* de folha de coca e, após uma oração, o depositavam no meio das flores.

Infelizmente, devido ao curto espaço de tempo não pudemos ir ao templo de *Pachamama* na outra colina. Voltamos até o centro de *Amantani* para apanharmos nossa bagagem e seguimos viagem de barco até *Puno*, onde após um banho iríamos participar de um jantar de confraternização na nossa última noite nos Andes.

Na manhã do dia 28 entramos nos ônibus que nos levaram até o sítio arqueológico de *Sillustani*, repleto de torres funerárias nas quais os *Waris* depositavam seus mortos em posição fetal. Caminhando para a parte de cima de *Sillustani* chegamos até o Lago *Amayu* e pudemos apreciar uma pequena ilha a nossa frente que parecia flutuar sobre as águas. Cada um de nós, silenciosamente, escolheu um lugar e meditou. Após a meditação, voltamos ao ônibus que nos levaria até o aeroporto de *Juliaca* e cada um seguiu de volta ao seu país de origem.

Maceió, 07 de julho de 2007.

Faz pouco mais de uma semana que retornei aos meus afazeres no Altiplano Alagoano. Ainda estou sob o efeito da viagem aos Andes. Todo vez que volto de lá demoro algum tempo para me adaptar. Sinto-me mais uma vez renovado energeticamente, porém ontem ocorreu um fato muito estranho comigo. Estava editando o DVD que fiz da jornada no Peru, quando senti uma forte cólica abdominal. Na mesma hora procurei me deitar e apliquei reiki no local. A dor demorou cerca de 30 minutos para passar, creio que foi causada por gases, mas não tenho certeza. Hoje acordei bem melhor e inclusive fui à academia me exercitar.

Ao rever agora a pouco as imagens que fiz nos locais de poder que visitei durante a minha viagem, minha mente começou a se manifestar e por isso resolvi escrever.

As montanhas nos Andes são repletas de caminhos construídos pelos ancestrais andinos. Creio que todos os caminhos são no fundo um único e nós, andarilhos, partes do caminho uno procurando se reconectar. Cada peregrino busca uma "crença" que o fortaleça, que lhe traga harmonia, equilíbrio e que o aproxime do Grande Mistério que é viver; ou seja; estar aqui e agora neste espaço-tempo, aprendendo a experimentar o estado que gosto de chamar de "completude". Acredito ter encontrado a minha no Xamanismo, embora qualquer que seja ela, esse "(re)encontro" é um exercício incansável e solitário de uma busca constante.

Às vezes acho que a racionalidade e o orgulho são vendas translúcidas que me impedem de "ver" mais adiante. Meus sentidos e corpo, entretanto, são mais livres e sábios que minha mente. Eles me dizem o que, talvez por ignorância ou medo, ignoro. Ou quem sabe apenas não esteja preparado para saber. O que sei desde que comecei a trilhar pelo Caminho Sagrado do Xamanismo é que necessito me aproximar da fonte, da minha "casa", preciso "retornar".

Sussurros atemporais...

Sempre acreditei que nosso Ser, fragmentado, tem muitas moradas e que durante nossa jornada pela vida terrena nos são dadas inúmeras oportunidades de voltar (reencontrar) cada uma delas (sejam locais ou pessoas), pois ali muito de nós repousa... vivências, resgates... respostas (?!). Nos Andes eu me sinto em casa, seguro, amado e pleno... e é difícil retornar a vida ordinária quando volto, mas o aprendizado continua e os véus que nos tolhem a visão precisam cair, um a um, até o último se assim for permitido... a clareza do sentido da vida vai se abrindo a nós, tomando foco...

Recentemente descobri que no fundo precisamos de muito pouco. Menos do que julgamos para viver. Precisamos mais é de coragem para assumir e encarar o desapego total. Sair por ai sem rumo, sem amarras, sem arrependimentos, sem expectativas ou inquietudes (isso não é nada fácil, é tarefa de uma vida para alguns), não alienados a tudo, apenas comprometidos com nós mesmos, com nossa Mãe Terra e com aqueles que necessitam de algo que podemos oferecer, nós mesmos, nossa dedicação, experiências e trabalho. A briga é boa, fere, mas nos fortalece. Acredito que isso não é uma utopia. É só não perdermos de vista que "segurança" é o que nos deixa com um sorriso estampado no rosto, em paz de sol a sol. O resto, o Universo provê se simplesmente aceitarmos nosso verdadeiro caminho, e nos entregarmos a ele sem reservas.

Fazendo das tripas coração

Do sofrimento emergem as almas mais fortes.
Os personagens mais impressionantes estão coalhados de cicatrizes.
Kahlil Gibran

No início de agosto recebi um *e-mail* do Gavião Real perguntando quando eu iria a Brasília. Respondi que estava pensando em ir em setembro. Ele perguntou se eu não tinha interesse de realizar um *workshop*, com ele, por lá. Respondi que sim e fiquei de preparar um material didático. Na mesma semana ele falou com os proprietários de uma instituição localizada no Lago Sul, chamada Tribo Terra, que ficaram entusiasmados em inaugurar seu espaço com o nosso evento. Fechado com o lugar, a data foi marcada para os dias 22 e 23 de setembro. Eu aproveitaria minha estadia em Brasília para matar saudade de meus familiares e amigos.

No *workshop* "A Arte da Cura Xamânica" ensinamos técnicas de cura e de aperfeiçoamento do poder pessoal. Expliquei aos participantes que o contato com a energia xamânica nos proporciona a oportunidade de conhecermos um aspecto do nosso ser que não tínhamos acesso, mas que esteve e está o tempo todo a nossa disposição. Demonstrei também que a energia tem a qualidade de nos integrar com as demais e trazer de volta o poder pessoal que nos habilita a realizar transformações importantes na nossa vida.

Gavião Real salientou que os nativos, como povos ancestrais, desenvolveram técnicas para manter a energia longe de seus lares, visando conservar a saúde, o bem-estar e harmonia de sua comunidade.

Durante a vivência abordamos também a origem do xamanismo, suas manifestações, evolução e definições, ensinamos a utilização de objetos de poder, como criar um espaço sagrado e cerimônias de limpeza e purificação através do sopro, defumação e, da força do tabaco e outras ervas.

Após a vivência passei mais uma semana em Brasília. Era estranho estar de volta a minha terra natal e não ter por perto meu amigo e mestre, Águia de Coração Leve, que havia vendido a Chácara Remanso e se mudado para Águas da Prata, interior de São Paulo. Nos dias que lá estive procurei ficar o maior tempo possível com meu sobrinho, minha mãe e irmã. Aproveitei minha estadia e conheci minha amiga virtual, Ciganinha e seu marido, numa pizzaria. Como eles estavam com um bebê novo em casa não puderem demorar muito e foram logo embora. Estavámos no período eleitoral, por isso aguardei até o dia das eleições e votei antes de retornar a Maceió.

No dia 7 de dezembro acordo com a claridade de mais um novo amanhecer. Após fazer minhas saudações as forças do Universo, preparo-me para ir a academia malhar um pouco. Quando estou preparando a minha vitamina e cozinhando dois ovos, começo a sentir uma queimação na altura do plexo solar como se fossem gases. Sento-me um pouco no sofá esperando a dor regredir para que possa continuar com minhas atividades. Passados cinco minutos, o limiar de dor que estava em cinco por cento, aumentou gradativamente para cem, fazendo com que eu passasse a me contorcer de tanto desconforto.

Ora deitado, agachado ou em pé, sem mais suportar a dor, decido telefonar para meu vizinho pedindo ajuda. Ele diz que iria pedir a sua esposa para ir até minha casa e me levar ao posto de saúde mais próximo, onde estaria me aguardando. Alguns minutos depois estou no banco traseiro do carro da minha vizinha que dirige velozmente pelas ruas da cidade com o alerta do veículo ligado pedindo passagem em meio aos outros automóveis. Durante o trajeto sinto vontade de vomitar e o faço após abrir a janela, sujando a lataria e uma parte do banco.

Quando chegamos ao nosso destino, meu vizinho já nos aguardava com a notícia que o posto encontrava-se em greve. No mesmo instante penso na angústia que passei com Iktomi em Angola por causa da greve geral. Será minha sina? Nesse ínterim lembro-me de ligar para a minha ex-esposa, que é médica. Quando Thályа atende, conto do ocorrido e ela pede que meu amigo me leve ao Hospital do SESI, que em meia hora ela estaria lá.

Após dar entrada na emergência do Hospital, sou posto numa cadeira de rodas e levado para a sala de raio-x. Quando estou sendo radiografado, Thálya chega com o semblante assustado. Ao vê-la assim penso que meu estado deve ser crítico. Apesar de estarmos separados desde o início de 2003, continuamos grandes amigos. E mais uma vez ela provou o carinho que tinha por mim. Depois da série de radiografias, Thálya me levou a sala onde sua irmã nos aguardava para fazer em mim uma ecografia abdominal.

Ao final da tarde, no quarto que foi reservado para mim, Thálya, de posse dos exames que realizei, me diz que nenhum deles identificou o que estava se passando comigo. Apanhando o seu celular liga para minha mãe e conta o ocorrido. Posso imaginar a aflição de mamãe do outro lado da linha ao saber que meu estado não era nada bom. Certamente sentiu o mundo ao seu redor desabando. Ao falar com ela ao telefone senti todo o seu sofrimento e, não resistindo, prometi que iria vencer essa batalha e sobreviveria. A cada minuto que passava a dor parecia aumentar dentro de mim, fazendo-me lacrimejar constantemente.

Logo após a ligação telefônica o médico de plantão aparece no quarto e vendo o meu estado de sofrimento receita-me morfina para diminuir a intensidade da dor que parece ser interminável. Minha cabeça não para de latejar e minha barriga cada vez mais se transformava numa massa inerte e dolorosa. A dor me assegura que estou vivendo um pesadelo real.

Não consigo dormir. A noite parece não ter fim, a dor que sinto se expande exponencialmente. Parece que dentro de mim tem outro ser que quer rasgar minhas entranhas. Nunca senti algo parecido. Tenho a vontade de deixar cair o xale e cruzar o rio para a outra margem do rio da vida. Meu ego age perguntando se estou preparado para me entregar aos braços da morte. Estou num dilema entre seguir em frente sentindo essa dor terrível ou cair no sono profundo do Beijo da Morte. Meu coração se manifesta e vejo a minha frente o rosto da minha mãe, trazendo a minha mente a promessa que fiz horas antes. Tenho que seguir lutando para não desapontá-la, como também ao meu amado sobrinho, meus amigos e por mim, acima de tudo.

Com a claridade dos primeiros raios do sol na janela, observo Thálya dormindo no sofá, onde passou toda a noite. Após ela acordar, a enfermeira entra no quarto e coleta o meu sangue para mais um exame. A dor não alivia nem um pouco, apesar do coquetel de analgésicos e a injeção de morfina regular. No período da tarde vou a outra ala do hospital fazer uma endoscopia digestiva. Depois de ser sedado endovenosamente, o exame começa. Este foi o único momento no qual senti menos cólicas, desde que as dores começaram na manhã do dia anterior. O exame também não descobriu o que ocorria comigo, mas existe a suspeita de que as alças dos intestinos estejam alteradas, mas nada foi confirmado.

Ao cair da tarde Thálya foi para casa, deixando sua irmã em seu lugar. Passo mais uma noite sem conseguir fechar os olhos de tanta dor que sinto. A morfina apenas ameniza a dor, mas não a diminui o suficiente para que eu consiga relaxar e dormir. Tento me concentrar, meditar, mas não consigo. Até o silêncio da madrugada me incomoda. Vejo mais uma alvorada pela fresta da janela.

Pela manhã uma enfermeira baixinha coleta o meu sangue para mais um exame. Sou surpreendido quando recebo a visita do Dr. Barbosa, um velho amigo meu, que disse que iria acompanhar o meu caso. Foi a primeira vez durante toda a minha estada no hospital que sorri. Meu amigo é um médico conceituado. Seu olhar vivo transmitia uma energia esperançosa para mim. Após fazer uma série de exames clínicos ele me informou que no dia seguinte eu teria que fazer uma colonoscopia.

Passei o domingo em repouso e só, tendo apenas as dores como companhia. Durante várias vezes tentei ir ao banheiro defecar e em todas vezes que fui minhas fezes saíram sanguinolentas. Ao final da tarde recebi um telefonema da minha mãe dizendo que chegaria no dia seguinte com meu sobrinho. Não gostaria que ela me visse naquele estado, mas não tinha como impedi-la de vir me ver e, no fundo do meu âmago, eu a queria ao meu lado, como sempre esteve.

De noite Thálya passou rapidamente para me ver, dizendo que não poderia ficar lá naquela noite, pois pela manhã teria uma reunião de trabalho, mas que viria me ver e encontrar a minha mãe no dia seguinte.

Sou privado do sono por mais uma noite. Os analgésicos, como a morfina e a dolantina não fazem efeito sobre a minha dor. Até quando irei aguentar este sofrimento? Choro convulsivamente madruga adentro. Ao me olhar no espelho vejo minha face cadavérica. Devo ter perdido uns cinco quilos desde que comecei a sentir dores. Tudo que como coloco para fora. Senão fosse o soro gotejando na minha veia certamente eu estaria mais desidratado. Uma fina chuva cai quando o dia começa a raiar. Procuro dormir com o barulho da chuva batendo na janela, mas não tenho êxito. Já são 72 horas sem dormir.

A mesma enfermeira da manhã anterior volta ao meu quarto e recolhe mais sangue do meu braço esquerdo. O mesmo que recebe o soro com os meus medicamentos. No início da tarde um médico de plantão me informa que antes do exame de colonoscopia terei que beber um preparado medicamentoso. Toda vez que tomo a medicação vomito. Após vomitar mais uma vez, sou levado pela minha cunhada a sala em que se realizaria a colonoscopia. As dores pareceram atingir seu clímax quando eu estava aguardando o médico que iria efetuar o exame. O tempo passava e ele não chegava. Desmaio de dor.

Deitado na cama escuto a voz de minha mãe dentro do meu quarto, olho para a porta e vejo a luz intensa das luminárias envolvendo-a com um brilho glorioso. Mal distingo suas feições, mas posso senti-la chegando para postar-se a minha esquerda. Ela segura minhas mãos entre as suas e inclinando-se beija a minha testa e diz:

– Estou aqui meu filho. Você irá superar mais este obstáculo na sua vida. Te amo!

Sinto a preocupação na sua voz, e apesar de estar meio grogue, procuro me desculpar:

– Prometi e prometo mais uma vez que irei sair desta mãezinha. Te amo muito.

Após um breve silêncio pergunto aonde está meu sobrinho e ela me responde que ele foi para casa da mãe da Thálya com um de suas irmãs.

Peço auxílio a minha mãe para ir ao banheiro, pois ainda estou grogue por causa da anestesia que tomei para fazer a colonoscopia. Antes de chegar ao meu destino, vomito mais uma vez. Meu vômito exala um cheiro de fezes. As dores abdominais aumentam e parecem querer dilacerar minhas entranhas. Ao retornar para cama, minha mãe, desesperada, aciona a enfermeira.

Passado alguns minutos o médico de plantão entra no quarto com um exército de enfermeiras e diz que terei que ser entubado, pois existe a possibilidade que eu tenha uma infecção generalizada. Concordo com o seu diagnóstico. Uma enfermeira segura uma sonda e começa a inseri-la na minha narina esquerda. As dores parecem aumentar. Peço que parem e começo a me mexer. Duas enfermeiras me seguram pelos braços. Minha mãe suplica que parem de colocar a sonda. O médico diz que precisa ser feito. Minha mãe reza. O medo me faz defecar na calça. Minhas roupas são arrancadas e após ser limpo, sou deixado somente com a bata hospitalar.

Passado o sufoco da introdução da sonda em minha narina, minha mãe enxuga minhas lágrimas. Aquele corpo estranho na minha via nasal me incomoda a cada respiração que realizo. Agora é que realmente não conseguirei dormir. Era o que me faltava.

A privação do sono parece, a cada minuto que passa, desmantelar meu cérebro. Será que sobreviverei por mais um dia? Amanhã é aniversário do meu sobrinho. Tenho que lutar. Não posso morrer no dia do aniversário dele. O Coiote não merece isso, muito pouco minha mãe e meu pai. Força Wagner!

Passo a noite em claro sentindo o incômodo da sonda no meu nariz e também na minha garganta. Tenho dificuldade em respirar. Pela manhã a rotina de exames continua. Faz mais de 96 horas que estou acordado. Ao final da manhã vou até uma clínica de medicina nuclear ao lado do hospital realizar um exame radiológico que serviria para identificar o local que está sofrendo hemorragia no meu aparelho digestivo. Passo cinco horas realizando o exame que termina sendo ineficaz, pois não consegue descobrir o que pretendíamos.

Voltamos ao hospital com Thálya. Tento comer sem sucesso. Sinto meu pulso ficar acelerado. Tenho frio. A dor se intensifica. No início da noite meu médico vem me ver e se assusta com a minha palidez. Meu pai telefona para Thálya e diz que tem uma equipe médica de prontidão para cuidar de mim em São Paulo. Dr. Barbosa diz que é muito perigoso que eu faça uma viagem aérea, pois a pressão atmosférica do avião pode ser fatal no meu estado. Duas irmãs da Thályа entram no meu quarto neste momento. Começa uma convenção de que decisão deve ser tomada.

A dor fica mais aguda. Não escuto mais o que estão falando ao meu redor. Meu Ser anseia por liberdade. Não estou pronto para morrer, ainda. Minha visão se embaça e através de uma tênue névoa visualizo surgindo a minha frente uma figura toda vestida de palha da costa, carregando em sua mão um cajado do mesmo material. Reconheço aquele ente que se apresenta, é Chamakani, o "Senhor mais Velho". Ao seu lado vejo um caboclo de pele bem avermelhada. Ele dá um passo a frente e se apresenta dizendo se chamar Itaporã e que faz parte de uma falange de curandeiros do astral. Dito isso, Chamakani chega mais perto e fala mentalmente que a minha cirurgia deverá ser feita o mais rapidamente possível. Volto para o quarto escutando a voz do meu pai ao telefone perguntando qual é a minha decisão. Falo que quero ficar em Maceió para ser operado.

Tomada a decisão, sou levado as pressas para o centro cirúrgico. Flashes de luzes explodem acima de mim. Sou totalmente envolvido por uma luz esbranquiçada.

Vários rostos cor de âmbar sorriem para mim. Eles se projetam das paredes de uma caverna fétida. As rochas parecem ser de um tecido orgânico, ao colocar a mão nesta parede mucosa sinto-a como a textura de um carpete. Ao caminhar por este túnel vejo que estou pisando num líquido sanguinolento. Uma descarga elétrica atinge meu cérebro e passo a ter consciência de onde estou. Será possível? Isso não pode estar ocorrendo. Será um sonho? Não tenho dúvida. Olho mais detidamente para aquelas paredes e vejo as reentrâncias do meu intestino.

Consciente de onde estou continuo minha caminhada procurando uma luz no fim daquele túnel sem fim. O mau cheiro chega mais uma vez as minhas narinas. Sinto vontade de vomitar, mas não posso me dar o luxo de parar, tenho que continuar caminhando. De repente o túnel começa a se inclinar para baixo. Aumento os meus passos sobre aquele terreno que parece ser esponjoso. Ao chegar a um estreitamento, vejo que não tenho condições de ultrapassar aquela região pútrida. Estudo uma saída olhando detalhadamente a minha frente. O tecido que me cerca está totalmente necrosado. Ao dar mais um passo para frente sinto como se o chão fosse uma ponte apodrecida pelo tempo. Balanço. Tento me segurar, mas não consigo. Caio em câmera lenta.

Um turbilhão de luzes envoltas numa camada de pó emana uma luminosidade difusa. Tudo gira como um redemoinho no meio do Cosmo. Ouço um trovejar ao longe após o céu ser rasgado por um raio. Não tenho medo e nem dor. Sinto um imenso vazio dentro de mim. Não tenho corpo, só a minha consciência... essa navegante do Mar Universal. Vejo tudo cinza, estou sendo envolvido por uma névoa. Escuto todos os sons da natureza ao mesmo tempo. Ouço uma voz ao longe, como também o sibilar de uma serpente, o farfalhar das folhas ao vento e o rugido das profundezas da terra. Sinto um fluxo de energia pulsando em intervalos regulares. De repente uma luz surge. Meu coração volta a bater, bombeando a seiva vital que corre em minhas veias. Meu corpo de energia luminoso parece se condensar, construindo um novo corpo físico. O sangue segue sua jornada.

Acordo totalmente grogue, mas consciente de que estou na cadeira de rodas sendo empurrado por alguém. O que houve? Será que não cheguei ainda ao centro cirúrgico? Eu tinha certeza de que tinha estado lá. Ao ver o meu movimento de cabeça, minha cunhada para a cadeira, passa a mão pela minha cabeça e diz:

– Meu lindo, a cirurgia foi um sucesso.

– Mas por que eu ainda estou com esse treco dentro do meu nariz? - eu pergunto.

– Você deve ficar mais um ou dois dias com ele para evitar uma infecção generalizada.

– Isso é injusto. - retruco indignado.

Não me recordo de chegar ao quarto e dormir profundamente por três horas consecutivas. Quando acordo o dia está amanhecendo. Minha mãe está ao lado da minha cama, dormindo num sofá. Estou sem dor. Só a sonda dentro da minha narina esquerda e em contato com a minha garganta me incomoda. Minha mãe desperta quando a enfermeira entra no quarto para tirar meu sangue, mais uma vez, e sorri quando me vê acordado. No decorrer do dia ligo para meu sobrinho parabenizando-o pelo dia do seu nascimento. Brinco com ele dizendo que morri e nasci outra vez no dia do aniversário dele. Coiote ri do outro lado da linha e diz que me ama.

Ao final da tarde recebo a visita do Dr. Barbosa que diz que 12 centímetros do meu intestino delgado estavam necrosados e que por questão de segurança teve que retirar 33 centímetros. Explicou que tive uma invaginação intestinal, fato raríssimo de acontecer num adulto. Geralmente ocorre em crianças até cinco anos de idade. Disse que meu intestino estava engolindo e sendo engolido por ele próprio, tal como se fosse um telescópio. Contou ainda que tive sorte, pois assim que ele abriu o campo cirúrgico o meu intestino pulou como se fosse um couve-flor a sua frente. Concluindo me contou que se eu tivesse escolhido viajar de avião, não iria aguentar a viagem e deveria estar morto naquela hora.

Eu estava muito grato por não sentir mais aquela dor intensa e pedi ao Dr. Barbosa que me receitasse algo para que eu tivesse uma noite de sono profundo. Ele colocou no meu prontuário para que fosse aplicado valium na veia para que eu pudesse, finalmente, dormir. Mas sei lá o que aconteceu que terminei não relaxando o suficiente para cair no sono. Pelo contrário, fiquei "ligadão". Fui apanhado em um redemoinho de terror e pânico fervilhante. Eu estava a deriva, indefeso como uma espuma.

Tinha uma série de alucinações quando fechava os olhos, mas que felizmente não continuavam quando abria minhas pálpebras. Numa dessas viagens me vi em diferentes linhas cronológicas e compreendi que o tempo não avança só para frente, mas também para os lados. Me vi num plano temporal que parece ser um imenso tear cósmico de linhas cronológicas convergentes e divergentes. Cada linha era uma nova vibração e abrigava um universo distinto, como uma supercorda em uma poderosa harpa.

Perpendicular a este plano temporal, apareceu um cubo temporal, onde me vi achatado e bidimensional. Vi coisas e criaturas com escalas, profundidade e dimensões que mal podia imaginar até então. Senti uma pequena fagulha despercebida da geometria cósmica.

Após essa viagem prá lá de fantástica, tentei mais uma vez dormir, mas toda vez que fechava os olhos eu entrava num fluxo de energia com miríades de cores que me envolviam e me levavam a outros lugares que não tive a consciência de compreender o que era e muito menos onde eu me encontrava. Lembro que mais perto da manhã, entre um cochilo e outro, voltei ao casamento de um amigo celebrado no mês anterior. Toda vez que fechava os olhos durante a alvorada eu era levado ao casório e ocorriam os mesmos fatos, parecia que eu estava preso naquele tempo e voltava a ele a todo momento. Era realmente surreal.

Assim que minha mãe despertou, perguntou-me se eu havia descansado. Respondi que não e comecei a contar-lhe o que ocorreu comigo. Fomos interrompidos pela enfermeira que veio colher meu sangue. Meu braço já estava ficando arroxeado de tantos furos de agulhas. Ao final da manhã o médico veio me ver e chamou a enfermeira para retirar a sonda da minha narina esquerda. Respirei aliviado e para comemorar fui tomar um banho auxiliado pela minha mãe. Após me enxugar olhei para o espelho e vi o meu rosto barbado, o que me deixava mais abatido. Apanhei um aparelho de barbear e fiz a minha barba. Ainda no banheiro, reconheci o pisar de um tênis e ao sair encontro o meu pai colocando sua mala em cima do sofá. Ele se virá sorrindo e nos abraçamos com lágrimas nos olhos.

Maceió, 09 de janeiro de 2008.

Daqui a três dias fará um mês que fui operado. Durante todo o meu pós-operatório meus pais estiveram ao meu lado. Faz cinco dias que voltei a ficar só na minha residência. Passado o natal meu pai teve que voltar a Brasília e minha mãe com o meu sobrinho foram logo após a comemoração de ano novo. Nesse ínterim, Gavião Real veio a Maceió e passou alguns dias aqui comigo antes de ir para a casa de uns amigos na Praia do Francês. Também fui brindado com a presença de Tony que veio do Rio visitar sua mãe e sabendo do que se passou comigo se predispôs a realizar uma roda de cura para mim.

Ainda estou sentindo os efeitos do trabalho de cura com tambores de ontem à noite, quando Tony esteve aqui juntamente com Gavião Real e realizaram uma série de cânticos e rezas para o meu restabelecimento. Foi maravilhoso ver meus dois irmãos de caminho trabalhando xamanicamente juntos. Senti-me tão fortalecido que também entoei o Oh Ti Oh Nee durante a roda de cura. Ao final do trabalho agradeci aos dois que seguiram viagem no dia de hoje.

Acordei pensando na minha irmã Tanka, que seguiu para o outro lado do rio dos espíritos em 2005 em asas de águia. Lembro-me que foi ela que me apresentou o Tony pessoalmente, seis anos atrás. Ela era uma curandeira com uma percepção muito acurada, carregava dentro de si uma sabedoria firme e serena e era extremamente solícita e atenciosa. Foi uma pena ela ter seguido sua própria jornada, mas certamente deixou um lindo legado a todos aqueles que tiveram a oportunidade de conhecê-la. Um dia ela pousou por perto e agradeci. Hoje também agradeço, por ter cruzado silenciosamente meu caminho.

Durante o último mês a minha centelha esteve fraca, mas agora voltou a bruxulear intensamente. Sei que tenho muito a (re)aprender até "retornar" para casa. É uma bênção sentir-se tocado amorosamente e sentir-se amorosamente Vivo. Não tenho a mínima ideia por onde estou indo, mas tenho certeza que é para onde quero e necessito ir.

Às vezes temos pressa, esquecemos o que realmente importa e ainda não é chegada a nossa hora... então, nosso sábio corpo obrigatoriamente para por nós. E quanto mais brusca e dolorosa a parada, maior é o "puxão de orelha" e a chamada à consciência. O que é muito bom para colocarmos nossas prioridades nos devidos lugares... tempo para ajustar nossa caminhada, mudar o rumo, tempo para refletir sobre nossas ilusões, frutos de nossas carências, que insistimos em criar e idealizar, e lá nos perdemos. Tempo também para lembrarmo-nos de nossa impermanência, responsabilidade conosco, com nossas escolhas e aprender a desapegar-nos.

Essa patologia que aconteceu comigo trouxe uma lição. Meu intestino comeu a si próprio, tal como a Uruboros que o faz para se perpetuar. A vida engajada no processo de alimentar-se. Vida comendo vida. Dizem que todo o Xamã tem uma parte a menos do seu corpo, a minha é o intestino... que ainda é funcional. Não posso me espantar com as obras do Grande Espírito, ele é mais Infinito do que ouso supor... mas uma coisa é certa, sabe mandar um recado expresso como ninguém.. que não deixa nenhuma dúvida.

Sempre vivi "fazendo das tripas coração", mas creio que não precisava levar tão "a ferro e fogo". Já estive com a morte inúmeras vezes, mas não era a mim que ela chamava, não "ouvi" sua voz, só senti sua presença, rondando sutilmente. Não senti medo... sabia que era ela... até tentei lutar, enganá-la, despistá-la... mas ela é sábia e paciente. Sabemos muito pouco do mistério de viver. A morte nos ensina que somos seres solitários e somos pó. A nossa experiência e aprendizado aqui neste tempo-espaço não pode ser dividido, minimizado, alterado, nem negociado... só pode ser vivido... plenamente.

Além das experiências de quase morte anteriormente, me recordo da primeira vez que a vi em sua face mais cruel. Isso ocorreu em 1992 quando estava hospedado na casa de uns amigos em Milão, na Itália, e num determinado dia fui convidado pelo pai deles para ir até a Croácia. Recordo de comentar se não era perigoso, pois o país estava em guerra. Ele me respondeu que junto dele não haveria perigo algum. Achei estranha sua resposta, mas mesmo assim me aventurei em acompanhá-lo e foi lá que vi a morte pela primeira vez.

Ver centenas de corpos jogados a beira da estrada com aves de rapinas e outros animais se alimentando deles foi chocante. O cheiro era horripilante. Mais chocante foi saber que o pai dos meus amigos era um "Senhor da Guerra", um representante oficial do governo norte-americano de vendas de armas e que após negociar com os croatas, atravessou a fronteira e foi de encontro aos bósnios. Aquilo me deixou chocado durante meses e a partir dali passei a dar maior valor a vida.

Após todo o meu processo de morte e renascimento, passei a me sentir fragilizado, cheio de questões e assombros. Procuro respostas, o entendimento do porque de tudo que ocorreu comigo. A medicina não consegue explicar como uma crise aguda deste tipo me atingiu, na minha idade. Aprendi no xamanismo que evitar a morte não é o objetivo do Xamã. Tanto a doença quanto a cura são questões espirituais. A perda da alma é muito pior do que morrer. A cura dentro do xamanismo visa nutrir, preservar e protegê-la de vagar eternamente.

Para que tenha ocorrido isso comigo, creio eu que tenha perdido o meu poder pessoal. Terei que recuperá-lo pois só assim estarei realmente curado. Desenvolvendo-me espiritualmente estarei em harmonia e consequentemente terei saúde. Tenho que voltar a me comunicar com os seres da natureza e do Universo. Irei buscar todas as experiências da Criação e vivenciá-las, sentindo sua textura e seus inúmeros significados. Tenho consciência de que não existe diferença entre a vida e a morte. Irei expandir-me para além do estado xamânico de consciência e experimentar os sussurros e vibrações do Infinito.

Só que também tenho que olhar pelo meu corpo físico.

Analisando friamente todo a minha situação, a desarmonia do meu primeiro chacra, o básico... a minha sobrevivência como corpo físico me ensinou que não posso viver acessando unicamente os mundos além da matéria, pois isso tem um custo, e talvez tenha me esquecido que uma das minhas missões por aqui seja a de experenciar o corpo físico e aprender com ele. Não somos só um corpo energético que transita por diversos níveis, para isso necessitamos de força, estabilidade... creio que estou neste espaço-tempo por essa razão. Não adianta querer transcender senão sei lidar com o que é mais básico. Preciso estar presente, sentir na carne... ter o pé no chão, sentindo segurança e equilíbrio físico, emocional e espiritual. Não um de cada vez, mas todos simultaneamente.

Como fazer isso?

Preciso recuperar minha conexão com meu corpo... estive longe dele... Além de recuperar o poder que perdi entre meu estado anterior e este em que me encontro. Certa vez alguém me disse que: "É das cinzas da dor que se encontra a centelha do fogo para um renascer". E é deste pó que a fênix ressurge... transmutei, tenho que aprender sobre o novo Wagner. Terei que ter paciência com os meus limites e fragilidades, pedindo auxílio quando sentir minhas pernas fraquejarem. Tenho amigos que velam por mim, meus guardiões, tenho que me entregar... não como um cordeiro esperando o abate, mas como um guerreiro que sou... entrego-me lutando.

Tenho que seguir adiante e perseguir o que desejo para minha vida. A Senhora do Destino não vai fazer o trabalho por mim, vai "trabalhar" comigo. Sou responsável pela minha vida e minhas escolhas. Porém não adianta ir para frente, para trás, para os lados, acima ou abaixo, senão olhar para dentro do meu próprio Ser, pois só assim poderei realmente despertar minha alma e ter acesso ao conhecimento do Universo. Ou seja, quando eu estiver realmente pronto poderei me transformar no que realmente desejo Ser e encontrar a iluminação necessária para ter uma Vida Plena.

Não se cuida do outro e do mundo sem se cuidar de si. Isso é fato. É um dos aprendizados mais difíceis dessa vida. Ela nos reserva obstáculos, dores e outras intempéries. Infelizmente ainda não aprendemos a evoluir de outra forma. Mas também nos reserva a poesia divina de estar vivo, de estar aqui e agora, de ser capaz de conscientemente ser uno novamente... deixando a alma falar.

Tive a oportunidade de "renascer", literalmente, sob a luz da lua cheia. Isso é prenúncio de bons ventos. Que a bênção do Grande Mistério me envolva, proteja e guie.

Apu Ausangate

Insiste no caminho que leva à montanha, mas não pergunta a nenhum homem onde fica o caminho: apenas segue teu Guia, que se apresentará e te encontrará a caminho...
Esse Guia te levará à montanha a meia-noite, quando tudo estiver silencioso e escuro. É necessário que te armes de uma coragem decidida e heróica, para que não temas as coisas que te acontecerão, e com isso recuar.
EUGENIUS PHILALETHES

Quatro meses depois de ter feito das tripas coração voltei a realizar minhas caminhadas pelo condomínio que morava. Paulatinamente a minha saúde ia melhorando, mas eu não queria voltar a praticar musculação na academia, mesmo com a liberação do médico. Cada dia eu aumentava um pouco mais o meu trajeto, mas nada que me fizesse sentir realmente cansado. Numa bela tarde no fim de abril resolvi me embrenhar pelos bambuzais que havia no fundo do residencial que moro e segui por uma pequena trilha de terra até um pequeno riacho. Chegando lá me recostei numa árvore e fiquei apreciando a natureza.

No meu campo de visão pude ver um gavião voando em minha direção. Fechando suas asas, ele pousou num galho próximo, vibrando o ar a nossa volta. Num voo rápido e baixo seguiu rumo ao oeste. Levantando-me o segui em passadas hipnóticas até um ninho entre galhos secos e folhas verdes. Ele, à mostra, deixou que eu, num misto de surpresa, incredulidade e comoção, o observasse enquanto "trabalhava" calmamente com o bico. Um barulho no sentido oposto desviou minha atenção e não mais o vi. De repente, enquanto as nuvens no céu tingiam-se de cinza, o vento me falou que uma tempestade se aproximava.

Retornei ao meu caminho, agora com o coração em batidas descompassadas na cadência de grossos pingos de chuva que manchavam o chão. Chuva intensa, ventania. Nos olhos e na alma, uma pequena inquietação. Sussurro ancestral na pele. O céu em prantos pedia uma oferenda enquanto derramava bênçãos. Purificação.

Em casa, meia hora depois, nu em penas, pés descalços no chão e asas no lugar dos braços, misturando-me às poças refletidas, entreguei-me num voo cego à "Água da Vida" entre as folhagens e galhos salpicados de tarde, e envolvido pelo aroma de hortelã e pelo toque da árvore da felicidade. E então, após o "batismo", de joelhos, com as mãos postas no peito e com o corpo ungido e vestido somente de pura chuva e agora abençoado pelas marcas da Mãe Terra, agradeci.

Dias depois das bênçãos que recebi da Mãe Natureza, fui para frente do computador escrever para Marco, meu amigo e irmão andino, para saber se ele teria alguns dias livres no início de julho para podermos fazer uma jornada ao *Apu Ausangate*, a montanha sagrada do povo *Q'ero*. Imediatamente ele me respondeu dizendo que seria um prazer e para minha surpresa, escreveu que Mama Julia estava ao lado dele quando leu minha mensagem e que ela disse que me aguardava em *Ollantaytambo* para que eu concluísse os meus ritos iniciáticos, juntamente com Marco. Após ler sua resposta liguei para a companhia aérea e comprei uma passagem para o dia 8 de julho.

Uma rajada de vento atingiu minha face quando desci do avião no Aeroporto Alejandro Velasco Astete em *Cusco*. Marco me aguardava no estacionamento. Após nos abraçarmos emocionados seguimos para *Ollanta* para nos encontrar com Mama Julia em seu hotel. Ela assustou-se ao me ver muito mais magro que no ano anterior. Contei-lhe da agonia pela qual passei e da minha cirurgia no final de 2007. Mamita disse que nos dois dias que passaria com ela, iria mandar preparar uma dieta serrana especial para mim. Agradeci e fui descansar no quarto que estava designado para o Marco e eu.

No início da noite, depois de tomar um longo banho, fui me reunir ao Marco e Mama Julia no refeitório do *Munay Tika*, levando a tiracolo dois exemplares do meu livro, "Caminhando com os ventos", para presenteá

-los. Os dois se emocionaram ao saber que eu tinha finalmente conseguido editá-lo e que eles estavam presentes no mesmo. Durante o jantar Mamita disse que na manhã seguinte nós iríamos subir o *Cerro Pinkuylluna* onde seríamos iniciados nos últimos ritos da Tradição Iniciática Nativa dos Andes, que iria nos preparar para uma nova fase de transformação universal visando a nos tornarmos "seres luminosos".

Acordamos às cinco horas, com o céu completamente envolvido pela escuridão da madrugada. Nosso desjejum foi composto de uma panqueca de banana com geléia e um mate de coca "caliente". O frio era intenso, por essa razão me agasalhei dos pés a cabeça. Marco vendo o quanto eu tiritava de frio, tirou da sua mochila uma balaclava que só deixava os olhos de fora e me emprestou. Ao sair do hotel cruzamos a *Plaza de Armas* de *Ollantaytambo* e entramos na rua de canal de água que nos levaria até o pé do *Pinkuylluna.*

Caminhamos lentamente em companhia do vento frio por 20 minutos até chegarmos ao *Qollca*, um local de depósito de comidas utilizado pelos *Inkas*. Lá chegando Mama Julia saúda os Quatro Ventos, a *Pachamama* e *Wiracocha*, abrindo o espaço sagrado. Depois todos nós abrimos o nosso campo de energia luminoso.

Mamita pede que eu tire a balaclava e deite do seu lado esquerdo e Marco do direito. Ela explica que o rito iniciático pelo qual passaremos irá nos ligar aos Guardiões da Terra, com a linhagem das Tribos-Pássaros, que cuidam de todas as formas de vida do nosso Sistema Solar, trazendo equilíbrio e cura em qualquer situação.

Ela toca suavemente um sino de bronze dando início à cerimônia iniciática. Sinto o calor das suas mãos vibrando pelo meu corpo e ao mesmo tempo consigo visualizar no meu campo mental uma forma humana alada de mais ou menos três metros de altura. Ele esta conectado com as estrelas e com o sol. Neste momento Mama Julia diz que estes seres que estamos vendo são os Guardiões da Terra e que sempre que necessitarmos basta invocá-los mentalmente que eles virão nos auxiliar com suas energias.

Em seguida ela derrama um pouco de água florida sobre nós e diz que iniciará o segundo rito daquele dia, o dos Guardiões das Estrelas, que irá nos ancorar com o tempo que virá depois da grande transformação que ocorrerá nas próximas décadas, inclusive nos tornará mais resistentes a doenças a que antes éramos vulneráveis.

Apesar de continuar com os olhos fechados sinto o calor da mão de Mama Julia quando ela a passa pelo meu primeiro chacra, depois no segundo e terceiro. Após um breve lapso de tempo sinto um formigamento energético no meu quarto chacra, no quinto, sexto e sétimo. Em seguida ela assopra com um hálito quente todos os chacras. Finalizado meu rito ela faz o mesmo procedimento nos vórtices de energia do Marco.

Os primeiros raios de sol iluminam a cidade de *Ollantaytambo* quando deixamos o *Qollca* e seguimos na direção de uma ruína acima da imagem esculpida na pedra do *Wiracocha Orcco*. Após uma série de exercícios respiratórios Mamita explicou que o próximo rito no qual seríamos iniciados despertaria a nossa natureza divina, fortalecendo e energizando a nossa conexão com a Fonte, *Pachacamac*, ajudando-nos a compreender a nossa natureza transcendente. Ao mantermos contato com o Criador do Universo passaremos a sentir um fluxo luminoso passando através de nós que nos auxiliará a criar a harmonia aonde quer que estejamos.

Marco e eu sentamos numa mureta *inka* e fechamos nossos olhos. Mama Julia se posicionou atrás de nós e depois de algum tempo senti suas mãos sobre o meu ombro. Escutei-a dando a volta e ficando a minha frente. Em seguida senti um vórtice energético sendo ativado na altura do meu plexo solar, se estendendo ao meu coração e até a altura do terceiro olho. Logo depois ela puxou minha cabeça de encontro a sua e encostamos nossas testas. Senti um turbilhão energético sendo transferido neste momento. Depois ela colocou uma pedra arredondada entre minhas mãos e soprou-as com o hálito quente por três vezes.

Após fazer o mesmo procedimento no Marco, *Mamita* disse:

– Este rito despertará em vocês a habilidade de sonhar e de manifestar toda a criação. Vocês transformar-se-ão nos criadores dos mitos, os narradores das histórias. Esta pedra que dei a vocês representa o poder e a habilidade de transformá-los num canal entre o mundo visível e o invisível. A pedra é uma representação e uma chave da matriz hiperdimensional do Universo.

Olhando para pedra em minhas mãos pude ver que além de arredondada, ela tinha um furo no meio. Parecia um *donut*. Analisando-a detalhadamente pude ver que parecia ser um meteorito.

– A pedra também representa nosso corpo de energia luminoso - continuou Mama Julia, – que é a matriz do nosso ser físico, emocional e espiritual. Quando este tipo de pedra caiu das estrelas, muitas pessoas não sabiam como utilizá-las. Porém os *Laykas* sabiam que elas são portais ou janelas para outras dimensões, mas também sabiam que são simples pedras. Vocês são os portais, assim como as pedras. Quando vocês se transformam num ponto de acesso a matriz hiperdimensional da Criação seus campos de energia luminosos deixam de estar limitados pelo tempo e espaço. Não estão mais sujeitos ao passado, a eventos da infância ou de uma vida anterior, já não são mais resultado dos genes de seus pais. E sim o produto e resultado de seus futuros e destinos.

Após uma breve pausa falou:

– Os véus dos mundos estão começando a abrir-se para nós. O mundo espiritual não está mais separado do material. A conexão entre os mundos a cada dia fica mais tangível, tanto assim, que os seres luminosos da linhagem que trabalha conosco estão se revelando à maioria dos Guardiões da Terra sem se importarem com a nacionalidade ou tradição. Trabalhem com o Guardião que está facilitando este processo para vocês. Nós não somos a nossa História e sim aquele Ser em que estamos nos convertendo. Nós somos instrumentos da Paz, os agentes da transformação. Vocês agora são representantes da *Tradícion Iniciatica Nativa Andina* e tem como missão compartilhar estes ensinamentos ancestrais com outras pessoas.

Dito isso nos convidou para voltarmos ao hotel, pois o seu filho Alan nos aguardava para irmos até sua propriedade em *Rumira*, onde iríamos participar de um *pachamanca*, um churrasco em que, basicamente, se cozinham carnes e vegetais sobre pedras quentes em um buraco no chão. Entre os pratos preparados por Alan estavam: *Chicharrón* (porco frito com hortelã, cebolas e milho), *lomo saltado* (tiras de carnes com batatas fritas, cebolas e tomates) e *steak* de alpaca. Ainda saboreei um *rocoto relleno* (pimentões picantes recheados). Conversando com Alan, mais tarde, disse que ele deveria abrir um restaurante. Ele respondeu que pretendia fazê-lo brevemente.

Comemos tanto durante aquela tarde que a noite apenas *forrei* meu estômago com uma sopa de *quinoa*. Bem que Mama Julia havia me avisado de que eu iria ter uma dieta especial.

Na manhã seguinte visitei mais uma vez o Santuário Arqueológico de *Ollanta* e no período da tarde fui até o Museu CATCCO (Centro Andino de Tecnologia e Cultura das Comunidades de *Ollantaytambo*), onde vi uma série de exposições sobre artesanato, arqueologia, cultura e costumes locais. Ao retornar ao Hotel encontrei com Marco que me disse que estava tudo certo para nossa jornada do dia seguinte até o povoado dos *Q'ero*.

Antes de dormir me despedi de Mama Julia, pois iríamos deixar a cidade bem cedo. Agradeci mais uma vez pela estadia e prometi voltar o mais rápido possível.

O povoado *Q'ero* fica ao nordeste da província de *Paucartambo*, no departamento de Cusco, atrás das vertentes da cordilheira oriental da cadeia do *Wilcanota* chegando até as proximidades do departamento de *Madre Dios*. A primeira vez que lá estive subimos pela zona de *Ocongate*, na província de *Quispicanchis*. Porém a zona mais conhecida da região é a de *Paucartambo*.

Assim que chegamos em *Ocongate*, escolhemos os animais de montaria e carga, e encontramos com Don Nazário Quispe, que nos levaria até o povoado *Q'ero*. Passamos a noite num povoado abaixo da falda[4] e próximo a Montanha Sagrada de *Ausangate*, de presença imponente que se ergue até as nuvens.

Partimos muito cedo, tendo o frio próprio das grandes alturas a nos acompanhar. Seguimos uma trilha em forma de ferradura que leva ao nordeste da cadeia de vales e *punas* que cercam as montanhas nevadas vizinhas do *Ausangate*. Passamos pelos vilarejos de *Kcarhuayoc* e *Kcapana*, cada vez mais próximo dos nevados. Durante a jornada foi necessário alternarmos caminhada e cavalgada.

Atravessamos planaltos, vales altos, charmosos e pitorescos, pontilhado por *astanas* (cabanas) que geralmente são habitadas por ovelhas,

4. Base, sopé.

alpacas e lhamas. Rebanhos destes animais se encontram por quase todos os montes ou quebradas e são reunidos pelos nativos.

As paisagens bucólicas são de uma beleza fantástica. Podíamos ver pequenas cabanas, mas quase não víamos seus habitantes. Um céu claro, sempre azul e profundo, se abre extenso e limpo durante algumas horas do dia, mas muda subitamente a cada vez que ventos fortes e nuvens se acumulam e se movem, envolvendo os altos picos das cordilheiras. Nestas alturas não estamos seguros, pois devido às inúmeras mudanças de atmosfera podem ocorrer tempestades com ventos gelados, chuva, granizos, além dos efeitos do ar rarefeito. Temos que estar preparados para tudo isso.

Ao final da tarde começamos a realizar uma subida cada vez mais íngreme e escura. O lento trotar dos cavalos nos dirigia até um estreito desfiladeiro. Ao cair da tarde uma persistente garoa resolveu nos acompanhar. Nas últimas quebradas[5] as sombras da noite começaram a nos envolver. Por fim, chegamos a divisar a imponente figura do pico, brilhante e branco de um nevado, apesar da escuridão da noite. Era *Yanaricu*, Mirador Negro, cuja falda se extendia próxima a uma comunidade chamada *Anccasi*. Depois de mais de onze horas de viagem chegamos a um povoado a 4.900 metros de altura. O silêncio deste lugar e o frio penetrante acompanhavam a noite.

Despertamos pela manhã com os sons das alpacas, lhamas e ovelhas daquela pequena comunidade. No céu transparente e banhado pelos raios do sol voavam águias e condores. Logo em seguida o tempo virou e fechou completamente. Esperamos o tempo clarear para que pudessemos fazer o percurso mais importante da nossa jornada, para ultrapassarmos as grandes alturas e entrar em contato com o povoado dos *Q'eros*. Durante o trajeto fomos surpreendidos por geadas e nevascas andinas. O caminho é percorrido com lentidão e sempre por quebradas cerradas; subindo por colinas cada vez mais perigosas.

Subimos cada vez mais alto, vendo pequenos córregos que descem dos nevados. A caminhada é lenta e a subida constante nos deixa cada vez mais próximo dos altos morros que se convertem em montanhas rochosas e escuras, salpicadas de neve branco-azulada. Existe um lago pequeno que

5. Termo utilizado em caminhadas que pode significar desde curvas até ravinas.

rodeia a vizinhança dos nevados. Com pequenos descansos e paradas de trecho em trecho, avançamos a vontade e no ritmo dos animais de carga, e às vezes a pé, para não cansar os cavalos.

A falta de oxigênio é notória, até os animais se põem a resistir a caminhada. A fadiga é evidente à medida que subimos. Perto das elevações, a paisagem se vai abrindo, às nossas costas deixamos o vale e quebradas, para os picos e falésias andinas em tons escuros revestidos de um manto de neve formidáveis. Rochas enormes se lançam cortante no céu azul.

Estamos passando os 5.600 metros de altura. Abaixo, vão ficando os morros que circulam a cordilheira, os vales e cabanas distantes fazem da paisagem um verdadeiro espetáculo, uma tela de cinema gigante se abre a nossa vista dominada pelo *Apu Ausangate*; que se destaca entre nuvens ao fundo e estendendo-se para trás ao longo da cadeia andina em um desfile charmoso de brancos, azuis e cinzas metálicos.

Estamos nos aproximando da parte mais alta de nossa jornada e quase ao alcance das mãos surge um espaço aberto que mostra o nosso caminho e depois desaparece. Nessa altitude, olhando para todos os lados temos uma visão simplesmente colossal. As rochas e falésias que estão ao nosso redor vestem-se de neves transparentes e cristalinas. São lindas!

Temos que suportar o cansaço, a fadiga e a falta de oxigênio destas alturas. Masco coca. Os cavalos e mulas resistem a continuar caminhando. Por vezes colocam seus focinhos em poças de água fingindo beberem. A constante mudança de ar rarefeito e de atmosfera atrai e subjuga.

O silêncio reinante nestas paisagens e o espetáculo dos picos nevados convidam a meditação e a arte. Ninguém pode ficar insensível a estes lugares.

No horizonte podemos ver o fundo azul anil com nuvens brancas e algumas escuras e mais uma vez somos agraciados com os voos de condores e águias ao redor dos picos nevados. Abaixo, rebanhos de *vicuñas*, tal como manchas, se movem ligeiramente.

Passada a parte mais alta da nossa jornada começamos a descer lentamente. Pouco tempos depois de começar a descida, percebemos as notas e sons de *quenas*[6] que não podemos localizar. Nosso percurso final é acom-

6. Instrumento musical de sopro, muito comum nos Andes.

panhado pelas notas musicais que vem e vão com a brisa. Pouco a pouco, nos sentimos mais perto do som melodioso e finalmente vemos os pastores *Q'eros* descendo das montanhas rochosas e vindo ao nosso encontro.

Chegamos por volta de três da tarde em *Choa Choa*. Descarregamos os animais e os colocamos para descansar. O guia do lugar nos mostra ao longe um condor imóvel numa rocha elevada do nevado a nossa frente, se confundindo com as rochas escuras. Esta visão é mais um espetáculo dos Andes.

A ansiedade, o cansaço e o frio não diminuem nossa imensa alegria ao contemplar a paisagem destas alturas. Este momento, que dura pouco tempo, será duradouro em nossas memórias. O silêncio, o frio, os raios do sol, são únicos.

A comunidade de *Choa Choa* é um conjunto de 30 cabanas entre as ladeiras e morros do nevado. Ao nordeste podemos observar nuvens e uma neblina acinzentada que corresponde a selva de *Puerto Maldonado* em *Madre Dios*. Daquele lugar podíamos divisar na paisagem rios e cachoeiras que brilham como prata.

As nuvens coloridas de tarde e a noite fazem parte de uma paisagem de tirar o fôlego. Raios e meteoritos cruzam o céu. As cabanas, que ao olhar de longe parecem suspensas nas encostas, são rodeadas de pedras semicirculares abrigando as lhamas, alpacas e ovelhas das famílias.

Durante a noite fomos mimados pelas famílias que traziam batatas e sopas quentes.

O amanhecer é um verdadeiro espetáculo nesta época do ano; junto com as congelantes temperaturas matinais, a geada, o gelo e a neve estão por todas as partes. As cabanas silenciosas e esfumaçadas configuram com as colinas e morros uma harmonia serrana tipicamente andina. As lhamas, alpacas e ovelhas, que dormem enroscadas nos currais circulares, bocejam e roem seus alimentos exalando vapores de fumaça de seus largos focinhos e bocas.

De *Choa Choa* descemos por uma trilha pedregosa e estreita que afunda em uma quebrada cada vez mais baixa. Há trechos do caminho que por serem tão estreitos e perigosos, fazem com que desçamos dos cavalos e puxemos suas rédeas. Cruzamos grandes precipícios estreitos. Os riachos e o rio principal dos *Q'eros* nos acompanham ao longo das quebradas da descida.

A vegetação é cada vez mais alta e conseguimos respirar melhor. Nestas encostas podemos ver rochas de cores intensas: cobre, alaranjado, cinzas e verdes azulados que conferem um aspecto metálico ao conjunto da paisagem. O caminho é escorregadio e cada vez mais fechado entre as altas nuvens.

Às quatro da tarde estamos próximos de *Hatun Q'ero* e podemos divisar algumas casas nas colinas da encosta. À medida que nos aproximamos, podemos distinguir as cabanas distribuídas na colina, mostrando ao fundo um vasto e gigante horizonte.

A cadeia de picos altos se desenha entre a nebulosa visão de um entardecer ouro alaranjado e tons acinzentados brilhantes.

O povoado principal se encontra a 3.500 metros de altura e o clima é temperado e úmido com uma constante neblina. A vegetação que sobe o vale rodeia toda a ravina. O vilarejo fica em um monte com uma ampla varanda.

As rochas de um gigantesco penhasco se levantam à frente e a direita, o *Anka Huachana*, ninho de águia. São cortinas de pedras que parecem um monumento de rocha escarpada e perpendicular.

A vila tem mais de setenta habitações construídas com pedras, terra e telhados de palha. O interior das habitações fica abaixo do nível do solo. O piso é coberto de palhas e peles. As camas e mesas são colocadas em cima de colunas de pedra.

Os *Q'eros* são simples e sensíveis. Interessam-se muito pela pessoa com quem fazem amizade. Também são curiosos e adoram observar as atitudes dos que os visitam.

A neblina que vem da selva aumenta constantemente, envolvendo o planalto e as colinas que rodeiam o *Hatun Q'ero*. Uma visão deslumbrante pelas manhãs, que se desenvolve em cores impressionantes ao meio-dia até alcançar as nuances mais enigmáticas ao entardecer, e as figuras dos *Q'eros* com seus ponchos quase negros dão uma especial sensação de mistério.

À noite Marco me chamou para participar de um *Despacho* para o *Apu Ausangate* com Don Nazário e outros líderes espirituais do povoado. Ao final da cerimônia, os *Paq'os*, sacerdotes, passaram o embrulho da oferenda pelo nosso corpo enquanto seguravamos nossas *Mesas* junto ao peito. Depois caminhamos até uma pequena fogueira e após as saudações aos *Apus* queimamos a oferenda para os Espíritos da Montanha Sagrada dos *Q'eros*.

Acordei bem cedo na manhã seguinte e resolvi caminhar até um antigo sítio sagrado que fica a poucos quilômetros atrás do povoado de *Hatun Q'ero*. Quando estava passando por uma colina íngreme, seguindo uma estreita trilha entrecortada, tive uma impressionante surpresa.

A neblina da manhã cobria a visão. Perto de uma pequena garganta, avançava lentamente, agachado com as mãos entre as rochas, quando de repente uma pedra deslizou e rolou. Subitamente um Condor voou. O vi realizando seu voo fugaz por cima. Com as asas estendidas virou a cabeça olhando para onde eu estava e se perdeu rumo ao horizonte. Absorto por este momento permaneci imóvel por instantes. Segui o seu curso até que se perdeu de vista entre os picos das montanhas, como um ponto negro no céu. Foi tão surpreendente e rápido que não pude fazer nada, senão contemplar. Tanto eu quanto o Condor fomos surpreendidos, um por um intruso e o outro por um zeloso vigia.

Ao voltar para o povoado narrei o encontro para Marco.

Iniciamos nosso regresso atravessando grandes alturas mais uma vez. Seguimos o caminho que nos levou a *Yahuar Cancha*, campo de sangue. Uma comunidade encravada numa montanha e que serve de passagem para os picos nevados. Caminhamos por trilhas pedregosas e em forma de zigue-zague, ganhamos mais altura na companhia do silencioso Don Nazário.

Yahuar Cancha consiste num lindo conjunto de choças que domina as encostas dos morros. Somos muito bem recebidos pela comunidade que nos oferece uma cabana, onde recebemos visitas de vizinhos que nos levam alimentos e cobertores. A conversa e a comida se estendem até altas horas da noite.

Na manhã seguinte seguimos até *Ancassi* e nos despedimos de Don Nazário. De lá programamos nosso regresso até *Ocongate*. Escolhemos a rota mais próxima de *Ausangate*, perto do santuário de *Kcoillo Ritti*, estrela congelada.

Partimos muito cedo. Caminhamos por grandes elevações rochosas numa trilha estreita e em forma de zigue-zague. Ao meio-dia fazia um forte calor, o sol brilhante derretia a neve dos picos.

Caminhando através de sendas, com faixas de neve e terrenos limpos com rochas negras, vimos lindas paisagens durante o percurso. Buscávamos visualizar rebanhos de alpacas e lhamas, assim como as velozes *vicuñas*. A persistência de chuva, neve e lama havia apagado a trilha que antes podíamos ver e seguir. Mesmo assim seguimos adiante, até vermos que as pegadas haviam sido apagadas com a caída constante de neve.

Terminamos nos extraviando do caminho e à medida que o tempo passava ia escurecendo. Depois de algum tempo decidimos seguir o curso de um riacho. Calculávamos que este podia nos conduzir até uma cabana ou vilarejo mais abaixo.

Vimos que estávamos perdidos e, com os últimos raios de sol na quebrada cada vez mais fechada e escura, seguimos caminhando pelas colinas rochosas. A noite estrelada nos acompanhava; um rio claro e cristalino nos seguia desde cima. Descemos como gatos, e às vezes pulávamos algumas rochas para ganhar terreno. Cansados decidimos passar a noite na parte mais fechada da quebrada, quando a escuridão nos cobriu rapidamente. A noite estava fria e silenciosa. Teríamos que suportá-la da melhor maneira possível. O medo e o frio penetrante se apoderavam de nós. Devíamos manter a calma a qualquer custo.

Os segundos e minutos se faziam intermináveis. Dormimos em intervalos curtos pelo temor, o cansaço e o frio horripilante. Levantávamos constantemente para exercitar nosso corpo, manter a temperatura e a circulação sanguínea em funcionamento. Ao longe escutavámos o ruído de uma nevasca. Neste momento senti o vento gelado bater no meu rosto, aumentando o calafrio e o medo. Marco me tranquilizou dizendo que naquele local estávamos protegidos.

Os picos nevados das montanhas diante de nossos olhos e acima de nós eram mais brilhantes na sombra da noite. Estavam rodeados de estrelas e nuvens que com o pano de fundo da escuridão pareciam com visões charmosas e misteriosas. Trancados e rodeados por neve e rochas, que na escuridão da noite assemelhavam-se a lençóis ou fantasmas enormes, víamos relâmpagos ao longe. Tivemos sorte de que não chovia e muito menos caía tempestade de neve. Apenas chuviscava e algumas pequenas pedras de granizo caiam diante de nosso temor e desespero. Nosso maior medo era de que ocorresse uma tempestade. Uma vigília forçada nos manteve despertos e em suspense.

Conversando e contando piadas nervosas, passamos as horas. A noite era desesperadora. Outro receio era que nevara no cume e que o riacho que passava ao nosso redor transbordasse e nos arrastasse numa avalanche, fazendo com que repousassemos para sempre sobre a neve do *Ausangate*. Tampouco descartamos o perigo de contrairmos uma pneumonia. O frio era cada vez mais insuportável. O ar seco dificultava a nossa respiração. Bebiamos constantemente a água de nossos cantis para evitar a desitratação. Acima, o céu aberto sustentado pelos picos coberto de neves era como um toldo enorme, que contemplávamos temerosos.

A claridade do céu e dos cumes, assim como as tênues sombras nas rochas que nos rodeavam indicavam que entre 4h e 4h30 da madrugada o dia amanhecia lentamente, atendendo nosso desejo. Quando a luz entrou na quebrada em que estávamos, começamos a ver como sairíamos dali. Antes, porém, massageei freneticamente meus pés e mãos que pareciam estar congelados. Só caminhei quando pude senti-los de novo.

Durante toda noite eu havia solicitado a energia do Puma para que pudesse suportar a altitude e o terrível frio, pois só os meus agasalhos não eram suficientes. Creio que foi devido a isso que pude sobreviver a essa tremenda experiência de passar a noite entre os picos nevados dos Andes com a temperatura que chegou a -20°C. Depois de fazer exercícios e flexões para nos aquecer, subimos as rochas até chegar a encosta da montanha. À medida que caminhava minha fome aumentava. Meu estômago parecia estar nas costas. Não havíamos nos alimentado desde as 10 horas da manhã do dia anterior. Felizmente o dia havia amanhecido claro. Assim pudemos seguir até uma planície de neve. Depois de cinco horas de caminhada, encontramos uma quebrada com rebanhos de alpacas e lhamas.

Apressamos o passo ao mesmo tempo em que gritávamos para sermos ouvidos. Um pastor se aproximou temeroso e desconfiado. Após nos oferecer água e compartilhar conosco um pão, ele nos indicou a trilha que nos levaria até o povoado de *Pampacancha*, próximo a rodovia. Caminhamos todo resto do dia até chegar ao povoado e continuar de carro a *Ocongate*. Chegamos extenuados e famélicos, e prontamente fomos alimentados e examinados por um médico no posto de saúde.

Já no dia seguinte, em Cusco, decidi tirar uns dias de descanso e recuperação, antes de retornar ao Brasil.

Volta ao útero

O nosso propósito como seres espirituais é seguir nossa felicidade, realizar as nossas paixões e viver a nossa vida como inspiração para nós e para os outros. Tudo o mais flui a partir daí. Quando encontramos inspiração, precisamos agir por nós mesmos e pela nossa comunidade. Mesmo que isso signifique fazer uma escolha difícil, ou nos desprender de algo e deixá-lo para o passado.

Aron Ralston

Depois de minha jornada ao *Ausangate*, comecei a sentir uma necessidade de voltar ao seio da minha família em Brasília. Há quase onze anos que eu deixara a terra vermelha do cerrado e adotara Maceió como minha morada, mas, mesmo rodeado de amigos por lá, ainda me sentia um estranho no ninho. Apesar de ser um andarilho, nunca gostei de mudanças. Mas sei que a vida não é imutável. Não temos que seguir o mesmo trilho até o fim. A Senhora do Destino tem muito mais imaginação do que nós. Geralmente quando nos julgamos num beco sem saída, quando chegamos ao ápice do desespero, vem um vento e tudo muda, nos levando a viver uma vida nova.

Lembro que certa vez Mama Julia disse:

– Quando você se encontrar numa encruzilhada na vida e não souber que caminho escolher. Tenha paciência. Respire profundamente e espere... continue esperando em silêncio, e ouça a voz do seu coração. Quando enfim ele falar, levante-se e vá aonde ele quiser te levar.

Numa noite de lua cheia em agosto resolvi fazer uma meditação na qual eu buscava uma orientação para saber o que fazer. Na varanda de minha casa armei um pequeno altar onde depositei um braseiro com *palo santo* e a boneca de *Pachamama* que ganhei de presente da Nina, quando fomos ao Andes em 2007. Apanho água florida e derramo no *palo santo* como combustível. Em seguida apanho um fósforo e acendo-o, colocando -o no braseiro. O cheiro adocicado da madeira envolve o ar e no mesmo instante me sinto ser jogado em outra dimensão da realidade.

Sinto-me como uma árvore que fenece no inverno. Sucumbindo a doença sazonal das cascas e fibras, com os membros pesados e os olhos fechados. Não sinto o sol aquecer meu corpo, nem a carícia fotossintética em minhas células. Vivo um tempo de raizes e não de folhas. É o momento de adentrar a terra. Procurar calor e conforto na escuridão, ancorado pela raiz e apoiado em pedras silenciosas, aguardando o retorno da primavera.

Quanto tempo me resta? Quanto tempo desperdicei? Quanto tempo aproveitei? Não pensar no tempo é não pensar na importância da minha passagem, pensar no tempo é partilhar o tormento da incógnita, do não saber. Que fazer então se ele não para? Quantos momentos, quantos contratempos marcam o meu tempo?

Tento compreendê-lo, acompanhá-lo, dar-lhe as mãos e seguir o seu rumo, mas por vezes parece que o tempo me foge, me abandona e não espera por mim. Sinto-me cansado, esgotado preciso parar para descansar, para pensar. Mas ele, o meu tempo, não abranda para me apoiar. Sei que não posso deixá-lo fugir, que tenho que agarrá-lo e deixar-me levar. Mas quantas vezes o saber não é sinônimo do fazer, quantas vezes penso que seria melhor acabar com o meu tempo, que seria tão mais fácil.

O que fazer quando as nossas escolhas se tornam limitadas? Lutamos ou corremos. Lutar ou correr? Escolho lutar.

Minha casca endurece e morro naturalmente até renascer. Escuto pássaros cantando e o farfalhar das folhas das árvores. Olhando para o céu além do infinito, vejo uma lua vermelha jogando seus raios sobre minha casca.

Minha consciência retorna com tamanha calma que não ouso senti -la, até que a casca se fragmenta e deixa o calor passar.

Meu corpo se ilumina de uma maneira extraordinária. Parece que cada célula do meu corpo é uma lâmpada elétrica.

Aos poucos a lua avermelhada se transforma numa anciã com um xale dourado sobre sua cabeça. Ela caminha linda como a noite na minha direção. Suavemente tira o xale e deixa amostra a sua cabeça tingida de branco. Seus cabelos eram compridos, olhos negros e penetrantes, nariz aquilino, boca rasgada de lábios finos, num rosto maciço e quadrado. Tinha uma aparência majestosa.

Chegando perto de mim falou:

– Sou a Senhora da Sabedoria e Guardiã das Tradições Sagradas.

As árvores silenciaram o sussurro de suas folhas, os pássaros se calaram, e toda a natureza parecia escutar naquele momento a sua voz.

– Na vida reunimos mais conhecimentos do que podemos reunir sabedoria. Você faz parte de uma tribo que nasceu de uma resposta consciente, premeditada, ao chamado dos conselhos ancestrais de vários povos. Você é filho da Terra, um superorganismo vivo, rico em sua diversidade e em permanente transformação, que como todos os seres viventes possui história e é finito. Você é uma *Chaka*, uma ponte, entre dois mundos tão assimetricamente relacionados, fundamentados no reecantamento da Natureza em que se constitui a visão xamânica da vida, e da necessária preservação da sua Mãe, a Terra.

Após uma breve pausa continuou:

– Você já sabe que terá que deixar essa morada e voltar a sua Terra Vermelha. Essa decisão irá significar um ponto final numa das épocas mais especiais de sua vida. Não será fácil e não é a toa que você esteja com esse semblante de uma resignação tão melancólica e dolorida, mas é necessário que siga adiante. Você tem a tendência a vagar e seus pés dificilmente marcam terras mais duras e reais, exceto quando segue o caminho vermelho da Mãe Terra. Seu corpo sabe disso, bem mais do que você. Suas entranhas falaram e você não quis escutar.

– Um homem de medicina tem que cuidar de si e saber quando deve atuar. A enfermidade é um transtorno da natureza que tem uma origem não causal, mas é definitivamente causada pelo indivíduo. Isso funciona no homem como uma purificação que procura conscientizá-lo sobre um problema de determinada área de sua vida. Você tem que conquistar sua consciência antes de ficar curado, do contrário de nada serviu ter ficado doente.

Balancei a cabeça, dando sinal de que estava compreendendo o que ela dizia.

– A doença é uma grande mestra. Ela nos dá sinal quando algo não funciona bem em nossa vida. Um homem pleno é um homem são. Quando sua energia, emoções, mente etc. não estão bem, ocorre uma desordem no corpo e consequentemente a enfermidade. Existe uma lei que rege todo este equilíbrio na natureza e em todo Cosmo, que se baseia no equilíbrio da ordem com o caos.

– O caminho do sul é árduo e sinuoso, como a serpente. Procure se conectar com a energia deste animal e ela te ensinará a trilhar o caminho da purificação, do desapego e da cura. É difícil recomeçar, mas você é um Guerreiro do Coração. Sentirá durante muito tempo arder em você o fogo das cinzas da Fênix, queimando tenaz e profundamente, mas lembre-se que isso faz parte do seu eterno aprendizado e comprometimento.

Mas uma vez acenei a cabeça concordando.

– Quantos atalhos tem a vida? Quantas vezes se ignora a única e verdadeira sabedoria, aquela que habita dentro do peito. O tempo do silêncio, da presença, dos gestos e das palavras que realmente importam, é o tempo do coração. É um tempo que não conta, não se controla, não se cobra e que corre lento, suave e límpido no leito do rio. É um tempo que se entende, um tempo que apenas, se sente. Deixe-o seguir livremente. Que seu caminho seja iluminado e que tenha discernimento nos seus passos daqui para frente, pois você vai ter que caminhar muito. Sua vida e o que deseja para ela dependem disso. Ela não para, a vida não espera ninguém.

Não mais do que de repente estou de volta ao meu corpo. As brasas incandescentes do *palo santo* ainda brilham na escuridão da noite. Olho para o céu estrelado e vejo a lua em toda sua plenitude, numa cor avermelhada. Ainda permaneço algum tempo contemplando-a e digerindo as palavras que foram proferidas pela Senhora da Sabedoria. Antes de me levantar faço uma prece silenciosa aos meus Guardiões e Aliados agradecendo sua ajuda em minha meditação e a *Mama Killa*, a Mãe Lua, que me banhou em sua luz rubro-prateada naquela noite.

Maceió, 30 de agosto de 2008.

Aprendi durante minha jornada pela vida que o maior dos medos é o do Desconhecido. Na verdade, até gostamos Dele. Ficamos excitados com ele, desde que continue misterioso e não tenhamos que pensar nele. O que realmente nos dá medo é que o Desconhecido se levante e peça para ser legitimado. Que ele não saia do caminho quando necessitarmos e então tenhamos que pisar nele, úmido e gosmento. À noite vivemos o terror de que o Desconhecido venha rastejando, arrastando seus pés até nosso quarto e nos devore.

Não temos medo do Desconhecido. Temos medo de que ele torne-se conhecido.

No escuro não sabemos o que pode ocorrer. Os contornos ficam turvos e é impossível distinguir as formas. Vemos o que não existe. Sentimos o que talvez não devessemos sentir. Desejamos o que não devíamos, e fazemos coisas que normalmente não faríamos.

Não é só o desconhecido lá fora que nos preocupa. É também o Desconhecido que vem de dentro. O que não conhecemos de nós mesmos. O que não queremos saber sobre nós.

Preferimos achar que somos seres racionais. Fazemos listas e avaliamos opções e tomamos decisões inteligentes. Mais será que somos realmente racionais? A verdade e nossa consciência são apenas o verniz de nosso escuro e pegajoso mundo interior... a pele da alma. A verdade é que há pouquíssima razão em muito do que fazemos. Pouquíssima razão, e muito do desconhecido.

Pois é!

Por mais que eu tenha algo a temer do Desconhecido, sei que irei enfrentá-lo de peito aberto.

Minha jornada é de evolução, aprendizado e ampliação da minha capacidade de doação e amor incondicional.

Propósitos e escolhas nos são exigidos a todo o momento e devemos nos responsabilizar por cada um deles. Todos têm o seu preço, mas também sua recompensa. Cabe-nos, conscientes, seguir pelos nossos próprios labirintos...

Os dados foram lançados. Já coloquei a minha casa para vender e dentro em breve devo retornar a morar em Brasília. Estarei de volta ao útero, ao lado da minha família e irmãos de clã.

Certa vez minha mãe me falou para não questionar o passado e não temer meu futuro, pois iria perder a noção do presente e cair num abismo negro. Como ela é sábia.

Desde que comecei a trilhar o Sagrado Caminho do Xamanismo busco me encontrar e talvez por isso eu seja um eterno aventureiro, um viajante, um andarilho das estrelas. Durante este caminhar descobri que o maior desafio de um Xamã é o encontrar-se consigo mesmo. Essa busca me abastece e fascina. Não sei o que irei descobrir. O desconhecido me aguarda numa curva do caminho, mas estarei pronto para enfrentá-lo e seguir adiante resolutamente... afinal os desafios nos torna o que somos.

Vendi a casa antes do feriado de sete de setembro, mas como o comprador teve que fazer um empréstimo bancário, eu só a entregaria no início de dezembro. Assim que o contrato de compra e venda foi assinado, tratei de começar a arrumar a minha mudança e comprei a passagem para o dia 10 de dezembro.

Ainda em setembro resolvi ir a São Paulo passar alguns dias com Águia do Coração Leve e Rainbow Woman. Eles haviam vendido a Chácara Remanso e se mudado do Planalto Central para Águas da Prata em 2006, e eu não os via desde 2003. Durante minha estada com meus mestres e irmãos colocamos nossas conversas em dia, e fizemos algumas caminhadas por algumas cachoeiras. Águia de Coração Leve me levou até a Serra do Deus me Livre e mostrou o local no qual nosso clã fazia agora a Busca da Visão durante a semana de finados. O lugar no meio de uma mata tinha uma força impressionante e me deixou arrepiado. Saí de lá ansioso para voltar e passar alguns dias acampado com meus irmãos, fato que só iria ocorrer na Semana Santa de 2009.

Sentado na varanda vendo o sol se por em Águas da Prata atrás das montanhas, Rainbow Woman perguntou qual seria a minha atividade profissional em Brasília. Respondi que iria trabalhar como terapeuta xamânico. Ela falou que o mercado holístico estava meio saturado e que eu deveria estudar outras possibilidades. Falo para ela e Águia de Coração Leve que tinha a intenção de montar um Instituto de Estudo Xamânico.

Rainbow Woman me interrompe e diz:

– Acho uma ótima ideia. A sua postura gregária, de compartilhamento, atenção e interesse com aqueles que se aproximam de você em busca de uma experiência que construiu ao longo dos anos condiz muitíssimo bem com um perfil de "mestre". Você iniciou seu caminho no xamanismo montando e pesquisando um curso sobre o tema. Nele você descobriu um caminho pessoal e também um profissional. Já pensou em montar um curso de Xamanismo? Você criou um site, lançou um livro, criou os moldes do curso do Instituto Holístico de Brasília. Você mais do que ninguém sabe qual assunto demanda este tipo de proposta, é certo que necessita de algo em curto prazo, mas por que não pensar em algo em médio ou longo prazo.

– Vou pensar no assunto - respondi.

Águia do Coração Leve arrumou-se na cadeira e disse olhando profundamente dentro dos meus olhos:

– O caos é nossa força, o que nos incita permanentemente a mudanças. É uma força extremamente instável e arriscada, difícil de tratar, mas desprende muito menos energia e é dinâmica. Nada é "certinho" nessa vida, não é mesmo? Embora desejássemos, a ordem nos dá uma falsa proteção e sensação de equilíbrio... mas ela nos reduz, nos mobiliza e nós tendemos à cômoda posição de observadores resguardados e não agentes intrépidos. Nosso melhor sempre será nossa tentativa genuína.

– Sei muito bem o que você está falando - o interrompi. – Sempre tive certa resistência para trabalhar com o Xamanismo. Gostaria de fazê-lo para auxiliar as outras pessoas e não receber nada em troca, mas preciso "sobreviver".

Após balançar a cabeça, Águia de Coração Leve falou:

– Entendo suas reservas quanto a trilhar o Xamanismo como um caminho profissional, mas pense que você foi merecedor de vivenciar o que viveu e aprendeu até agora. Não que você seja especial por isso. Todos são. Simplesmente você trilhou um caminho que era o seu caminho. Poucos têm a coragem de realizar essa jornada. Lembre-se que um animal mata pra se alimentar... ele não é bom ou mau por isso, apenas necessita sobreviver. Seu objetivo não é "ganhar dinheiro", mas se manter dignamente fazendo algo que lhe faz ser quem você é. É parte de sua essência.

Mas uma vez os meus "Mestres" estavam me dando uma lição.

Foi uma pena a minha estada ter sido curta em Águas da Prata. Eu me apaixonei pela cidade e cheguei a comentar com Águia do Coração Leve que quem sabe, num futuro próximo eu não comprasse uma casa por lá.

Voltando a Maceió comecei o processo de despedida dos meus amigos e da terra que me acolheu durante quase dez anos.

Era uma tarde chuvosa, típica do cerrado em dezembro, quando o avião que me trazia de Maceió pousou em Brasília. Eu estava muito feliz em retornar a morar na minha cidade natal. Apesar de me sentir um cidadão do mundo, um andarilho, a capital do Brasil é o meu lugar. O útero para o qual eu voltava. Minha mãe e sobrinho me aguardavam no portão de desembarque e só faltaram me sufocar de tantos beijos e abraços. Eu não os via desde quando ainda me recuperava da cirurgia que havia feito no ano anterior, para a retirada de parte do meu intestino delgado.

Só na manhã seguinte vi minha irmã, pois ela havia trabalhado até tarde da noite e eu tinha ido dormir cedo. No início da tarde foi a vez de encontrar com meu pai. Após conversar por horas a fio com meus familiares, fomos até Águas Claras para conhecer o meu apartamento. A primeira coisa que fiz após conhecê-lo foi parabenizar a minha mãe por ter encontrado literalmente aquela joia e comprado, com o dinheiro que eu havia enviado pela venda da minha casa em Maceió.

Coiote não cabia dentro de si de tamanha felicidade pela minha volta a Brasília. Para onde eu ia, ele sempre estava junto comigo. Comemoramos o seu aniversário de 11 anos e o meu renascimento lanchando na *Praliné*. Era muito bom estar de volta a minha terra e ao seio da minha família.

Yanantin

Onde amamos é o nosso lar:
lar que nossos pés podem deixar, mas não nossos corações.
OLIVER WENDELL HOLMES

No final de março de 2009 participei da despedida da Ciganinha, uma amiga de longa data, que estava indo morar no Rio de Janeiro. Durante sua festa fui apresentado a Amayi, uma bela jovem com os olhos de serpente, de corpo robusto e seios fartos, além disso seus longos cabelos castanhos e cacheados lhe davam uma aura de mistério. Não tinha quem não reparasse sua bela aparência. Passamos a noite conversando como se fossemos velhos conhecidos. Ela estava muito tristonha pela partida de nossa amiga, e terminou chorando em meu ombro enquanto eu a consolava. Reconheci-a instantaneamente como a jovem que vi numa visão na minha primeira cerimônia em *Machu Picchu*. Neste momento, senti o tempo parar e passei a ver tudo em câmara lenta. Uma aura da cor rosa nos cercava, segurei o seu rosto entre minhas mãos e num lapso de segundo estávamos nos beijando como dois amantes. Ficamos o resto da noite juntos e ao final da festa acompanhei-a até sua casa.

Durante a semana conversamos quase que diariamente, e nos encontramos num dia para jantar. Sempre que nos encontrávamos, aproveitávamos todos os momentos para nos conhecer melhor, estreitando nossos laços que cada dia ficavam mais fortes e intensos. Sempre nos despedíamos carinhosamente e com nossos corações apertados. Eu sentia uma chama crescer dentro de mim e queria dizer-lhe algo, mas ainda não era o momento de fazê-lo.

Eu havia entrado num torvelinho de amor tão profundo. Já tinha até pensando que nunca mais iria amar alguém. Mas de repente fui tomado por uma onda de amor, como se todas as estrelas do universo dançassem em meu peito, como se uma imensa fogueira ardesse no meu coração e queimasse tudo a minha volta, tudo o que fosse inútil, e no final só sobrasse o amor, um oceano de fogo, de chamas. Então comecei a meditar usando este amor, usando este poder, este presente que o Universo me deu, e vi o quanto eu precisava deste sentimento. Ele despertou muitas coisas em mim, me lembrou da importância de se ouvir as mulheres, me trouxe de volta ao caminho das veias do Dragão, o caminho das sacerdotisas esquecidas, das fontes de água pura e cristalina brotando entre as chamas do espírito. O manto vermelho do mais profundo amor havia coberto meu corpo e espírito. Naquele momento eu descobri que um Guerreiro do Coração, precisa de amor, não só o amor pelo mundo, mas do amor de alguém, de uma companheira como aquela mulher.

Numa noite chuvosa de abril apanhei-a em sua casa. Abraçamo-nos como dois amantes que há muito não se viam. Passamos rapidamente num supermercado para fazermos compras e seguimos até minha casa.

A chuva havia cedido e as nuvens carregadas se dispersaram. Bebemos um pouco de água da fonte que emana da terra e nos recostamos na janela. Enquanto a lua surgia no horizonte atrás das nuvens, vejo seus raios tocarem os cabelos castanhos ondulados de Amayi e sua pele alva. Neste momento olho-a como se estivesse vendo um ser divino. Aprecio seu belo rosto, com lábios carnudos bem desenhados e um maxilar com uma covinha dando-lhe a altivez de uma Deusa.

Seu rosto tem uma luminosidade própria. Os olhos são de um verde límpido, pontilhado com reflexo verde escuro, transformando-se num lindo par de esmeraldas. Envolvo com meus braços a sua cintura, enquanto Amayi faz o mesmo. Nossos lábios se tocam suavemente fazendo com que eu sinta uma corrente elétrica percorrendo todo o meu corpo e fazendo meu sangue ferver. Entrelaçamos nossas mãos no momento em que começa a chover novamente. Os pingos da chuva cristalinas nas flores e folhas embelezam aquele momento terno. Não resistimos mais aos nossos anseios e unimos nossos lábios num beijo com ardor e sabor de chuva. Após algum tempo nos beijando, nos afastamos rindo a toa e nos abraçando fortemente. Olho fundo nos seus olhos e digo que não via a hora de chegar aquele momento. Tomo seu rosto entre as minhas mãos, puxo-a levemente para mim e a beijo com ternura infinita.

Como mágica a chuva para e o céu ganha um tom violeta. Após um delicioso jantar sento no sofá, enquanto Amayi repousa sua cabeça em meu colo. Seu perfume exala pelo ambiente deixando-me inebriado. Passo minhas mãos sobre seus cabelos cacheados, espalhados em volta do seu rosto. Os raios da lua iluminam seus olhos fechados dando-lhe um ar angelical. Sua respiração ritmada faz seus seios subirem e descerem suavemente. Ela abre os seus lindos olhos, enquanto a observo calado, e aninha-se no meu peito. Sinto sua mão na minha nuca, nossas bocas se procuram desesperadamente. Sinto ser envolvido por um manto de calor e umidade. Meu coração bate mais forte. Puxo-a mais forte de encontro a mim, sentindo o fogo que vem de dentro dela e outro que vem do meu interior. Deixamo-nos cair arfantes no chão coberto por um fino tapete. Seus lábios se entreabrem com volúpia quando sussurra meu nome.

Sua voz soa como se fosse o ronronar de uma gata, quando pede que eu tire minha roupa, pois quer me preparar cerimoniosamente para nosso *Yanantin*, a relação amorosa. Em seguida ela embebeda uma toalha de rosto num líquido perfumado que pousava serenamente numa pequena bacia ao lado do sofá. Graciosamente me limpa com a toalha, agora perfumada, me purificando. Enquanto a toalha faz o seu percurso, Amayi beija o rastro perfumado no meu corpo excitando-me mais e mais. Fecho os olhos e ouço a batida do meu coração ficando cada vez mais forte, bombeando o sangue que corre pelo meu corpo. De seus lábios sai uma música melodiosa, parecida com um mantra, deixando-me totalmente imóvel como se fosse algum tipo de encanto que me deixava sem ação.

Sou um mero espectador diante daquela mulher tão linda. Ela me diz palavras tão belas e suaves, deixando-me leve como um pássaro voando entre as nuvens. Sinto-me num paraíso eterno. Seus olhos da cor das esmeraldas brilham ao olhar para mim. Sua voz fica cada vez mais suave, levando-me a delirar num mundo que bem poucos têm conhecimento. Viajo por mundos, com o tom da sua doce voz, tão meiga e angelical. Neste instante ela é quem tem o controle da minha vida, conduzindo-me a todos os caminhos que queira nesse exato momento.

Sua voz é uma proeza divina que ilumina os meus caminhos, oferecendo-me alegria e prazer em todos os sentidos, sinto-me feliz como um jaguar que corre livre na floresta, com liberdade para possuir de tudo nesta vida. Sou um deus, apenas com uma diferença, que é ser guiado por uma mulher, sendo a sua beleza superior a tudo neste mundo.

O som da sua voz aos poucos me atrai, sugando-me por inteiro para este mundo pouco conhecido. Ela parece que possui um imã que me toca bem no íntimo, fazendo-me compartilhar do seu mundo, sendo uma passagem definitiva de tempo e espaço. A noite avança lentamente, e a sua voz fica mais dócil e sensual, levando-me a me interessar cada vez mais por aquela mulher de características tão divinas, assim como se fosse um presente ofertado por *Pachamama*. Meu coração palpita de tanta felicidade, por estar diante de uma beleza pouco vista pelos meus olhos durante o período em que me encontro neste mundo, pois ela é demais.

A sensualidade da sua voz é uma coisa estonteante, me leva a acreditar que aquele amor está tocando no meu peito de uma forma interior, íntima, harmoniosa, assim como, uma perfeita sinfonia que vai de encontro a minha própria alma. É algo celestial, porque está domando as minhas forças, domando até mesmo as minhas intimidades, me fazendo sentir uma vontade louca de possuir aquela mulher tão cheia de qualidades, desejando-a conhecer mais intimamente.

De repente, assim como num toque de mágica, ela para de passar a tolha pelo meu corpo e silencia sua voz por alguns segundos. Quando volta a falar pede que eu a purifique. Seu pedido é na verdade uma dádiva, pois, sentir seu corpo é tudo o que eu quero nesse exato momento, e me parece que ela deseja a mesma coisa.

Ela se coloca de pé enquanto me olha, com aquele olhar de felina. Deixa o vestido escorrer pelo seu corpo nu. Fico magnetizado diante daquela beleza alva. Meu sonho se transformando em carne e osso. Ela se deita, enquanto ensopo a toalha na água perfumada de *salvia apiana*. Suavemente começo a limpá-la com a toalha, acariciando suavemente aquele corpo de curvas perfeitas e moldadas. Após limpar seus pés delicados, massageio delicadamente suas plantas. Um depois o outro. Toco meus lábios no peito do pé direito. Subindo lentamente, com a ponta da língua, em sentido inverso ao caminho que fiz com a toalha perfumada. Lentamente vou subindo aquelas montanhas de belos músculos e ossos, desvendando a geografia de suas pernas, coxas e sexo.

Prossigo a viagem até seu sedutor umbigo. Escalo seus belos seios e por fim beijo seu pescoço. Ajoelho ao seu lado, apreciando mais uma vez sua nudez em todo seu esplendor. Meu corpo estremece ao contemplá-la e venerá-la como uma deusa. Sinto-me iluminado diante dessa magnífica presença feminina, mulher de uma sensualidade fora do comum. Seu perfil de deusa domina completamente os meus sentidos, como se tomasse as minhas forças aos poucos. Estou diante da mulher que amo, que me encanta de todas as maneiras, domando o meu coração por inteiro, deixando-me completamente fora do ar, cheio de desejos e paixão por ela. Quando meus olhos se encontram com os dela, aquelas duas gemas verdes, não consigo me controlar mais. Puxo-a para mim, buscando sua boca e afogando minhas mãos em seus vastos cabelos. Nesse momento envolvo-a em meus braços, com naturalidade, algo tão simples como nunca fora antes. E levo-a até o quarto iluminado somente pela luz pálida da lua cheia que entra pela janela.

Beijamo-nos e com volúpia caímos sobre a cama. Nossos corpos liberavam um perfume secreto de flores e suor. Abraçamos-nos intensamente. Minhas mãos exploram seu corpo macio, encontrando coxas rijas que parecem arder de febre. Deslizo minha mão para cima, saboreando a pele aveludada, como o pêssego, que se torna cada vez mais quente e úmida. Mordisco levemente o lóbulo de uma de suas orelhas. Toco suavemente seu sexo, fazendo-a estremecer e arrepiar-se. Ela sussurra baixinho o meu nome e me puxa para si. Nossos lábios se procuram mais uma vez ansiosos. Sem deixar de beijá-la continuo acariciando-a. Sua pele clara está com tons de prata. Seguro em minhas mãos seus seios com os bicos rosados, levemente salientes e rígidos que parecem dizer que seu corpo me espera. Deito-me de costas puxando-a sobre mim, acariciando-lhe as costas e as nádegas. Fechamos o espaço entre nós e nos tornamos um só. Ela me cavalga por inteiro num ritmo suave. Nossos corpos se encaixam perfeitamente.

Vivencio um sonho, nada do que vivi até agora se compara a este momento. Cheiro sua nuca, mordendo-a suavemente e logo em seguida, beijo os seus lábios macios sentindo mais uma vez o calor da sua boca. O seu corpo é tão macio que me faz delirar de tanto prazer, encontro-me diante de uma divindade navegando um mar de prazeres infinitos. Ela me possui, dominando-me completamente em seus braços conduzindo-me para onde queria me levar... a provar de cada parte do seu corpo, como se fosse uma fruta. Não acredito! Será que estou sonhando? Não! Realmente estou abraçado com aquela deusa sentindo o mais íntimo e sagrado dos amores ouvindo sussurros maravilhosos de amor e prazer daquela ninfa tão perfeita, que como uma guerreira amazona cavalga livre sobre mim.

Após algum tempo nessa posição, ela deita ao meu lado para recuperar o fôlego. Sua beleza triunfa de maneira divina a meu lado, como uma deusa, tornando-se cada vez mais bela e charmosa. Beijo todo o seu corpo, os lábios, o pescoço, os seios, passo a língua pelo seu vale venusiano, as coxas, as nádegas e começo a beijar seu sexo, sentido-a estremecer e gemer baixinho. Um sorriso macio desprende-se dos seus lábios quando a penetro. Sinto um leve cheiro almiscarado. Cheiro conhecido, impregnado em minha memória. Nesse momento nossas mãos se transformam em garras. Perco-me nas sensações daquele corpo aveludado encostado ao meu. Nossos corpos se arqueiam. Viro-a de costas. Um desejo insaciável toma conta de nós dois totalmente. Amamo-nos. Arfo vorazmente sobre ela segurando fortemente sua cintura e puxo-a de encontro a mim, acompanhando cada movimento. Colamos nossos corpos.

Penetro-a e sou engolido por ela. Nosso balé é mágico. Amamo-nos por longo tempo. Odores almiscarados se desprendem de nossos corpos suados. Quando chegávamos perto de nos satisfazermos, parávamos; depois lutamos ferozmente; sempre prolongando, esperando, desejando um êxtase alucinante e inesquecível. Éramos deuses vivenciando o poder da alquimia sexual na terra. Quando não mais foi possível prolongar o momento final, nos atiramos um ao outro como dois animais selvagens no cio, e morremos juntos a mais bela e doce das mortes.

Durmo satisfeito com a minha deusa em meus braços.

Acordo! Vejo ao meu lado a mais bela e magnífica das mulheres que já surgiu, não poderia ter sido um sonho, foi tudo muito real. Eu a toquei. Beijei os seus lábios, fizemos amor durante a noite inteira. Morremos e dormimos juntos.

Brasília, 05 de abril de 2009.

Estes últimos dez dias foram fantásticos. Encontrei-me literalmente naquilo que algumas pessoas chamam de paraíso, compartilhando momentos inesquecíveis de amor com Amayi. Certamente ela tem o dom de me seduzir, me deixando louco e conduzindo-me a desejos íntimos e levando-me a conhecer o verdadeiro amor. Ela me concedeu momentos de amor jamais alcançados antes. Seu cheiro inebriante me levou a uma viagem a outras dimensões da realidade que jamais pensei existir.

Compartilhamos um amor verdadeiro, amamos um ao outro de forma mútua, íntegra e eterna. Na verdade, era como se fosse um "algo mais" na minha vida, um pedaço do meu ser em absoluto. Um reflexo da minha alma. O "anam cara" dos Celtas. Às vezes eu sentia que um Espírito maior cuidava exclusivamente daquele amor. Nós éramos o que os andinos chamam de um Hapu, um casal sagrado, o Deus e a Deusa vivendo seu Yanantin.

Ela me dragou para o seu mundo, levando-me a conhecer a essência do que chamamos de Amor. Eu estive diante da perfeição em forma de mulher, de uma deusa formosa, angelical e felina. Sua beleza domesticou o mais íntimo dos meus sentimentos algo impossível de ser controlado naqueles momentos românticos.

Tudo foi perfeito ao lado daquela mulher, me sentia satisfeito, feliz como uma criança repleta de fantasias, sonhos e proezas de amor. Jamais imaginei que isto pudesse acontecer na minha vida, foi uma verdadeira dádiva que me foi concedida pela Senhora do Destino. Os momentos que vivemos nestes dias foram tudo o que faltava em minha existência, uma mulher-deusa de proporções geométricas estava diante dos meus olhos compartilhando de agradáveis minutos de amor, assim como se nada nesta vida tivesse, sequer, muito sentido.

Vivenciamos um dos mais lindos romances, pois havia apenas chuvas de flores ao nosso redor... no momento em que apenas o amor nos interessava, não havendo dias ruins para nós dois, convivíamos as mil e uma noites neste paraíso lírico, na Terra Vermelha do Cerrado. Ao beijá-la, parecia que mel saía dos nossos lábios, quando explodíamos de amor, ela me apertava com força e sussurrava baixinho pedindo mais, como uma fêmea insaciável.

Dias e mais dias se passaram. Somente nós dois compartilhávamos deste mundo interior, não havendo preocupações exteriores permanecíamos neste universo apenas intimamente repletos das loucuras deste grande amor. Certas vezes, era como se um soubesse os desejos mais íntimos um do outro, penetrando em sua intimidade de forma mútua, instantânea, natural, não exigindo demais um do outro; nossas mentes confabulavam ideias de modo que, uma combinava direitinho com a outra, no fundo, era assim como se fossemos uma mesma pessoa saciando os seus próprios desejos mais íntimos. Vivíamos num paraíso etéreo como no alvorecer dos tempos, uma vez que, somente nós dois compartilhávamos deste provável paraíso, deste universo lindo e maravilhoso criado por Pachacamac.

Aquela deusa me dominou bem no íntimo com os seus dotes sensuais levando-me a frequentar um mundo pouco conhecido pelo mero fato de ignorarmos as nossas próprias fraquezas achando que sabemos de tudo, quando na realidade, pouco entendemos ou compreendemos desta realidade que nos cerca, nos encarcerando de modo progressivo sem que percebamos a sua real plenitude em meio a certas coisas que nos acontecem diariamente. Talvez tivesse ultrapassado os limites pouco explorados pelo homem porque ninguém jamais conseguiu decifrar os enigmas, as verdadeiras proezas e intimidades que uma mulher carrega em seu âmago, na verdade, todos nós convivemos num mundo imperfeito sem jamais conhecer seus verdadeiros dogmas, um mundo bastante culto, severo, além de sobrenatural.

Nós combinávamos, nos associando de modo pactual. Convivíamos as mil e uma noites de amor sem a intervenção de nada nesta vida, certos momentos, fazíamos amor com tanta determinação que não havia mais forças para tantas loucuras, flutuávamos neste universo angelical saboreando os dias mais felizes das nossas vidas, conhecia cada centímetro daquele corpo maravilhoso, suas partes erógenas, levando-a a sentir o clímax pôr momentos múltiplos. Estava diante de uma orquídea que me induzia a provar das suas pétalas.

Tínhamos tudo a nosso favor, não havendo nada que reclamar nem tampouco incomodar naquele universo onírico possuindo e sendo possuído pela mulher mais bela deste mundo, penetrando nas suas intimidades de forma rotineira, tudo fazia sentido, como se fosse um teste, um rito de passagem, imposto por esta deusa em forma de mulher que conquistou o meu coração.

Na cosmovisão andina tudo tem o seu complementar, ou seja, o seu par complementar. Para o andino a Criação não começou com a Unidade e sim com a Paridade. Se Deus é representado pelo masculino, certamente deve sempre estar acompanhado com sua consorte feminina. Se Ele é Pai, deve existir uma Mãe. Desta forma a visão masculina da divindade, *Pachacamac* (o Pai Cósmico) deve vir sempre acompanhado de sua contraparte feminina, *Pachamama* (Mãe Cósmica), e o Pai Sol, da Mãe Lua. Esta relação entre o dualismo complementar é chamado de *Yanantin*.

Porém *Yanantin* é muito mais do que uma simples paridade. Constitui o princípio da manifestação, a que se pode denominar de "Lei da Complementaridade". Em toda a comunidade andina, *ayllu*, podemos ver que existe uma parte superior, *Hanan*, e outra inferior, *Urin*, que são dispostos a formar um todo orgânico. Para os andinos tudo o que existe sem seu par complementar é uma forma temporal e imperfeita. A própria sociedade *Inka* surgiu do Lago *Titikaka* quando Manco Qhapaq e sua esposa Mama Oclo saíram juntos do fundo das águas sagradas, da *pakarina*, a fonte primordial. Esta dualidade complementar andina pode ser vista em seus templos redondos (femininos) e quadrados (masculinos).

Jornada do Silêncio

Paras penetrar o silêncio e torná-lo criativo, é necessário fé no que nunca se verá nem jamais se saberá. Toma o vazio como irmão e o todo te preencherá. A fé no desconhecido deve calar a busca por respostas externas. Imerso no vazio, nada busques, mas acolhe com gratidão tudo que te for dado.

TRIGUEIRINHO

Na Semana Santa de 2009 viajei até Águas da Prata, de ônibus, com Urso em Pé. Nós dois fomos antes do restante do Clã para limpar e preparar o terreno, visando acomodar as barracas.

Águia de Coração Leve nos aguardava na frente de um antigo hotel, agora abandonado, e nos levou para tomar café antes de seguirmos até a Serra do Deus me Livre.

Ao entrarmos na fazenda seguimos até uma araucária e pegamos uma trilha que nos levou a uma pequena porteira, onde Águia de Coração Leve colocou uma placa com os seguintes dizeres: "Não ultrapasse. Homens em retiro".

Em seguida nos reunimos abraçados e ele saudou:

Grande Espírito, Criador de todos nós e de tudo que existe visível ou invisível. Abençoe seus filhos que aqui vieram para honrar a Natureza e aproveitar do que ela possa nos oferecer. Determina aos seres angelicais, aos devas, djins, golens, ninfas; aos seres elementais, as salamandras, silfos, as yaras, as ondinas, sereias, gnomos e as fadas, que cuidem de nós e nos avisem sobre os perigos, as ameaças as nossas integridades físicas, moral e espiritual.

Senhores da natureza, vinde e sejam bem-vindos!

Abençoai estes teus filhos que vem ao teu encontro.

Enquanto caminhávamos, pedi a Águia de Coração Leve que fizesse comigo uma cerimônia para o "Senhor mais Velho". Ele me disse que poderia não ser possível naquele dia, mas o faria na tarde seguinte do outro.

Após limparmos e prepararmos o terreno onde iríamos montar nosso acampamento fomos com Águia de Coração Leve até o seu carro apanhar mais alguns apetrechos, enquanto ele iria até sua casa trazer a nossa sopa. Como eu não conhecia o caminho de volta segui Urso em Pé até a araucária, só que lá chegando ele virou para mim e disse que não se lembrava da trilha que levava às nossas barracas. Fiquei indignado por ele não saber qual trilha seguir. Fizemos uma pequena busca, mas como não encontramos a estradinha que nos levaria até o acampamento sentamos e apreciamos o belo pôr do sol por trás das montanhas.

Quando o crepúsculo começou a dar o ar da sua graça, Águia de Coração Leve chegou e vendo a nossa situação começou a gargalhar. Ajudamos a levar a panela repleta de sopa até o nosso rancho e catamos lenha para acender o fogo.

Há muito tempo eu não tomava uma sopa tão gostosa. Lamentei ao ver que não tinha mais nada para raspar na panela. Durante todos os anos que eu tinha passado longe de Brasília, havia deixado de participar de uma série de jornadas com os meus irmãos de Clã, mas agora estava matando a saudade deles e do contato com a Mãe Natureza.

Quando pudemos visualizar a lua surgindo por cima das árvores, deixamos o rancho e seguimos até nossas barracas para dormir.

Ao acordar pela manhã abri a minha barraca e encontrei na frente dela um saco com uma banana e uma tangerina. Pelo visto Águia do Coração Leve acordou cedo e a esta altura deveria estar aguardando nossos irmãos de Clã que deveriam chegar a qualquer momento em Águas da Prata.

O sol já estava alto quando o restante do Clã Lobos do Cerrado chegou ao nosso acampamento. Águia de Coração Leve fez uma pequena reunião e disse que a partir daquele momento iria começar a "Jornada do Silêncio", na qual todos nós deveríamos nos recolher a nossa barraca e procurar meditar durante os próximos três dias. Iríamos nos reunir todas as noites ao redor da fogueira e tomaríamos uma sopa, e somente neste momento poderíamos falar uns com os outros. Escolhi permanecer todos os dias em silêncio e informei ao grupo a minha decisão.

Porém antes de começar a minha jornada silenciosa, eu tinha um trabalho a ser realizado com Águia do Coração Leve. No início da tarde ele foi a minha barraca e disse para seguí-lo até um riacho, perto da pequena porteira que tinha a placa que anunciava que estávamos em retiro naquele local. Antes de iniciar o meu *amacy*, tirei toda a minha roupa conforme orientação do meu amigo e Mestre. No momento em que começamos a descer pelas pedras do riacho ele escorregou e bateu suas costas numa pedra arranhando-as. Olhou para mim e disse:

– Toda vez que realizo um trabalho para o "Senhor mais Velho" tenho que fazer uma doação de sangue, mesmo não querendo.

Dito isto, pediu que eu deitasse numa piscina de água corrente, abaixo da pedra sobre a qual ele estava em pé. O fiz com muito cuidado. A água estava gelada e na mesma hora comecei a tremer. Em seguida ele apanhou um ovo, colocou-o na minha cabeça e começou a rezar num dialeto *yorubá*, enquanto a água banhava meu corpo nu. Quando parecia que eu desmaiaria de frio, Águia do Coração Leve jogou o ovo para trás no meio da mata que envolvia o riacho e me ajudou a levantar. Apanhou um pano branco que estava encharcado de uma infusão de ervas e amarrou na minha cabeça. Dizendo que eu passasse todo o restante do dia em recolhimento e que não fosse tomar a sopa naquela noite.

Voltei a minha barraca e ao deitar dormi profundamente.

Ao despertar do segundo dia, retirei o pano que envolvia a minha cabeça, comi as frutas deixadas por Águia de Coração Leve e fui caminhar um pouco pela mata. Ao encontrar uma rocha que parecia um trono, procurei fazer uma meditação e após alguns minutos entrei num estado contemplativo. Não escutava nada a minha volta. Senti o calor do sol tocando meu corpo, aquecendo-o naquela manhã. No mesmo instante senti uma vibração de paz ao toque de uma brisa fria.

Um mar silencioso me convidava a adentrar suas "águas". Mergulho silenciosamente nos mistérios ocultos nas profundezas de sua imensidão oculta no horizonte infinito. Neste momento me sinto de volta ao útero da minha mãe. Um sentimento de paz e segurança invade meu Ser. O coração do oceano bate no mesmo compasso que o meu. Flutuo no meio daquele líquido nutricional. Pulso ritmicamente. Meus olhos são abertos. Vejo miríades de luzes ao me redor como se estivesse flutuando num universo cheio de estrelas. Tenho a sensação de que estou sendo observado. O grasnado de um pássaro me tira do estado de inércia.

Levanto da rocha assustado não tendo certeza de em que lugar estou. Quase perco o equilíbrio, mas consigo permanecer em pé. Vou até uma pequena queda d'água e lavo meu rosto. Ao ver meu reflexo na água vejo a silhueta de um jaguar. Tenho saudades de sentir a energia deste animal comigo. Desde 2003 que não o sinto ao meu lado. O que terá ocorrido? Lembro-me dele se afastando de mim ao ser picado pelo escorpião. Por onde anda meu Animal Guardião? Tenho que voltar a contatá-lo através da dança e da meditação. Como posso ser um Xamã sem o meu *alter ego*? Tenho outros animais aliados me auxiliando diariamente, mas sinto falta do felídio dourado. No início de meus estudos xamânicos Águia do Coração Leve pediu para eu prestar atenção aos sinais. Um me foi dado ao vê-lo refletido na água.

Voltei a minha barraca e permaneci o resto do dia por lá. No início da noite resolvi descer até o rancho e tomei uma sopa com os meus irmãos de Clã. Um a um se recolheram ao acampamento e fiquei por último esperando a fogueira apagar por completo. Acendi a minha lanterna e fui dormir.

Após tentar cair no sono durante uma hora, me mexendo de um lado para o outro, resolvi me levantar e escrever algo no meu diário estelar.

Serra do Deus me livre, 11 de abril de 2009.

Estou feliz por estar participando de mais uma jornada junto ao Clã Lobos do Cerrado. A última vez havia sido em abril de 2003. Eu havia acabado de me separar de Thálya e tinha me decidido voltar a morar em Brasília, mas antes de fazê-lo participei de uma Sauna Sagrada na saudosa Chácara Remanso. Enquanto olhava as pedras em brasa entrarem naquela cabana coberta de peles, meus olhos se enchiam de lágrimas e escorriam pelo meu rosto, misturando-se ao suor que brotava de meu corpo. Muitas coisas se passavam pela minha mente naquele momento, deixando com que eu me sentisse totalmente desarmonizado. Na verdade, eu me sentia fragmentado.

Águia do Coração Leve vendo-me daquele jeito, dias antes, fez uma cerimônia catártica para mim. Foi muito bom receber o apoio de todos os irmãos do Clã naquele momento que eu estava passando, porém eu estava envolvido por uma aura de tristeza que não me deixava sentir um minuto de paz. Numa noite de luar, analisando como esse processo havia se instalado em mim, notei que tinha se iniciado no momento em que voltei para Brasília. Apesar de o pedido da separação ter partido de mim, eu estava sofrendo pela decisão que tomara. Talvez eu tivesse me precipitado, mas tinha que aprender a conviver com a minha decisão, afinal eu era responsável pelos meus atos.

Quando em 1992 estive hospedado no Eremo delle Carceri *meditando com os Monges Capuchinhos no Monte Subásio em Assis, na Itália, aprendi que toda noite escura pela qual passamos traz uma diversidade de toques de despertar, fazendo com que um período deste sinalize a necessidade de fazermos mudanças drásticas na nossa vida. Era exatamente isso que eu havia feito quando tomei a decisão de me separar. Na minha caminhada aprendi que os desafios da vida nunca cessam, mas a forma pela qual respondemos a eles vai se expandindo e se alterando. E foi ao encarar a minha tristeza, que pude enxergar uma centelha de luz que me mostrou como reencontrar a direção naquela que eu chamo de Grande Noite Escura da Minha Alma.*

Acabada aquela jornada junto ao Clã, conversei com Águia de Coração Leve e disse que eu havia criado o Caos na minha vida para colocá-la em Ordem, só que eu havia me equivocado pensando que para tal teria que voltar a morar em Brasília, mas não era chegada a hora de fazê-lo. Eu voltaria para Maceió e em vez de procurar dar passos largos, iria caminhar pé ante pé até finalizar o meu ciclo nas terras alagoanas. Como sempre meu amigo se mostrou solícito e disse que apoiava a minha decisão.

Muita coisa aconteceu comigo durante estes seis anos. Voltei a Maceió. Lá reencontrei com Iktomi e fomos viver juntos na África por alguns meses, até ela passar pela transição. Separei-me do Jaguar e nunca mais compartilhamos nossa energia. Mas uma vez enfrentei outra noite escura e vi uma nova alvorada. Viajei até a selva amazônica peruana onde Arutam se apresentou para mim e pude ver dentro de uma caverna por trás de uma cachoeira no meio da floresta a entrada de uma cidade subterrânea perdida e protegida por jaguares. Subi e desci montanhas. Morri e renasci.

Estou de volta a Brasília. Desde meu retorno, retomei antigas amizades, iniciei novas e o amor voltou a bater a minha porta. Ah, o Amor! Estou saudoso de Amayi. Ao pensar nela um sorriso se faz presente no meu rosto e sinto uma leve sensação provocada pelo "déjà vu".

... Estou na trilha que leva até a montanha Wayna Picchu. *Do alto vejo a cidade de* Machu Picchu *abaixo em todo seu esplendor. Em vez de pegar o caminho para subir o* Apu, *escolho a estrada que leva até o sopé dele, a* "Puerta de la Luna". *Ao chegar a* Killa Punku, *a Porta da Lua, sou surpreendido por uma chuva fina e a escuridão da noite. Procuro abrigo na caverna de granito, onde anteriormente os* Inkas *embalsamavam seus ancestrais para depositá-los posteriormente nas entranhas da Mãe Terra. Olho para a chuva caindo na mata a minha frente e de repente noto que estou sendo observado por alguém escondido.*

Olhos esmeraldinos irradiam um brilho intenso em minha direção, enquanto seus cabelos cor de mel caem sobre seus seios. A jovem, com os pés descalços vem em minha direção. Toca meu ombro, impelindo-me a deitar de costas. Ajoelha-se sobre mim, esticando seu corpo felinamente e deitando em cima de mim, coxa com coxa, quadril com quadril, peito contra peito. Fundimos-nos num só ser. A terra estremece embaixo de nós, dando ritmo aos nossos movimentos de vai e vem até explodirmos numa série de gemidos, suspiros e orgasmos. Após um clímax compulsivo, vejo-a fora de mim e no mesmo lapso de tempo desaparece dizendo:

– Quando duas almas se unem com amor, é como se o céu e a terra se unissem. É sagrada a união que o coração abençoa, pois é nele que a Eternidade habita.

Desde que conheci Amayi a reconheci como uma companheira ancestral. Na primeira vez que a vi estávamos em Machu Picchu *e agora no* Apu Wayna Picchu. *Só que desta vez seus rosto se metamorfoseava de jovem para uma anciã e tenho certeza de tê-la ouvido sussurrando no meu ouvido: "meu bebê, meu irmão, meu amante". Porém um fato me chamou muita atenção nesta visão: o de que eu nunca estive anteriormente nesta existência em* Killa Punku.

Bem, já faz um tempo que não procuro analisar e entender as minhas visões, só sei que el*as são mais do que bem-vindas.*

Fecho meu diário, guardando-o em seguida, apago minha lanterna e durmo ainda sentindo a presença de Amayi ao meu lado, a textura de seu corpo, seus olhos de esmeralda a me fitarem e sua fragrância delicada na ponta dos meus dedos.

Pela manhã após tomar nosso desjejum e desmontarmos o acampamento, nos preparamos para a cerimônia de confirmação dentro do Caminho Sagrado do Xamanismo do Clã Lobos do Cerrado. Eu já havia perdido a conta de quantas cerimônias desta eu havia participado com Águia de Coração Leve, mas me encontrava muito feliz por renová-la mais uma vez.

A confirmação se daria num riacho próximo ao local aonde fazíamos nossas refeições. Todos tiraram as roupas e caminharam pelados até a beira do riacho. Águia do Coração Leve começou o rito saudando as quatro forças primordiais da natureza, juntamente com a Mãe Terra e o Grande Espírito. Depois cada um dos presentes foram confirmados isoladamente, obedecendo a ordem decrescente de idade. Eu fui o terceiro. Entrei no riacho com a água nos joelhos e senti ser colocado sobre minha cabeça um algodão embebido em ervas. Depois Águia de Coração Leve entregou-me um cálice com vinho de jurubeba para beber. Ajoelhei-me dentro da água, abrindo os braços e agradeci aos seres da natureza. Em seguida mergulhei na água gélida e ao sair quebrei o meu voto de silêncio, gritando bem alto:

– Ho!

Voltei a Brasília com as baterias mais do que recarregadas. Desde quando tinha vindo de Maceió eu estava hospedado no apartamento da minha mãe, pois ela quebrara o pé e precisava de minha ajuda no período de recuperação. Mas, finalmente, no início de maio, mudei definitivamente para a minha casa. Por mais que eu gostasse da companhia da minha mãe, irmã e sobrinho, sentia falta de ter um lugar só meu meditar e ler sem ser distraído por alguma coisa ou alguém, além de poder ficar mais a vontade com Amayi.

No início de junho recebi um *e-mail* do Mallku, dizendo que iria a Brasília no final de julho e gostaria que eu organizasse uma palestra para ele ministrar durante sua estada. Como eu ainda não tinha muitos contatos na minha cidade, pedi ajuda ao Gavião Real para que encontrasse um local onde poderia ser realizado o evento. Ele conseguiu reserva na instituição espiritual que trabalhava para o dia 26 de julho e a partir daí começamos a divulgação.

No dia marcado, pontualmente às 20 horas Mallku e Aisha chegaram no salão *Pachamama* e fizeram uma vivência com um grupo de 45 pessoas. Infelizmente, devido a curta estada do meu irmão andino não pudemos fazer nada mais profundo. Mais uma vez ele me convidou para organizar outra jornada aos Andes. Disse que me enviasse os custos para que pudesse começar a divulgação, mas confesso que o valor cobrado pela sua agência de viagens estava "salgado" e resolvi não fazê-lo.

No primeiro dia de agosto fiz um *despacho* para *Pachamama* junto com Amayi, na chácara da tia dela que ficava próxima a Brasília. A intenção da realização da cerimônia foi para agradecer a Mãe Terra por tudo que ela nos tem concedido na nossa vida terrena.

Após tomarmos um banho de ervas que Amayi havia preparado fomos até o local onde seria realizada a cerimônia. Abri o círculo sagrado saudando as forças da Natureza, a *Pachamama* e ao Grande Mistério. Depois abri um papel branco sobre um lenço de seda bem colorido e apanhando lãs coloridas, simbolizando a alegria, depositei-as por cima do lenço formando uma grande moldura em *degradê*. Depositei no centro da mandala de cores uma concha marinha, simbolizando o útero da Grande Mãe. Ao redor da concha fizemos *kintus* (trinca de folhas) com folhas de louro e as assopramos, *samay*, colocando nossas intenções sobre eles.

Dando sequência a nossa oferenda, joguei de forma espiralada com a mão direita, balas e outros doces ao redor da concha. Em seguida saudamos os seres tutelares presentes, como também uma série de lugares de poder, além dos guardiões de cada direção e os seres elementais.

Depois no sentido horário depositei incenso de copal moído e saudei mais uma vez a *Pachamama* e os seres presentes. Logo depois colocamos um pouco mais de fios de lã e derramamos um pouco de mel, antes de distribuir as sementes de milho, *quinoa* e lentilha. Para concluir o *despacho* colocamos recortes de papéis laminados nas cores prata e dourado, simbolizando os metais preciosos. Também depositamos por cima um cravo branco, representando os *Apus* (montanhas), e outro vermelho, para representar *Pachamama*.

Uma vez concluída a oferenda, empacotei tudo como se fosse um embrulho de presente amarrando com um cordão dourado. Levei até o coração de Amayi deixando-o ali por alguns minutos. Ela fez o mesmo comigo e juntos depositamos o *despacho* num buraco na terra, que eu havia cavado anteriormente, e antes de enterrar oferecemos um pouco de cerveja e vinho para *Pachamama*.

Finalizada a cerimônia tirei minha vestimenta sacerdotal, o poncho negro, e abracei Amayi com todo meu amor e fervor. Era muito bom ter alguém tão especial ao meu lado compartilhando aquele momento. A cada dia que passava, eu reconhecia naquela mulher a companheira de outrora.

Antes de finalizar o ano, resolvi fazer uma vivência na Tribo Terra sobre a Magia Xamânica Andina. Comecei o workshop falando que na tradição iniciática nativa andina os Xamãs utilizavam-se de rituais específicos para comungarem com as energias da natureza, com as cósmicas e para experimentar visões, que fazem do *Kausay Pacha* o mundo das energias vivente. Isso não quer dizer que negamos o mundo material, pelo contrário, significa que toda a matéria também tem um espírito energético. Ou seja, todo mineral, vegetal, animal, vírus e até coisas concretas como um carro ou uma casa tem uma consciência energética, que é envolvida por uma bolha de energia, o *poq'po*, e que para compreendermos o *Kausay Pacha* é necessário aprendermos a nos comunicar com essas energias.

Comentei que a física já havia demonstrado que a matéria e energia têm a mesma essência (E=mc2) e que a matéria consiste em energia em forma densa. Expliquei que um físico indiano, Amit Goswami, com sua teoria da Criatividade Quântica, demonstrou que toda a manifestação, atualização na linguagem quântica, se dá do nível mais sutil para o nível mais denso. A realidade mental, intuitiva e emocional (sentimentos), torna-se mais sutil do que o nível físico, e a partir destes níveis sutis cria-se o mundo físico. Além disso, toda e qualquer experiência em Estado Xamânico de Consciência revela a teia invisível que une todos esses níveis e torna possível sua interação.

Aproveitei para informar ao grupo que para os Xamãs andinos não existem energias positivas ou negativas. Eles gostam de graduá-las como energias vivas sutis ou refinadas, *sami*, e densas ou pesadas, *hoocha*.

Ao falar sobre a cosmovisão andina disse que o cosmo andino é dividido em três mundos, cada um tendo qualidades energéticas distintas. O *Ukhu Pacha* é o mundo interno, um plano que reside dentro da Terra e de cada indivíduo. Este mundo é ocupado principalmente por energias densas. É um local que tem como animal arquetípico a Serpente, que nos ensina a transmutar essa energia através da arte sagrada da reciprocidade, do *Ayni*. Expliquei ao grupo presente que no dialeto *quéchua*, esta palavra significa reciprocidade, ou equilíbrio. Ou seja, simboliza ter uma relação síncrona com a natureza, com os três mundos da cosmologia andina e com nossa essência.

Já o *Kay Pacha*, é o mundo mediano que é constituído de energias sutis e densas, e também é habitado por seres invisíveis, tais como os *Awki*, que vivem dentro das Montanhas Sagradas, os *Apus*. Na mitologia andina, o Puma representa este mundo e nos ensina a estarmos sempre em comunicação com as forças da Terra. Este animal nos ensina que através da meditação devemos deixar os problemas do mundo transitório de lado para permitir que o Universo fale ao nosso coração.

Por fim, há *Hanan Pacha*, o mundo superior. Um plano espiritual composto de energia refinada, habitado por seres luminosos, sendo o Condor o animal arquetípico deste plano. Sua mensagem é de que devemos nos desprender do mundano para que possamos ascender sendas maiores. Ele representa também o chamado caminho da libertação, nos ensinando a transcender e a elevar-nos pelos planos mais altos de *Wiracocha*. Deixa também a lição que já que não sabemos voar, temos que aprender a planar e para conseguirmos isso teremos que entrar em equilíbrio com a natureza.

Para finalizar a questão relativa à cosmovisão andina, os *Paq'os* conhecem a abundância contínua de todas as coisas na natureza e acreditam na existência de uma tela invisível de poder à potência infinita. E crêem que qualquer que seja o mundo, todas as formas físicas são ajudadas e infusas por essa energia universal que passa de uma vertente da realidade a outra. A apreensão da realidade vai muito além de um ato do pensar.

O ato cognitivo envolve o ser inteiro, em suas múltiplas dimensões. A cognição inclui a linguagem, o pensamento e todos os outros atributos da Consciência humana. Cria-se o mundo por meio da linguagem e da consciência, termo que poderia significar "conhecer juntos", tratando-se, portanto, de um esforço coletivo. Para mim, uma nova realidade poderá surgir da mudança da visão do mundo.

Além destes tópicos, falei um pouco sobre outras cerimônias, histórias de poder, lendas, meditações e práticas, além de compartilhar algumas técnicas de curas. Esta foi a primeira Vivência que realizei sobre a Tradição Iniciática Nativa Andina e tive a certeza de que não seria a última.

Explorando os Apus

Na presença infinita do eterno,
sentimos a imortalidade.
Assis Aymone

Dias após o meu *workshop* recebi um *e-mail* de Elvis, o filho de Mama Julia, informando que seu pai havia tido um ataque cardíaco fulminante. Na mesma hora respondi dizendo que aceitasse os meus sentimentos e o estendesse a toda sua família, mas particularmente à sua mãe. Gostaria de pegar um avião e viajar para estar ao lado dos "meus familiares" andinos, mas devido a uma série de compromissos não poderia fazê-lo.

Em fevereiro de 2010 criei, junto com alguns irmãos, um Círculo de Estudos Xamânicos na Tribo Terra. Iniciamos nossos trabalhos no dia 23 de fevereiro com uma palestra introdutória sobre Xamanismo. Nosso intento era formar um grupo de estudos aberto, em que, através de temáticas distribuídas em um cronograma anual, desenvolvêssemos debates, investigações e práticas. Durante nossos encontros conheci Grande Urso, Lobo da Noite e Gorila da Floresta, e devido ao interesse que mantinham sobre o caminho Xamânico, convidei-os a participarem das reuniões do Clã Lobos do Cerrado.

Em julho fui para Águas da Prata com Grande Urso e o Lobo da Noite, encontrar com Águia de Coração Leve e Velho Lobo para fazermos uma caminhada de poder pelo circuito das sete cachoeiras.

Numa manhã fria começamos nossa aventura fazendo uma caminhada de uma hora até a trilha que nos levava a primeira cachoeira de águas cristalina. Descemos suavemente por uma trilha moderada durante uma hora e meia até chegarmos a um local que parecia não ter passagem por nenhum lado. Após procurarmos durante uns quinze minutos, chegamos a conclusão de que a única maneira de alcançarmos o outro lado era fazendo rapel. Na mesma hora em que olhei para Lobo da Noite, ele também me olhou com incredulidade. Dei de ombros e respirei fundo.

Velho Lobo demonstrou toda sua coragem sendo o primeiro a descer, segurando numa corda que Grande Urso amarrara numa árvore de tronco grosso. Fui o próximo a encarar a descida. Grande Urso disse para ter confiança, pois ele iria segurar a corda enquanto eu descia. Antes, porém ele amarrou a corda na minha cintura e me ensinou como eu devia controlar minha descida apoiando-me nos meus pés e segurando a corda com as duas mãos. Respirei fundo e comecei a descer.

No início me senti o *Batman* do seriado de TV dos anos 1960 que sempre escalava os edifícios com a *batcorda*. Depois de percorrer pouco mais de cinco metros de descida tranquila, sinto a corda que envolvia meu tronco subindo e comprimindo o meu diafragma. Meu coração bate aceleradamente, espalhando adrenalina pelas veias dilatadas. Suo frio. Tento manter a tranquilidade, mas começo a ter dificuldade em respirar. Vendo meu sufoco Velho Lobo toca a minha perna direita e diz que falta pouco. Ao dar um pouco mais de corda para completar a descida, deixo-a escapar de minha mão direita e perco o equilíbrio.

Sinto a corda comprimir ainda mais meu diafragma fazendo com que eu mal consiga respirar. O gosto metálico do medo atinge minha garganta. No mesmo instante Velho Lobo segura minha perna direita e me puxa lentamente ao local onde ele está, enquanto procuro impulsionar meu corpo até lá. Aos poucos me orienta sobre onde devo pisar com segurança.

– Não solte a corda. Isso aí. Pise naquela pedra. Não, com o pé esquerdo. Bom! Firme. Agora o outro pé. Excelente!

Em segurança, Velho Lobo me ajuda a tirar a corda que não me deixava respirar direito.

Vendo que nosso caminho agora é mais fácil, desço até a próxima queda de água e encho meu cantil, enquanto o restante do grupo completa a descida de rapel.

Completamos o restante do circuito em menos de três horas de caminhada. Ao chegarmos ao fim mergulhamos na piscina formada pela última cachoeira e seguimos pela linha do trem até aonde havíamos deixado o carro de Grande Urso.

Na volta fomos a uma pizzaria comemorar nossa empreitada e voltamos cedo para o hotel, pois no dia seguinte iríamos voltar a Brasília de carro.

Além de meu trabalho como terapeuta Xamã, eu estava fazendo um curso de pós-graduação em Ensino a Distância e só em setembro de 2010 deveria concluí-la.

Assim que recebi o meu certificado de conclusão, resolvi fazer o desenho de um curso a distância de formação xamânica e disponibilizá-lo na minha página da *internet* para as pessoas interessadas em conhecer mais a fundo o Caminho Sagrado do Xamanismo.

Durante toda elaboração do curso senti as montanhas dos Andes me chamando para que voltasse para lá, e prometi a mim e a elas que iria assim que terminasse o curso em questão.

Nesse ínterim, voltei a Águas da Prata para fazer uma Busca da Visão durante a semana de finados. E foi lá, durante a "*Vision Quest*", num dia chuvoso que tomei a decisão de voltar ao Peru no início de 2011.

A chuva batia cada vez mais forte na barraca. Perdi a noção do tempo. Creio que chove incessantemente a mais de sete horas. O vento uiva furiosamente e o frio penetra cada célula do meu corpo. Por mais que eu tente não consigo cair no sono. Essa privação me deixa inquieto. Procuro respirar profundamente e entrar num estado meditativo. Aos poucos vou relaxando e sinto meu corpo ficando cada vez mais distante.

Estou caminhando pela trilha *inka*. O caminho é marcado por múltiplas paisagens que avançam dos picos nevados à floresta tropical. No alto da montanha a atmosfera fica cada vez mais complicada, avançamos lentamente por entre as nuvens. Estou à frente do grupo, conduzindo-os. Tenho passos firmes, apesar de não conseguir ver mais do que dois metros a minha frente. Finalmente começamos a descer entre rochas coloridas por musgos alaranjados. Deixamos para trás as grandes montanhas cobertas de neve e vemos a nossos pés, a luxuriante selva amazônica. Escuto o esturro de um animal. É um jaguar. Ele está me chamando.

Acordo suando frio.

Serra do Deus me livre, 02 de novembro de 2010.

Coincidência? Já é a segunda vez que estou no alto da Serra do Deus me Livre e recebo um sinal do Jaguar. Desta vez não tem como não dar ouvidos a este chamado. Meu inconsciente mais uma vez me alertou. Tenho que voltar a me comunicar e interagir com o Jaguar. Parece que para que isso possa ocorrer terei que voltar aos Andes, o que não será sacrifício nenhum para mim e sim um prazer.

Amanhã completarei quarenta oito anos. Mais um ciclo se completa. Sinto-me feliz por estar e me sentir vivo. As somas dos anos vividos não me pesam, nem tampouco me fez amargo pelas adversidades. Pelo contrário, as alegrias foram mais intensas do que os momentos de agruras. Sou grato a Wiracocha por ainda me permitir olhar o céu com suas nuvens deslizantes, estrelas brilhantes e a lua encantada em dias serenos.

Sou abençoado por sentir o perfume das flores, dos aromas das mais delicadas essências que combinam com o meu viver, de ouvir os cantos dos pássaros em sinfonias eternas, bem como as lindas melodias em escalas variadas emitidas por uma flauta, piano ou sax em meus momentos de reflexão, ou a dois.

Sou grato a vida pelo toque das coisas concretas, a diferenças entre a suavidade de uma flor e a aspereza de uma pedra. De exprimir os meus sentimentos em lágrimas, sorrisos e expressões dos mais variados sentir. Da convivência em família em união e carinho. Abraçar meus amigos reais e também os que não posso abraçar fisicamente, mas que posso abraçar com a minha alma. Escrever os meus versos, caminhando na minha estrada poética e expor minha essência em cada um dos poemas e textos que completam minha existência.

Agradeço a todos os deuses por desfrutar da presença física da mulher amada, por viver a beleza de amar e ser amado, construir sonhos a dois e edificar uma nova vida.

Era início de uma manhã chuvosa, de março, quando o piloto finalmente conseguiu pousar no Aeroporto de *Cusco*, apesar da pouca visibilidade. Segundo informações de César, o motorista de táxi, a chuva não havia dado trégua durante toda a noite do primeiro dia de outono. Eu sabia que a estação de chuva no Vale Sagrado dos *Inkas* era de novembro a abril, porém nos últimos anos ela parecia durar cada vez mais. Devido a sua intensidade, o percurso que era de mais ou menos noventa minutos de *Cusco* a *Ollantaytambo*, demorou pouco mais de duas horas.

Como a avenida da estação estava em reforma, o táxi não tinha como me deixar na porta do Hotel *Munay Tika*. Saltei perto do posto de saúde e coloquei minha mochila na cabeça protegendo-me da chuva que agora caía mais fraca. Toquei a campainha do hotel e a Dona Silvia veio até a porta me receber. Enquanto ela procurava minha reserva, vi Mama Julia descendo a escada calmamente e vindo na nossa direção. Ao olhar aquele homem alto, segurando um chapéu ensopado, ela abriu um largo sorriso e me abraçou.

Era muito gostoso ser recepcionado daquela maneira. Apanhei suas mãos entre as minhas e as beijei. Enquanto conversávamos pude notar que ela havia perdido um pouco da sua exuberância devido ao falecimento de seu esposo dezoito meses antes. Ela contou-me que aos poucos estava superando a ausência de seu companheiro, principalmente nos últimos meses, pois havia sido avó outra vez. Desta vez havia nascido o filho de Alan, o pequeno Ollanta, que trazia uma imensa alegria a ela.

Confessou-me que estava surpresa pela minha chegada e perguntou se desta vez eu iria cumprir minha promessa e subir a Montanha da Alegria. Assustado, perguntei a ela como sabia que eu tinha prometido uma escalada ao *Putukusi*. Contou-me que o *Apu* já havia contado a ela que na próxima vez que eu lá estivesse teria que cumprir o que prometi em 2002. Falei que tinha a intenção de fazê-lo, mas dependeria das condições climáticas na ocasião. Ela disse para não me preocupar, pois daria tudo certo.

Após me instalar no quarto e tomar um banho, resolvi caminhar pela cidade, porém assim que cheguei à recepção encontro Marco que, para minha surpresa, estava com Natasha, uma russa que eu havia conhecido em 2007 quando estive nos Andes pela última vez com Mallku. Nesse ínterim fui apresentado ao "Maestro" Pedro Condori e também a Larissa uma amiga de Natasha. Marco contou-me que estavam indo a *Pumamarka* fazer um *despacho* para *Pachamama* e uma cerimônia com *Wachuma* com Pedro, e perguntou senão gostaria de ir com eles. Respondo que seria um prazer e fui até o quarto apanhar meu poncho e minha *Mesa*.

Ao voltar à recepção encontramos Luis, que havia acabado de chegar de Lima e iria se unir a nós na jornada. Seguimos por quarenta minutos no 4x4 de Marco até nosso destino. Felizmente a chuva havia cessado e os raios de sol estavam começando a dar o ar de sua graça quando começamos a subida até o "Lugar do Puma".

Pumamarka é uma cidadela encravada no alto de uma colina, na confluência do rio *Patakancha* e seu afluente *Yuracmayo*, dominando um local estratégico com uma vista privilegiada dos vales. Sua posição permite controlar a passagem da população e a distribuição das águas que baixam do canal de mesmo nome.

Segundo Marco um grande mistério rodeia esta cidadela: não se sabe exatamente quando foi construída e nem qual foi sua função específica. Para alguns autores, pode ter sido outro posto de controle destinado a limitar a passagem da população pelo lado do *Antisuyo*, o leste, um dos quatro "suyos" ou regiões em que se dividia o Império Inkaico, porém a construção é muito grande para ter cumprido só está função.

Pedro contou-me que o tipo de arquitetura do sítio corresponde ao *inkaico*, o que faz supor que *Pumamarka* foi um dos primeiros assentamentos deste grupo na zona de *Ollantaytambo*. Porém a construção foi realizada em etapas que começaram por volta do século XIII, uma data que não corresponde à chegada dos *Inkas* ao Vale Sagrado. Há várias explicações possíveis, uma delas é que teria sido construído pelos *Ayarmacas*, povo que pertencia ao mesmo grupo étnico que os *Inkas* e compartilhavam elementos culturais e quiçá suas técnicas de construção. A outra opção, mais intrigante, seria que a presença dos *Inkas* na região é muito mais antiga do que acreditamos e algumas novas investigações apontam para este sentido.

Após as explicações sobre *Pumamarka*, Pedro distribui folhas de cocas para todos, solicitando que fizéssemos um *kintu* com elas e soprássemos nossas intenções sobre ele. Depois cada um depositou o seu no meio das flores que ornamentavam o *despacho* preparado pelo "Maestro".

Logo depois, um a um, demos uma baforada num cigarro de *mapacho* e Marco distribuiu os vasos de barro com *wachuma*. Natasha e eu recebemos dois. Depois de bebermos, deitamos nas colchas espalhadas ao redor da *mastana* que abrigava as *Mesas* de Pedro, a de Marco e a minha.

Enquanto Marco e Pedro levavam o *despacho* até uma *huaca* para ser queimado, o sol surgiu por entre as nuvens com toda sua força, fazendo com que todos passassem filtro solar em seus corpos.

Com os meus olhos fechados, sinto a presença de um ancião nativo descendo do alto da montanha até as ruínas e o ouço dizer que é o guardião de *Pumamarka*. Dito isso, o *vejito* desaparece e começo a sentir o meu *poq'po*, corpo de energia, se expandir e abarcar toda a cidadela. Abro meus olhos e vejo saindo da altura do meu umbigo uma série de fios vermelhos acobreados formando uma grande teia luminosa. Sinto-me nutrido e saciado com o fluxo de energia que recebo daquele local de poder.

Pedro se aproxima de mim e diz:

– Alimente-se deste fluxo de energia refinada pelo seu *q'osqo* "hermano".

Mama Julia já havia falado, quando comecei estudar com ela, que o *q'osqo* era um "estômago espiritual" localizado ao redor da área do umbigo, e que no xamanismo andino o usamos para controlar o fluxo de energia refinada ou densa que entra e sai de nós. Neste caso, inconscientemente eu estava tirando a energia da natureza e alimentando-me dela. A experiência me havia ensinado que devemos doar a energia pesada e depois "comer" a energia refinada, realizando assim um processo de troca, *ayni*. Sendo assim, doei como se fosse uma oferenda a *Pachamama*, que iria transformá-la.

Após me sentir pleno de energia sutil, *sami*, caminho até uma grande pedra no formato de um puma deitado e encosto meu *q'osqo* nela, largando meu corpo como se fosse um felino descansando tranquilamente num galho de uma árvore. Lentamente fui sentindo a energia escoar naturalmente, como se a pedra estivesse sugando-a de mim. Sempre soube que a energia *hoocha* não era negativa ou ruim. Mama Julia me ensinou que apesar de ela ser densa para mim, poderia ser refinada para outra pessoa e vice-versa.

Passado pouco mais de duas horas não sinto mais os efeitos do *wachuma* e enquanto dobramos as mantas de alpacas, Pedro nos chama a atenção para o surgimento de um arco-íris, entre as montanhas ao leste, que veio nos abençoar com seus raios.

Enquanto Marco e sua *Mesa* cuidam de Larissa, que não se sentia bem, exploro a cidadela com Pedro.

Numa *huaca* próxima a uma rocha, apoiei minha mão esquerda numa parede para me equilibrar e senti uma pedra se soltando. Apanhei-a e vi nela a forma de *Pachamama*. Mostrei-a a Pedro que diz que devo levá-la comigo e colocá-la na minha *Mesa*. Neste momento o Maestro tirou de sua bolsa uma *chakana*, a cruz andina, trabalhada em pedra e me deu. Olhando o belo trabalho notei que no centro dela há um quadrado, com um círculo e dentro deste um triângulo. Perguntei o porquê dos símbolos ali talhados.

Apanhando a *chakana* das minhas mãos, o *Maestro* explicou:

– Quando o homem começou a caminhar pela terra descobriu que através dos quatro cantos dela conseguiria entender seu Universo; não adiantaria tentar voar como o Condor se primeiro não tivesse a base do Puma, não adiantaria filosofar sobre o Universo senão entendesse sua realidade, e isso só foi possível descobrindo os quatro pontos cardeais e o Quadrado se tornou o símbolo perfeito para descobrir o Universo. A Totalidade seria o Círculo, realizando sua relação com o Cosmos ele desceria na Terra para perpetuar sua geração realizando que o Triângulo aparecesse na sua dimensão. Estes são os símbolos e a ordem perfeita desta estrutura de poder: Quadrado, Círculo e Triângulo, o que quer dizer que o Quadrado contém o Círculo e dentro deste está contido o Triângulo, formando uma ordem perfeita.

Devolveu-me a *chakana* e voltamos ao local onde realizamos a cerimônia. Lá desfrutamos de um piquenique regado a maçã, abacate, banana e pão andino. Em seguida descemos a colina vagarosamente e seguimos de carro até *Ollantaytambo*. Marco deixou a todos no *Munay Tika*, dizendo que na manhã seguinte estaria lá para irmos ao *Apu Wakaywillka*, a montanha da lágrima sagrada.

Depois de tomar um banho quente deixei a chave na recepção e saí para jantar no Restaurante *Orishas,* em frente ao hotel. Fiquei surpreso ao entrar e constatar que seu feliz proprietário era Alan, o filho de Mama Julia. Ele havia realizado o seu sonho, fato que compartilhara comigo em 2008, quando elogiei a sua comida numa das vezes que tinha comido na casa de sua mãe em *Rumira*. Perguntando quanto tempo eu passaria por lá, respondi que deveria ficar em torno de uns cinco dias. Convidou-me então para ir com ele a *Pachar*, o templo da fertilidade, no dia seguinte. Perguntei senão poderia ser num outro dia, pois já tinha compromisso com o Marco na manhã seguinte. Ele disse que combinaríamos depois. Após meu jantar, nos despedimos e fui dormir.

Na manhã seguinte Marco só conseguiu chegar depois das onze, devido a uma greve em *Chinchero* teve que fazer um percurso mais longo de *Cusco* até *Ollantaytambo*. Seguimos pela estrada em zigue-zague que vai até *Quillabamba* durante mais de sessenta minutos, porém paramos ao pé do *Apu Wakaywillka*, conhecido também pelo nome de *Veronika*. Segundo Marco a montanha fica a 5.683 metros de altitude acima do nível do mar e assim que saímos da 4x4 pudemos sentir a dificuldade em respirarmos, como também o vento frio de -3°C em nossos rostos.

Infelizmente não pudemos apreciar toda a magnitude do *Apu*, pois as nuvens nos envolviam e não deixavam que víssemos mais de dez metros a nossa volta. Para piorar um pouco nossa situação, enquanto caminhávamos até o local onde seria realizada uma cerimônia com "Maestro" Pedro, começou a cair uma chuva fina que fez com que nos abrigássemos em capas de chuva.

Ao caminharmos até o meio da montanha pudemos ver surgir a nossa frente a "Laguna Wakaywillka". Pedro nos guiou até uma pequena ruína e resolveu que faria lá a cerimônia do *karpay* para nos conectar com o *Apu*. Marco distribuiu folhas de coca entre nós e pediu para que cada um fizesse sete *kintus* e oferecessem os dois primeiros a *Pachamama* e ao *Apu*, os outros poderíamos dedicar a quem quiséssemos. Após oferecer os dois primeiros aos comensais sagrados, faço o mesmo com os outros cinco dedicando-os a Amayi, minha mãe, irmã, meu sobrinho e ao meu pai.

O silêncio entre as brumas é rompido quando Pedro toca seu *pututu*, reverberando entre as montanhas do vale. Caminhamos em fila indiana até o "Maestro", que nos defuma com *palo santo*. Em seguida cada um de nós recebe a sintonização. Na minha vez sinto-o puxando minha cabeça de encontro a sua e o escuto rezando na língua *quéchua*. Ao final pede que eu levante minha camisa deixando minha barriga à mostra. Pedro coloca um disco de bronze no meu plexo solar e me abraça fortemente. Durante alguns segundos sinto um fluxo de energia sendo passado no objeto bronzeado e alimentando o meu *q'osqo*. Ao afastarmo-nos o sol aparece e vejo seus raios refletindo no disco.

De lá vou até o Marco, que me aguarda para fazer uma cerimônia de florescimento. Antes de começar, pede que eu apanhe minha *Mesa*. Posiciono-me no meio de um círculo de flores, segurando meus objetos sagrados envoltos pela *mastana*. Sinto-a mais pesada e na mesma hora abro os olhos e vejo a *Mesa* de Marco sobre a minha. Cerrando-os outra vez, escuto uma pena de condor sendo passada pela minha bolha de energia, *poq'po*, junto com alguns respingos de água florida.

Depois Marco me limpou com alguns ramos de arruda e cravos. Acabada a cerimônia entregou-me a rama de flores e pediu que eu construísse uma pirâmide de pedras e depositasse as flores nela para me conectar ao *Apu*. Acabada a minha missão de construir a *apacheta* de pedras, resolvi subir um pouco mais a montanha. Ao me sentir totalmente envolvido pela neblina, resolvo descer para encontrar o grupo. Durante nossa caminhada até o carro, Marco explica para o grupo que para os nativos da região, *Wakaywillka* é habitada pelos espíritos ancestrais dos *Inkas*, que guardam dentro dela uma sabedoria milenar.

Já na 4x4 combino com Marco de incluir *Pumamarka* e *Wakaywillka* na jornada que estávamos planejando promover em julho. Ele disse para que eu visitasse as cataratas de *Mandor* quando estivesse em Águas Calientes e verificasse a possibilidade de incluí-la também na nossa programação. Na volta a *Ollantaytambo* me despeço de meus novos amigos, que seguiriam com Marco e Pedro até a cidade de *Anta-Pacca*, onde pernoitariam antes de voltar para suas casas.

Espíritos dos Elementos

Sou o vazio do éter, abrindo espaço no universo infinito... sou o movimento do ar, a brisa fresca em meu rosto cantando a canção... sou o fogo transmutando e transformando, aquecendo o alimento do sonho... sou a suavidade da água, envolvendo e alquimizando as misturas na chuva cósmica do amor... sou a firmeza da terra, mantendo estável e acolhendo toda a criação com sua generosidade e abundância... creio que estou buscando ser tudo isso... uma composição de harmonia e beleza junto aos elementos da criação... honrando todas as formas de vida... uma caminhante... na dança atemporal do presente... celebrando a união... a diversidade e a beleza!

CRISTINE TAKUA

Ao acordar pela manhã resolvo subir ao *Cerro Pinkuylluna*, sozinho, pelo caminho tradicional. Minha intenção ao começar a subir os degraus de pedra trabalhados no *Pinkuylluna* é o de caminhar até ao rosto de *Wiracocha* e lá contemplar o vale. Durante o percurso passo pela *qollca*, local utilizado pelos *Inkas* como depósito de comidas, roupas e outros utensílios. Observando a obra construída com grande habilidade noto uma série de portas que deveriam servir para a ventilação e proteção dos produtos estocados.

Havia sido naquele local que Marco e eu recebemos dois dos últimos ritos iniciáticos pelas mãos de Mama Julia. Inconscientemente eu estava seguindo o mesmo trajeto que havia percorrido com meus irmãos andinos na minha última estada no Peru. Creio que o Universo estava querendo me dizer algo.

De lá sigo até outra construção menor localizada num ponto estratégico e que deveria ter servido para controlar a entrada no vale.

Após caminhar por quase uma hora finalmente chego acima da gigantesca escultura de 140 metros de altura que representa a imagem de *Wiracocha Orcco*. Procuro um lugar no *chuku* sobre a cabeça e sento, olhando as montanhas do vale a minha frente. Este gorro esculpido acima da face de *Wiracocha* simboliza sua qualidade de homem sábio, um *Amauta*. Fora ali que eu recebera meu último rito iniciático andino, junto com a pedra similar a um *donut* e que recentemente descobrira ser chamada de "*piedra Torus*". Naquele dia recebi, junto com Marco, a incumbência de divulgarmos os conhecimentos da *Tradícion Iniciatica Nativa Andina*.

Seguro a Pedra *Torus* pendurada no meu pescoço enquanto olho para o santuário arqueológico de *Ollantaytambo* à minha frente, foco minha atenção no *Ayarcachi* e observo os detalhes do condor incrustada naquela *huaca*. Neste momento decido que irei até lá à tarde e começo a descer o *Cerro Pinkuylluna*.

Ao voltar ao hotel para descansar antes de sair para almoçar, encontro com Mama Julia e ficamos conversando por quase uma hora. Aproveito para contar a ela a experiência que tive no *Pumamarka* e que até então não tivera a oportunidade de falar-lhe. Depois de ouvir a minha narração atentamente, disse-me:

– Muito tempo atrás eu te falei que para limparmos o nosso *Wiracocha*, teríamos que eliminar a energia densa que prejudica nosso corpo espiritual e físico, pois assim poderíamos nos harmonizar e começar a acelerar nossa evolução coletiva. Para isso você tem que começar a se alimentar cada vez mais da energia refinada que os locais de poder, as *huacas*, e a natureza nos fornecem como também doar a energia pesada para que elas sejam transmutadas. Desta maneira estará trazendo o *Mastay*, a harmonia para os três mundos.

– Sim! - respondi. – E devo fazer isso fortificando cada vez mais o meu *poq'po* e entrando no *Taripay Pacha*, o tempo além-tempo, pois assim os filamentos de energia do meu corpo luminoso poderão estabelecer comunicação com o Infinito e comungar com ele.

– É isso mesmo Wagner. Agora que você já foi iniciado nos ritos andinos podemos voltar a conversar sobre os *ñawis*, as faixas de energia que estão localizadas no nosso corpo energético.

– Recordo-me que na ocasião a senhora me falou que havia plantado sementes dentro do meu *poq'po* e que ao serem germinadas me ajudariam a queimar a sujeira psíquica acumulada nestes cintos energéticos, o que permitiria que a luz original voltasse a cada um deles.

Interrompendo-me, completou:

– O que o ajudará também a reconquistar o corpo de arco-íris criado no momento da sua concepção genética.

Fomos interrompidos por Dona Silvia que trazia-nos dois copos com mate de coca. Após agradecermos, *Mamita* continuou a falar:

– Posso ver que seus *ñawis* estão brilhando em todo seu esplendor original, o que facilita também que os Seres Luminosos possam chegar até você e assim compartilhar uma visão comum. Aos poucos você está começando a enxergar o mundo invisível mais nitidamente, e em breve poderá distinguir as formas físicas anteriores destes seres luminosos.

– É verdade! Já consegui visualizar um deles em minhas práticas meditativas e em alguns trabalhos que realizo.

– Muito bem, vejo que você está se tornando um verdadeiro *Kurak Hampeq*, um líder espiritual andino, e fico feliz com seu progresso.

Sorrio meio sem graça, enquanto ela continua falando:

– Aqui nos Andes, nosso corpo de energia luminoso tem cinco cinturões energéticos o rodeando. Os *ñawis* estão localizados na altura do osso sacro, umbigo, coração, da garganta e alto da cabeça. Cada um deles está associado a um elemento.

– Cinco?

– Han, han! O da base da coluna é ligado à água, o da segunda a terra, o terceiro ao fogo, o quarto ao vento e o quinto ao éter universal. As forças destes elementos agem como filtros ao transmutarem a energia densa e refinada, nutrindo nosso *poq'po*. Você também poderá usá-los para doar a *hoocha*. Ao vermos esses cintos ao redor de nossa bolha de energia, podemos verificar que o primeiro tem a cor negra, o segundo vermelha, depois o dourado, prateado e por fim uma pura luz violácea. Podemos utilizar estas faixas também com se fossem ventosas ou tubos de energia quando estamos doando, recebendo energia ou também para nos segurarmos em alguma situação de perigo, como se fosse outro membro de nosso corpo.

– Mama, a senhora tá dizendo que posso por exemplo me prender a uma rocha como uma lagarto caso esteja escorregando?

– Exatamente! Só que para isso terá que fazer uma série de conexões com cada uma destas faixas. Como é que você acha que os sábios andinos conseguiram trabalhar tão detalhadamente em algumas montanhas, como podemos ver aqui no *Cerro Pinkuylluna*. Quando você for hoje a "*Huaca del Condor*", o *Ayarcachi*, depois de escalá-lo vá até uma série de fontes de águas logo abaixo e trabalhe com o *ñawi* do seu osso sacro, que é chamado de *Chaupin*.

– Quais são os nomes dos outros?

– Como você já sabe, o *Q'osqo* fica no umbigo. O *Soncco* está localizado no coração, o *Kunka* na garganta e o *Uma-Pukio* na cabeça.

Acabada nossa conversa, ela me convida para tomar uma sopa serrana de milho que havia feito para o almoço e gostaria que eu provasse. Depois de me deliciar com aquela sopa regada a muito queijo e bem temperada, agradeço a gentileza e vou a uma *lan-house* ligar para a Takua, uma amiga gaúcha que mora em *Urubamba* com seu marido peruano para confirmar a visita a casa deles no dia seguinte.

Depois da ligação caminho até a praça *Mañay Racay* e compro uma *chakana* de prata de um dos ambulantes da feira que fica em frente ao Santuário Arqueológico de *Ollantaytambo*. Entro na fortaleza construída pelos *Inkas*, pelo portão norte e cruzo uma série de fontes até chegar ao "*Baño de la Ñusta*". Lá me ajoelho ao lado oposto ao da imagem da Princesa *Inka* e tomo um banho simbólico, pedindo permissão para caminhar naquele solo sagrado onde a terra e o céu comungam como se fosse um casal sagrado, um *hapu*.

Ao sair das fontes sigo na direção sul até a *Huaca* do Condor. Escalo os altares construídos na sua base até chegar ao altar de oferendas, onde deposito cinco *kintus* de folhas de coca para os elementos da natureza. Ao meditar naquele local de poder noto que *Ollantaytambo* é um centro de poder dos elementais, pois ali encontramos uma convergência deles com a Terra fértil, a Água que circula no solo, o Fogo interno das pedras e os surpreendentes Ventos.

Ao descer do *Ayarcachi* sigo por um corredor de pedras até as fontes d'água. Caminho até um nicho de onde mina o líquido essencial a nossa vida, que cai da montanha e corre por um conjunto de cascata de três níveis. Sento ali, encostando-me nas paredes de granito e procuro me sintonizar com o Espírito da Água. Focalizo toda minha atenção na base da minha coluna procurando expelir a energia densa. Sinto um fluxo energético esquentando toda minha coluna e de repente escuto um som de estouro de champanhe.

Meu osso sacro arde como se estivesse sendo queimado enquanto a energia *hoocha* se esvai por ele. Quando o ardor cessa, convido o Espírito da Água a se apresentar. Neste instante vejo um duto transparente, *waska*, saindo da base da minha coluna até a fonte de água cristalina. Sintonizo-me a esse elemento e noto que ele toma conta do meu corpo purificando todas as minhas células.

As águas do rio *Patacancha* tocam-me os pés quando chego perto do *inkamisana*, o medidor astronômico. Olho para a direção do Templo do Sol e vejo uma fila de sacerdotes e sacerdotisas subindo as *terraças* que levam até lá. Os homens estão vestidos de dourado, enquanto as mulheres vestem-se de prata. A frente do cortejo um menino vestido somente com seu *huara*, calção, carrega um ídolo de ouro. O *Inka* o aguarda sentado no trono de pedra acima da Sala dos Dez nichos. Acotovelo-me no meio da multidão para ter uma melhor visão. Vendo a minha luta, uma moça me segura e coloca-me sentado sobre seus ombros. Sorrio para ela. Seus olhos são límpidos e de um azul profundo. São feitos de água.

O barulho da água caindo cresce ensurdecidamente e me tira do meu estado visionário. Suspiro profundamente e me levanto. Os apitos dos guardas tocam em uníssono, dando o sinal de que o santuário irá ser fechado. O tempo voou, devo ter apagado completamente, pois poderia jurar que não tinha mais do que três horas que eu havia cruzado o portão norte.

Ao caminhar de volta ao hotel, encontro com Alan na porta do seu restaurante e pergunto se podemos ir daqui a dois dias a *Pachar*, pois na manhã seguinte irei visitar um casal de amigos em *Urubamba*. Ele me diz que não há problema algum.

Ao entrar no *Munay Tika* encontro Mama Julia enfeitando com flores uma mesa, com uma imagem de tamanho real de Nossa Senhora de Fátima. Ao perguntar o que fazia, ela me responde que às seis da tarde haveria uma missa no hotel para aquela que era uma das mais lindas manifestações da Deusa na Terra. Convidou-me para participar e contou-me que iria homenageá-la com uma canção de sua própria composição.

Digo que achei estranho ver ali uma imagem de uma santa. Ela ri e diz:

– Esta imagem que você está vendo percorre o mundo desde o final da Segunda Grande Guerra Mundial. Esteve na casa da minha mãe quando nasci em 1950 e agora estou tendo a honra de receber essa "Princesa Peregrina" na minha casa. Esta que você vê é uma replica da que esteve aqui anteriormente, pois desde 2003 a original se encontra na basílica do Santuário de Fátima em Portugal, enquanto as réplicas que foram feitas percorrem o mundo. Lembre-se o que lhe disse no ano em que nos conhecemos, que vivemos num tempo de reintegração, do começo de uma grande comunhão, do grande encontro dos povos das Quatro Direções; ou seja; da reunião das tribos tal como os *Inkas* fizeram aqui nos Andes anteriormente.

Depois de tomar um banho voltei à recepção do hotel e resolvi participar da missa. O Padre peregrino que levava a santa de uma cidade a outra, me falou que aquela era uma réplica que ficava na maioria do tempo em Brasília. Ele fica profundamente comovido quando digo que nasci e vivo na capital do Brasil. Ao final da cerimônia, Mama Julia pediu licença e cantou em *quéchua* a música que compôs. Sua voz melodiosa encantou a todos e lágrimas rolavam pela sua face enquanto cantava. Foi uma sensação única e confesso que sai de lá maravilhado, principalmente ao sentir cheiros de rosas durante todo o rito, quando só havia cravos enfeitando o altar.

Na manhã do dia seguinte, quando eu saía do hotel para ir a *Urubamba*, Mama Julia pediu que aguardasse um pouco, pois ela iria até *Cusco* com seu filho e nora, e me daria uma carona até lá para encontrar a minha amiga.

Ao chegar fui ao Mercado Municipal comprar folhas especiais de Coca para um *despacho* que *Mamita* faria na sua casa em *Rumira* para um grupo de brasileiros amigos meus que chegariam no dia seguinte. Depois segui a *Plaza* de Armas de *Urubamba* para encontrar Takua. Havíamos combinados de nos encontrarmos às onze da manhã na praça, mas minha amiga se atrasou. Pelo visto os dois anos que ela vivia no Peru, fez com que pegasse o mesmo costume dos peruanos de nunca chegarem na hora a um encontro marcado. É normal se atrasarem até uma hora, mas sempre chegam. Sabendo disso, esperei.

Descendo uma das *calles* que saem por trás da catedral, *Takua* surgiu de sandálias de couro, com um típico chapéu arequipenho com flores bordadas, vestindo uma bata indiana e uma calça jeans. Sua energia era contagiante, deixando-a com uma aura luminosa e fazendo com que parecesse maior aos olhos, mesmo apesar de ter apenas um metro e sessenta de altura. Enquanto conversávamos no banco da praça aguardando a chegada de seu marido, vi uma mecha de cabelos brancos caindo de debaixo do chapéu para a sua testa.

Quando Papoq chegou nos disse que havia surgido um imprevisto e não poderia almoçar conosco, mas nos encontraria mais tarde na *Tribu Holistica*. Takua me levou até no mezanino do Mercado para comermos, mas o restaurante estava fechado. Fomos a outro poucos quarteirões abaixo, de comida natural já que ela não comia carne de espécie alguma.

De lá seguimos num taxi que não era mais nada do que uma charrete de dois lugares, puxada por uma moto. Descemos na parada do Hotel Ecoandina na estrada que levava a *Rumichaka* e *Ollantaytambo*. Fizemos uma pequena parada numa *chicheria*, onde Takua comprou dois litros de cerveja de milho, *chicha*, e seguimos para a *Tribu Holistica* que também era a sua residência.

Papoq já nos aguardava quando chegamos. A casa de dois andares na forma de um hexágono tinha as paredes de adobe com teto de *ichu*, palha. Era bem simples, mas aconchegante. Na parte de cima funcionava a área cerimonial, e também o estúdio no qual Papoq gravava suas músicas. Enquanto bebíamos *chicha* e mascávamos folhas de coca, escutamos alguns CDs gravados por ele. Na conversa Takua me contou que como guardiões do *Apu Rontokan*, eles faziam uma série de atividades espirituais que culminaram na criação da *Tribu*, inclusive ela criou um Sagrado Círculo de Mulheres que reverenciavam as várias faces da Deusa.

Em Takua, que eu conhecia apenas virtualmente até este dia, reconheci uma irmã. Emocionei-me quando contou sua história entre os índios *Guarani* e sua jornada nos Andes até chegar a *Urubamba* e conhecer Papoq. Vi nela uma linda guerreira, que me lembrou muito a minha irmã Pantera Negra que também seguia "No Caminho" fazendo suas incursões a diversos países e deixando sua gentil pegada sobre a Mãe Terra.

Ao final da tarde me despeço e vou até a rodovia apanhar uma *van* para *Ollantaytambo*. A lotação estava abarrotada de gente, o que fez com que eu ficasse encurvado durante quase trinta minutos, até que em *Yanahuara* alguém saltou e pude me sentar na frente, ao lado do motorista.

Após um banho relaxante fui jantar no *Orishas* e encontrei mais uma vez com Alan e sua esposa, Dona Ruth. Acertamos os últimos detalhes para nossa incursão a *Pachar* na manhã seguinte, combinando de nos encontrarmos na imensa pedra de mais de uma tonelada trabalhada pelos *Inkas* que fica situada na Praça de *Araccama*.

As nove da matina estou no local combinado, encostado na *Piedra de Araccama*, em frente à antiga loja que Mama Julia tinha quando a conheci. Alan chega com sua Hilux 4x4 e seguimos pela carretera principal até um determinado ponto no qual cruzamos o rio *Wilccanota* por uma ponte de madeira. Depois seguimos por cinco minutos pela estrada de terra, paralela à linha do trem, que vai até *Cusco*. Deixamos o carro num pequeno entroncamento e começamos uma subida moderada de mais ou menos um quilômetro pelo desfiladeiro de *Huarocondo*, que nos levou até o Templo da Fertilidade, *Pachar*.

Durante a subida feita, de pedras rupestres, pude observar que ela dividia as *andenarias*, os terraços feitos pelos Inkas, em duas zonas, aplicando assim o princípio andino da bipartição do espaço (masculino/feminino, dia/noite). Ao final da escada chegamos à *huaca* e pude ver que se tratava de uma grande caverna rochosa. Uma rocha azulada de forma natural me chamou a atenção. Alan me conta que é um altar cerimonial. Pude notar também que ao lado daquele local de poder havia muros de pedras e adobe demarcando os limites do recinto sagrado.

No muro lateral esquerdo pude apreciar uma bela composição de nichos trapezóides feitos em adobe, no qual pude ver sete, porém creio que deveriam ser oito agrupados em dois níveis, sendo quatro por nível. O interessante na composição de cada um são os símbolos escalonados na parte superior, o que demonstra nitidamente o caráter sagrado do lugar.

Ao entrar na caverna, voltei a olhar a pedra azulada que anteriormente se mostrava quase natural exteriormente. O que vi me impressionou. Olhando-a interiormente pude ver um trabalho muito preciso e enigmático. A simetria entre os lados era perfeitas. No meio a uma espécie de volume que me pareceu que foi mutilado. Na parte inferior pude ver o símbolo sagrado da *chakana* trabalhado escalonadamente, reforçando o sentido sagrado da rocha.

Olhando mais atentamente pude notar na rocha um padrão comum no seu desenho do símbolo da transcendência andina, a *chakana* que une os mundos do *Uhku Pacha*, *Kay Pacha* e *Hanan Pacha*; ou seja; nosso mundo mediano unido ao superior e ao interior. Notei também um ponto onde se encontram quatro planos em diferentes níveis, o que certamente representavam a união das quatro regiões em que se dividia o *Tawantinsuyu*, o antigo império *Inka*.

O grau de maestria nos detalhes que os ancestrais andinos alcançaram era tão alto que pareciam dominar as pedras, cortando-as como se fossem argila. Infelizmente também pude notar que havia evidências de diferentes danos e mutilações feitos a esta rocha sagrada. Pude ver inclusive perfurações para dinamitá-la, o que pelo visto não conseguiram fazer em sua totalidade. Alan me contou que era ali que os sacerdotes andinos faziam seus cultos a *Pachamama*.

Outro lugar enigmático que me chamou a atenção foi uma construção ao lado direito e ao fundo da caverna. A escultura trabalhada na rocha representa uma porta. Ao tocá-la vi que se tratava de uma porta multidimensional e comentei com Alan a minha descoberta. Ele riu e disse que alguns nativos acreditam ser um lugar de culto lunar, inclusive denominaram o local como *Choquekilla*, a Caverna da Lua Brilhante. Disse para ele que iria meditar ali e descobrir o que realmente era, se assim os ancestrais quisessem me contar.

Aproveito que começou a cair uma forte chuva para fazer minha meditação naquela porta encravada na caverna. Tiro do bolso do meu casaco um saco de folhas de coca e faço um *kintu*. Após um *samay*, assoprar, o enterro naquele lugar sagrado. Posiciono-me da melhor maneira possível naquele *huaca* enquanto Alan tira de sua pequena mochila um *maraká* feito de casco de tartaruga e começa a sacudi-lo ritmicamente. Ao me acomodar naquela rocha trabalhada me sinto como se estivesse aninhado no colo amoroso de *Pachamama*. Decido abrir meu *q'osqo* e entregar minha energia ao Espírito da Mãe Terra.

O som suave das sementes chacoalhando juntamente com a chuva que cai na terra parece uma cantiga de ninar, e faz com que eu alcance rapidamente um estado de relaxamento. Sinto que estou sendo sugado para dentro da rocha.

Mama Killa, a Mãe Lua, ilumina a entrada da caverna com seus raios prateados misturando-se aos dourados do fogo sagrado que arde no centro daquela *huaca*. Três sacerdotes derramam *chicha* no chão, enquanto um grupo de quatro sacerdotisas joga uma chuva de folhas de coca e algumas raizes na fogueira. Um odor agradável toma conta do lugar junto com a fumaça. Sinto uma irritação nos meus olhos fazendo com que lágrimas brotem deles. Mulheres vestidas de branco me rodeiam e começam a dançar a minha volta. Envolvida por aquele êxtase grupal, começo a dançar freneticamente até sentir desaparecer o peso do meu corpo.

Estou vestida com um *anaku* que desce até os tornozelos, feito de lã de vicunha prateada. Um colar de *chaquiras*, pérolas de concha rosa, ornam meu pescoço e caem sobre meus seios. Meu consorte está no fundo da caverna, também vestido com uma túnica de um tecido de alta qualidade, *cumbi*, só que na cor dourada. Ele tem a estatura pouco acima da média, cor de cobre escuro, cabelos lisos e negros que caem até a altura de seus largos ombros. Oito mulheres, todas vestidas de branco, azafamam-se suavemente ao redor dele, num balé gracioso. Duas delas o abanam com plumas, outras duas alimentam um braseiro que arde a seus pés. Todas levam nos pescoços lindos colares de *mullus*, conchas vermelhas.

Estou eufórica, pois dentro em breve irei ser uma *Coya*, a esposa do *Sapa Inka*. Seremos um casal sagrado, *Hapu*. Viemos de povos e regiões diferentes, mas que sempre conviveram em paz. Ele das montanhas e eu da selva. Puma e Jaguar convivem em harmonia e se respeitam. Nosso casamento será um *yanantin*. Ali na Caverna da Lua Brilhante, iremos nos amar pela primeira vez tendo as bênçãos de *Mama Killa* durante esta noite e a de *Tata Inti* quando ao amanhecer ele nos iluminar com seus raios. Somos filhos de *Pachamama* e ali dentro do seu ventre iremos gerar nossa primeira criança. Agora eu entendo porque também chamam aquele local sagrado de Templo da Fertilidade.

Suavemente sou expelido de dentro da rocha. Olhando ao redor vejo que ainda estou na caverna. Um grande cinturão energético vermelho pulsa na altura do meu umbigo e dele sai um cordão luminoso que me liga aquela *huaca*. Olhando para ele vejo uma seiva avermelhada fluindo na direção do meu corpo abastecendo-o. Sutilmente a faixa de energia e a fibra luminosa, *waska*, que me alimentavam desaparecem. Olho para a rocha azulada e tenho a nítida impressão de ver entrando nela uma senhora de longos cabelos na cor da terra. Reconheço-a. Ela é *Pachamama*.

Saio da caverna com um sentimento de satisfação por ter conhecido um recinto tão diferente e especial. Olho para a garganta do desfiladeiro e vejo abaixo o rio *Huarocondo* e a linha do trem. Da rocha azulada noto que aquela *huaca* é um ótimo lugar para observar os astros, os raios do sol, o assobio do vento, o som do rio e o frescor da vegetação que nos acolhe, passando-nos uma mensagem de paz, de harmonia entre a obra do homem e a do Criador do Universo. Aos descer a montanha, carrego dentro de mim uma gratidão ao Alan por me trazer num local tão especial.

Aos voltarmos para o hotel Mama Julia nos aguardava com o almoço pronto.

Putukusi, a montanha mágica

Criaturas humanas necessitam escalar a montanha não simplesmente porque ela se ergue à sua frente, mas porque a divindade plena da alma necessita se unir ao espírito.

DALAI LAMA

Águas Calientes, 30 de março de 2011.

Cheguei hoje no início da noite a Águas Calientes, conhecida também pelo nome de Machu Picchu Pueblo, um pequeno povoado a poucos quilômetros de Machu Picchu que serve de ponto de partida para quem quer visitar a Cidade Inka. Enquanto Anka esta no banho resolvi escrever um pouco. Assim que ele sair do banheiro iremos jantar e depois voltarei para o quarto, pois quero estar bem descansado para subir a montanha Putukusi amanhã.

Vim com meu amigo e mais três brasileiras, mineiras, de trem. Anka é quem coordena esta jornada com as meninas e, sabendo que eu estaria no Peru nesta época, pediu-me para auxiliá-lo na divulgação da viagem e também em alguns trabalhos xamânicos. Respondi que não teria problema algum, mas não poderia estar todo o tempo com eles, pois tinha algumas outras coisas que eu queria fazer sozinho na minha estada. A primeira das atividades que fizemos juntos foi um despacho com Mama Julia na manhã de hoje em Ollantaytambo, antes de pegarmos o trem. A cerimônia em si demorou cerca de duas horas e todos eles ficaram muito impressionados com a profundidade e riqueza do trabalho feito para Pachamama.

Mamita só aceitou fazer o despacho porque eu havia insistido muito. Ela disse que desde a passagem de seu marido, tinha se dedicado exclusivamente ao seu trabalho no Hotel Munay Tika e a orientar seus filhos. Ao final ela veio a mim e agradeceu pela minha insistência, pois se sentiu renovada ao fazê-lo. Ao me despedir dela, agradeci mais uma vez a acolhida, os ensinamentos e prometi voltar em julho com um grupo para uma jornada de conhecimento xamânico pelo Vale Sagrado dos Inkas.

Cada vez que volto aos Andes descubro que há tanto a ser despertado, a se apre(e)nder... tanta batalha e luta a ser travada contra nossas benditas fragilidades humanas, nossos limites, egoísmo e orgulho. Tanto a percorrer... caminhando, espero, entre nossos bons e velhos Ventos... sentindo o cheiro do ar roçando o mato, a tempestade e mansidão das águas, o sinuoso e sedutor contorno das montanhas e vales, as pedras que rolam e um dia param e depois apenas começam a rolar novamente, consciência, da/na imanência, da/na impermanência... energia pura e amorosa fluindo livre..., inspirar e expirar no toque dos sentidos, dos olhos, dos pés, das asas, das patas... sei lá, nas contas brilhantes de estrelas, Tata Inti, Mama Killa, Pachamama e nos sons ancestrais no tambor do peito... em batidas como aquelas que nos levam longe, em paz, com boa companhia e só.

Enquanto o grupo sai para visitar Machu Picchu, começo a minha caminhada pela linha do trem na direção do *Paradero* de *Mandor*. Ainda na escuridão da alvorada, encontro com um nativo da região e apanho as coordenadas de como se chega ao *Putukusi*. Sigo confiante. De repente vejo do meu lado direito uma trilha que penetra na densa vegetação. Desde então não foi preciso muito para chegar à conclusão da dificuldade da subida. Quinze minutos depois de entrar na selva deparo-me com uma parede de pedra com cerca de quarenta metros de altura equipada com umas estacas de madeira servindo de degraus e um cabo metálico para auxiliar na subida. Sua inclinação é de quase de 90 graus.

Talvez tivesse sido suficiente antes das chuvas, mas as terras que desabaram levaram metade dos degraus de madeira, levando-me a encarar a situação com muita desconfiança. Fico sentado durante uns dez minutos olhando para cima e pensando nas consequências de escalar aquela parede. O que estou fazendo aqui? Não sou obrigado a cumprir a uma promessa antiga. Sou? Quando estou cada vez mais inclinado a desistir um sentimento se apossou de mim e foi ganhando cada vez mais força. Reviravolta. Começo a subir cuidadosamente. Conto os degraus como se fosse um mantra, mas quando chegou ao quinquagésimo quarto desisto da contagem e passo a me concentrar na minha respiração que está cada vez mais difícil e termino perdendo as contas de em qual degrau estou.

Um instinto de preservação surge. Começa a chuviscar. Os degraus ficam mais escorregadios. Chego a um pequeno dilema quando noto que algumas estacas de madeira não permitem que eu prossiga. Tiro minha luva da mochila, calço-as e agarro-me no cabo de aço. Todo o sufoco que passei descendo as cachoeiras em Águas da Prata me vem a mente neste momento. Agora não tenho Velho Lobo e Grande Urso para ajudar-me. Respiro fundo, seguro o cabo e começo a subir usando minhas mãos e pernas como apoio. Uma rajada de vento atinge meu corpo molhado. Tenho medo. Meu coração acelera. Sinto meu sangue perder a fluidez. Digo para mim mesmo que nenhum fator externo porá um fim a minha vida. Fecho os olhos, respiro profundamente e subo até atingir a segurança do próximo degrau.

Parece que estou escalando uma escadaria sem fim. Sinto-me o próprio João da estória do Pé de Feijão. Os acordes de *Starway to Heaven* do *Led Zepelin* me vem à mente. Quem sabe em lugar de eu chegar ao topo que se eleva a uma altitude de 2.500 metros de altitude, eu não chegue ao *Hanan Pacha*...O suor escorre pela testa e cai nos meus olhos que ardem. Sou realmente um louco por estar aqui. Minha bota escorrega e me agarro ao cabo com toda a força. Avanço lentamente. Mal acabo aqueles quarenta metros, que lá de cima parecem cem, olho para baixo e vejo a distância percorrida. Quase tenho uma síncope. Estou numa clareira. Continuo o caminho sem mais escalada radicais, embora com muito pela frente. Alterno o pensamento entre a imagem que irei ter de *Machu Picchu* e a dificuldade acrescida que será em descer aquela parede de novo.

O caminho em uma série de zigues-zagues esculpidos nas pedras parece não querer acabar e a cada passo minha respiração fica cada vez mais ofegante. Desde da cirurgia que fiz em 2007, sinto que a minha forma física não é a ideal e a altitude não ajuda em nada, mas não desistirei da minha promessa. Diversos matizes de verde surgem na mata a frente. Uma sensação de euforia invade o meu Ser. Toda a minha euforia se transforma imediatamente em concentração. Presença, presente. Só no "Aqui" podemos desfrutar, só presentes podemos compartilhar da presença. Da névoa, de cada flor, do contato com o solo sagrado, das gotas de chuva, da vida pulsando, bailando, a cada inspiração, vazio e plenitude, a dança da vida a cada suspiro, sentimentos de uma Unidade a muito tempo vivida, de vida de peregrinações, o silêncio molhado, acolhedor, gerador da chuva, a magia das cores, brumas... Todas estas sensações, sentimentos me impregnam, me envolvem, mas eu permaneço no centro de mim mesmo, inteiro a cada passo, leve, mas firme, filho e senhor, soberano e feliz.

Ah! Quanta fecundidade, eu sou a montanha, também sou a eternidade materializada em cada passo, sinto a ligação com a Terra, *Pachamama*, Mãe Sagrada... Mamita... A mata é o meu lar, minha extensão, meu ninho. Vários seres de diferentes dimensões abrigam o meu Ser... estou abrigado no Coração da Mãe Terra e do Pai Céu.... Após duas horas de subida alcanço finalmente o topo. A princípio nada demais, algumas pedras enormes, uma tabuleta que diz "Putucusi - 2500 metros", a bandeira colorida do *Tawantinsuyu* e, por algum motivo, detenho-me contemplando o horizonte. Estarei preparado para ver *Machu Picchu* de outro ângulo? Irei me desiludir ou ser surpreendido?

É incrível! *Machu Picchu*, envolta em brumas, começa a surgir magnífica e mansamente a minha frente. Ainda ofegante procuro um lugar para sentar e contemplo a paisagem. Uma enorme serra verdejante e exótica é o cenário, mas a Cidade do Arco-íris têm o papel principal. Apenas eu no topo de *Putukusi* e *Machu Picchu* envolta por uma tênue névoa a não mais de um quilômetro à minha frente. Relaxo e começo a perceber o que realmente está acontecendo. Só eu, sentado no cume do *Apu*, contemplando a cidade *Inka*.

Recordo-me que os povos andinos dizem que o *Apu* tem vitalidade, e às vezes se disfarçam, adquirindo um aspecto humano. Todo *Apu* tem ciúme do seu próprio corpo e se preocupa com o maltrato que pode receber dos seres humanos, por isso aqueles que querem tocar seu corpo necessitam purificar-se e pedir permissão a sua essência espiritual, com um ritual semelhante a um *despacho* a *Pachamama*, onde oferecem folhas de coca e vinho. Por esta razão ao começar a minha subida, ofereci ao *Putukusi* estes dois elementos.

Lembro que no lugar de estar ali, naquele momento, poderia estar no estádio Mané Garrincha, em Brasília, assistindo ao show do *Iron Maiden* com o meu sobrinho e Amayi. Com eles no meu pensamento apanho a *chuspa*, bolsa, que comprei de Mama Julia e faço um *kintu* com as folhas de coca para eles e peço que *Pachamama* abençoe-os e *Tata Inti* ilumine-os. Isolado naquela linda montanha, reflito e reavalio sobre as minhas ações e os comportamentos que me levaram até o cume do *Putukusi*.

Vejo-me na maioria das vezes como um sonhador que respira através de palavras, experiência e ideias. Procuro sempre acessar os mundos além do mundo físico, mas creio que isto termina tendo um custo. Aprendi que além de sonhar devo experienciar tudo no meu corpo físico, aprender com ele. Na minha caminhada aprendi que para transitar em níveis diferenciados devo ter força e estabilidade, afinal estou neste tempo-espaço por essa razão. Não adianta que eu queira transcender senão sei lidar com o básico. Preciso estar presente, sentir na carne, ter o pé no chão, segurança e equilíbrio, físico, emocional, mental e espiritual. Não um de cada vez, mas todos ao mesmo tempo.

As culturas ancestrais narram em suas histórias que são nestes lugares acima da terra que os Deuses vivem. Talvez tenha sido essa necessidade que me impulsionou a escalar o *Putukusi* como uma meta, não só uma promessa. Ao colocar a minha vida em risco subindo os degraus escorregadios fui além do meu ego, não importando se morreria ou não subindo essa montanha. Morrer aqui não seria ou será uma morte e sim um imortalizar-se. Creio que só quem escalou a sua "montanha pessoal" sabe o verdadeiro significado da teia que engloba a vida e a morte.

Estudando a filosofia *Tolteca* aprendi que teria sempre que procurar dar o melhor de mim e ser impecável, e é isso que talvez tenha impulsionado uma série de sociedades xamânicas deixarem a comodidade de lado, romper o casulo na busca do contato com as emanações do Infinito "Divino" mantendo acesa a luz de uma consciência desperta. É exatamente isso que ocorre quando saímos em busca de uma visão ou numa subida a montanha em ambientes inóspitos para a maioria da humanidade. Escalar ou jejuar durante dias faz com eu aja com desapego e aceite o risco de receber o beijo da morte, mas o mais importante é que eu consigo me aproximar da minha essência, do meu estado natural.

É mais fácil para os nativos andinos enfrentar uma série de intempéries que para outros é quase impossível. Foi nas montanhas andinas que aprendi a me conscientizar da minha respiração. Nas alturas ela se faz presente e mostra a importância do agora na nossa vida. Talvez seja por isso que os andinos atingiram um grau elevado da prática mística, em que disciplinaram corpo e mente.

Uma nuvem negra se arma prenunciando o retorno breve da chuva. É chegada a hora de descer o *Putukusi*. Volto entristecido por não poder ficar mais tempo, mas com uma satisfação e um orgulho enormes, que admito sem modéstia, de ter escalado o meu "Everest" (guardadas as devidas proporções) e conseguido superar os meus limites, apesar das dores musculares. Meu Guerreiro Interior foi mais uma vez desperto. Estive só com uma cidade que toma uma cordilheira inteira para si, uma cadeia de montanhas que parece ter sido construída para aquela cidade e não o contrário. Antes de descer apanho uma pedra que peguei na subida e coloco numa *apacheta* próxima ao local onde eu estava sentado minutos antes. Essa pedra é a do surto que queria explodir dentro de mim na escalada, mas não deixei. Deixo-a ao Espírito Feminino de *Putukusi* que como uma mãe zelou por mim.

Começo finalmente a descida embrenhado num turbilhão de pensamentos e imagens. Minha estada no cume da montanha foi um momento mágico, um privilégio que todos deveriam experimentar, uma imagem que julgo ser impossível de ser captada e muito menos narrada. A presença da Mãe Natureza ao meu redor me induz a um sentimento de absorção da imensidão e da totalidade. A sensação de êxtase se mistura à noção de perigo da descida. Meu Guerreiro Interior se manifesta mais forte neste momento ajudando-me a decidir em que lugar pisar com segurança.

Ao enfrentar esse desafio autoimposto, um autossacrifício, tenho a sensação de confronto com a minha Sombra visando a nossa comunhão sagrada na imensidão da natureza. Tenho um sentimento de dor e prazer ao mesmo tempo. No fundo devo ser um sadomasoquista enrustido. Vivo aquele momento *sui generis*. Sinto meu corpo sublimando matéria, focado no espírito. Pareço flutuar.

O caminho não é mais um problema, a descida da escada de quarenta metros não é mais um obstáculo, a questão agora é o receio que tenho em não me sentir impressionado com mais nada depois disto, mas sei que não irá ocorrer, pois a cada dia mais sou surpreendido pela beleza da Mãe Natureza. Espero voltar a ficar assim só (ou só assim) por mais vezes, nem que da próxima tenha outra parede para escalar.

Chego ao pé do *Putukusi* e olho mais uma vez para o alto e aprecio aquela montanha tão bela. Neste momento agradeço aos meus guardiões e principalmente ao meu Guerreiro Interior, que me impulsionaram na caminhada até o cume, atingindo um estado de plenitude e transcendência.

Ao invés de pegar o caminho de volta para o hotel, resolvo conhecer *Mandor Pampa*. Foi neste lugar, de propriedade do camponês Melchor Arteaga, que o explorador americano Hiran Bingham ficou hospedado na sua busca pela cidade perdida dos *Inkas*. Foi Melchor quem conduziu Bingham até *Machu Picchu*, onde já vivia um grupo de camponeses. A inocência destes simples camponeses fez com que Arteaga levasse outros àquela maravilha de cidade, e estes o usaram para se tornarem famosos, enquanto o nome do nativo se perdeu na história.

Depois de quase uma hora de caminhada, pela linha do trem, cheguei finalmente ao *paradero* de *Mandor*. Assinei meu nome num livro na entrada, paguei 10 soles a uma senhora e entrei. Um *perro loco*, cachorro doido, que saiu a minha frente era o meu guia. Logo ao entrar notei que estava numa espécie de jardim botânico, pois vi diversos tipos de árvores nativas, orquídeas, samambaias, begônias e pés de café. Pude ver também várias espécies de pássaros: beija-flores, papagaios, gralhas, aves carpinteiros e outras que não consegui identificar.

O cachorro me levou até uma ponte de cinco metros de comprimento por um de largura, que cruzava o pequeno rio de águas límpidas. A água estava muito forte devido às chuvas, fazendo com que sua velocidade também fosse mais intensa. Enquanto seguia o *perro loco* por uma trilha pude escutar o murmúrio das corredeiras. Marco havia me dito que as águas que formavam as cachoeiras em *Mandor* vinham desde o nevado *Wakaywillka*.

Saindo da trilha chegamos a um descampado onde pude ver a cabana, com o teto feito de palha de *ichu*, que dizem ser a que Hiran Bingham ficou acampado. Ao lado puder ver uma queda d'água que caía de mais ou menos 30 metros do alto de uma montanha e corria pela mesma. O cachorro escalou-a quase até a metade. Não é a toa que eu o chamava de louco. Vai ver, ele é igual a mim. Olhando as águas que caíam da montanha ao norte e as que vinham das corredeiras ao leste, pude notar que ambas formavam poços naturais que certamente serviam para realizar uma meditação.

Fui até um conjunto de pedras a beira do rio e me sentei. Fechei os olhos e me deixei ser conduzido pelo barulho da água. Silenciosamente agradeci a *Mama Cocha*, a Mãe Água, pela sua força e beleza. Como eu estava muito cansado pelo esforço físico de subir e descer o *Putukusi* e da caminhada até *Mandor Pampa*, resolvi pedir a ela que me purificasse e renovasse com a sua água. Num átimo comecei a tirar as minhas roupas e me joguei nas águas gélidas de *Mandor*. Ao mesmo tempo em que senti os primeiro tremores, me senti sendo purificado. Parecia que uma casca pesada estava sendo arrancada de cima de mim e levada pela corredeira. Ao sair do rio, me senti como se fosse uma serpente que houvesse trocado de pele.

Procurei me vestir rapidamente, evitando que um vento mais forte pudesse me atingir e me deixar resfriado. Fui até a cabana Bingham e sentei num banco de madeira feito em cima de uns troncos de árvore e fiquei apreciando ao longe o *Apu Wayna Picchu*. Depois de descansar por alguns minutos segui por uma trilha na direção leste que o cachorro havia ido poucos segundos antes. Durante o percurso cruzo um pequeno riacho e logo à frente vejo uma pequena bifurcação no caminho. Chamo pelo *perro loco* que surge na estrada a minha esquerda. Sigo-o. Chego a uma pequena escada de oito degraus e subo. Escuto um barulho muito forte de água caindo e vou até sua fonte. É impossível chegar até lá, mas mesmo assim consigo ver a forte cachoeira a pouco menos de sete metros de onde estou. A força da cachoeira é tão forte que não me deixa descer até ela. Se eu o fizesse iria ficar ensopado devido à mistura de água e vento canalizado naquele lugar.

Volto pelo caminho que vim até a bifurcação e pego uma pequena trilha que termina num conjunto de pedras que fazem um grande círculo e dentro dele outro grupo faz uma meia lua com outra pedra no meio. Cruzo-as e vou até a beira do rio. Depois retorno e sento na grande pedra no centro. Resolvi tirar minhas botas e meias para sentir a terra sob meus pés. Tomei algumas respirações profundas antes de começar sentir uma forte vibração em volta do meu peito. Abri meus olhos e pude ver saindo do meu coração uma série de filamentos de energia amarela se ligando a cada uma das doze pedras que formavam a meia lua.

Os fios eram minúsculos, pareciam com os de uma teia de aranha. Um clarão invade meu campo de visão deixando-me momentaneamente cego. Os filamentos energéticos elevam-se ao meu redor como se fossem uma casquinha de sorvete, um cone, e passam a trazer a energia do Sol até o meu coração. Foi *Tati Inti* quem causou a minha pequena cegueira, mas agora eu podia vê-lo surgindo por entre as nuvens e aquecendo o meu Ser. Sinto-me ser arrebatado por ele.

Cruzo sete portões energéticos. Cada um deles tem uma gradação de cor dourada. Reconheço aquele lugar, pois já estive lá. Estou no centro do Astro-Rei. Meu corpo está flamejante. A minha frente vejo um trono de luz dourada brilhando. Aqui tudo brilha. Um Ente em chamas esta sentado na cadeira real. Tenho a intenção de curvar-me perante ele, mas sou impedido pelo Pai Sol. É ele a minha frente na sua forma quase humana. Logo atrás vejo um animal com seus olhos cor de âmbar faiscarem. Eu o conheço. É o Jaguar. Neste momento a força de um amor puro e radiante entra no meu corpo. Sinto o Sol brilhando no meu coração.

Os latidos do cachorro me tiram do estado de êxtase. Ainda sinto meu corpo ardendo, mas já não vejo os filamentos de energia. Sinto apenas a queimação em toda região do meu corpo. Olho na direção do Sol e agradeço a *Tata Inti* pelo processo de depuração que foi realizado por ele. Caminho até a beira do rio, molho meus pés e em seguida coloco minhas meias. Antes de calçar as botas, um caramujo marrom me chama a atenção com sua bela concha dourada e a ponta num branco prateado. Aquele animal me trouxe a mensagem da importância de se manter em movimento, entendendo o valor de deixar um rastro, a capacidade de tirar vantagem na lentidão de suas ações e defender-se ao se recolher. Apesar de horas antes eu ter ficado receoso de não ser mais impressionado por algo, a Mãe Natureza mais uma vez me arrebatou.

Após uma hora e meia de caminhada pela linha do trem, chego a *Machu Picchu Pueblo*, encharcado pela chuva, com alma lavada, coração "caliente", vibrante e morto de fome, mas com alegria de viver.

Machu Picchu Pueblo, 31 de março de 2011.

O Putukusi é dual, em sua imensidão podemos encontrar inúmeras formas de vida orgânicas e do outro uma solidão inorgânica mineral. Não é a toa que nativos de diversas partes do mundo realizam suas buscas de visões em lugares inóspitos, e é lá nestes lugares que conseguem harmonizar-se de corpo e alma. Ao fazermos estas jornadas estamos seguindo rumo a uma nova dimensão em nosso espaço existencial, preenchendo-o com a sensação da liberdade da viagem rumo ao Infinito.

Subir a montanha é muito mais do que dominar a altura, pois implica em esforço físico, mental, e, sobretudo, o contato com a natureza e com o espírito do Apu. Na cosmovisão andina toda a montanha é um ser vivente, com um corpo físico que respira, conformado por um esqueleto, pele, sangue e principalmente um espírito. O Apu é um filho direto de Pachamama, representa a Mãe Terra exercendo uma influência em um setor, auxilia a estar conectado com toda a geografia e ecossistema existente.

Lá em cima descobri que mesmo enchendo os meus pés de bolhas e me arrebentando todo, não poderia deixar de ficar longe daquele Apu Sagrado, de sua sabedoria, dos seus cheiros, de suas cores, de sua música viva e do segredo de me conectar com o Coração Uno da Terra e do Universo através da pulsação do meu próprio silêncio. O Toque Divino do que não se pode nomear, só se pode sentir e se entregar e é tamanho o júbilo que só nos resta agradecer, agradecer e agradecer... suspiros... até o próximo Toque e a eterna permanência.

Sei que a partir de hoje existirá uma aliança entre o Putukusi e eu. Senti visceralmente que o Apu tornou-se para mim um protetor e guia, por sua natureza sábia e forte. Em outras palavras, poderei chamá-lo em outras ocasiões, nas quais forem necessárias a ajuda de seu espírito. Aprendi nas minhas jornadas andinas pelas montanhas sagradas que todos que vivenciaram experiências como a que tive nesta manhã passam a ser "vias" de comunicação com estas forças espirituais, o que culmina num compromisso de que cada um dos participantes assume para proteger e preservar a Mãe Terra, Pachamama.

O Apu é uma deidade que pode dar força e proteger seus aliados mesmos quando estes estão longe. Esta proteção de ordem espiritual tem um sentido simbólico e pelo que aprendi com os nativos andinos, ela é melhor alcançada por meio de meditações profundas, pois uma vez conectado ao Apu, este permite ser um canal de informação interdimensional com o mundo dos espíritos.

Que todos nós possamos chegar infinitas vezes ao cume de nós mesmos, com as bênçãos de todos os Apus, e descortinar sempre novos e vastos horizontes no interior de nossos espíritos, no encontro com o outro, os outros na sagrada presença do Mistério que nos une e nos diferencia. Ho!

Wayramama

Caminhantes, não há estradas,
apenas trilhas dos ventos sobre o mar.
ANTONIO MACHADO

Na manhã de primeiro de abril entrei na cidade de *Machu Picchu* envolta em brumas. Desde o solstício de junho de 2007 eu não pisava aquele solo sagrado. Eu ainda estava em êxtase devido às experiências vivida no dia anterior. Assim que entramos na cidade sagrada dos *Inkas* levei o pequeno grupo de mineiros e Anka até a fonte d'água principal para que todos tomassem um banho cerimonial. De lá seguimos até a Casa do Vigilante, de onde pudemos apreciar toda a cidade e as montanhas ao seu redor.

Conduzi o grupo em direção a Porta do Sol, *Inti Punku*, porém antes fizemos uma pequena parada na *Huaca de la Hechicera,* onde realizei uma pequena cerimônia de limpeza energética com a minha *Mesa*. Para mim este local é o mais poderoso em *Machu Picchu*. Foi sentado neste lugar sagrado em 2002 que prometi escalar o *Putukusi*. Na época eu havia acabado de ter realizado a trilha Inka com Águia de Coração Leve e Mallku. Observando a *Huaca* e olhando para o *Apu Putukusi* pode-se ver que uma parece ser reflexo da outra, guardando as devidas proporções de uma grande pedra para uma montanha.

Depois de quase quarenta minutos de caminhada pela trilha finalmente chegamos a Porta do Sol. Todas as vezes que piso as pedras de *Machu Picchu* sinto um chamado para ir a *Inti Punku*. Não sei se devido ao cansaço do esforço empreendido no dia anterior ou se era porque o dia estava nublado, não me senti muito a vontade lá em cima. O grupo tirou dezenas de fotos da cidade abaixo e em seguida resolveu descer para dar uma circulada no setor dos ceramistas antes de pegarmos o ônibus de volta para Águas Calientes e de lá apanharmos o trem que nos levaria até *Poroy*, que ficava a dez minutos de *Cusco*.

Fomos forçados a desembarcar em *Ollantaytambo*, ao invés do trem nos deixar em nosso destino. No percurso até a *Plaza de Armas de Ollanta*, para pegar o ônibus que nos levaria até *Cusco*, uma moça do nosso grupo caiu num buraco na avenida da estação. Após socorrê-la apanhamos a nossa condução e, após duas horas numa estrada mal iluminada, chegamos a antiga capital *Inka*. Estávamos tão exaustos que resolvemos não jantar naquela noite.

Na manhã seguinte, após um frugal desjejum, seguimos de *van* até *Típon*. Como havia chovido muito na semana anterior, a estrada que leva da rodovia até o sítio arqueológico estava muito enlameada e, consequentemente, perigosa e isto fez com que percorrêssemos oito quilômetros em trinta minutos. Quando chegamos ao Templo das Águas dos *Inkas*, fiz uma cerimônia de purificação no poço principal e depois levei as moças até um templo redondo onde fizemos uma dança circular em honra de *Pachamama*.

Enquanto o grupo visitava calmamente o sítio arqueológico, resolvi subir até o *Intiwatana* de *Típon*. Bambu, uma das mineiras, foi comigo até a metade do caminho. Sozinho, continuei a minha caminhada naquelas pedras polidas pelo tempo. Fui surpreendido ao chegar ao *Intiwatana* e ver os canais de águas sem água circulando neles. Recostei-me num conjunto de pedras ali perto e fiquei olhando a paisagem sentindo a brisa nos meus cabelos.

Um falcão surgiu voando no meu campo de visão seguindo na direção de *Cusco*, a oeste. Acompanhando seu voo vejo ao longe o *Apu Salkantay*. Uma nuvem escura deixa o tempo encoberto. Neste momento apanhei três folhas de Coca na minha bolsa e fiz um *kintu*. Senti uma lufada de vento no meu rosto. Sorri. Aproveitei a brisa e ofereci a trinca de folhas ao Senhor Vento, *Hatun Wayra*. Protegi meu pescoço com um cachecol de lã de alpaca e fechei levemente as minhas pálpebras. Respirei profundamente. O som de água ao longe me envolvia enquanto procurava expandir a faixa de energia ao redor do meu pescoço.

Não sei se flutuo ou se plano. Sou uma folha ao vento. Uma luz prateada permeia meu Ser. Abro os olhos. Estou acima do Vale Sagrado dos *Inkas*. Visualizo a cidade de *Cusco* com a forma do Puma. Sigo pelo rio *Willkamayu*. Uma corrente de ar me leva acima das montanhas outra vez. Vejo pequenos brilhos luminosos no meio delas. Aguço minha visão. São lagoas. Um mar verde surge detrás das montanhas. Reconheço a selva Amazônica. Escuto o estrondo de um trovão. Uma serpente voa na minha direção. É *Wayramama*, a serpente alada. A mãe do céu e do ar. Seus olhos brilham intensamente e sua boca irradia ondas violetas que me atingem.

Caminho. Árvores crescem juntas. A passagem a minha frente está fechada. Tento mover-me entre os troncos unidos. Sou bloqueado a cada passo. Grito tentando me libertar. Meu berro toma a forma de fezes humanas. Ninguém além de mim sabe o que se passa. Defeco. Está úmido e quente. Melado. Abraço meu peito. A palavra desespero não abrange o que sinto. Vejo cada uma das consequências de meus atos em relações aos outros. Inconscientemente me defendo destas relações limitadas e infectadas pelo meu temor. Encolho-me dentro de uma semente. Estou protegido. Uma transformação é desencadeada. Tremo cada vez mais. Meu corpo perde a coesão dentro desta cápsula. Um forte vento sacode tudo.

Sereno caminho entre as árvores que me deixam passar. O solo fica plano. Piso suavemente a terra abaixo. Não respiro. O ar entra e sai pela sua própria vontade. Não sinto nada sob meus pés. Estou caminhando nas nuvens. A serpente alada de cor índigo voa ao meu lado. O bater de suas asas me faz flutuar. O vento para. Meu corpo cai. Não tenho medo. Estou totalmente entregue. Sou a própria confiança. Mansamente pouso na *Intiwatana* de *Típon*.

Instintivamente coloco as mãos no meu pescoço. O cachecol de alpaca não está mais lá, mas algo aquece a minha garganta. Um forte redemoinho com asas se aproxima de onde estou e fica rodando a minha frente. Escuto um silvo similar a um uivo vindo do seu centro e uma voz fala:

– Sou o Espírito do Vento. O sopro que remove os obstáculos e limpa as mentes estagnadas. Sou eu quem alivia a sua carga quando caminhas. Sou quem o fortalece quando se encontra sem forças. Sou a transmutação. Sou a corrente que sopra em todas as direções facilitando que vejas as coisas de diferentes perspectivas, auxiliando-o no acúmulo de conhecimento e compreensão. Sou a energia essencial da existência. Sou uma força da natureza. Sou eu que sopro intuições e lições na sua mente e coração. Sou um entre muitos dos seus irmãos que visam o verdadeiro despertar do ser humano.

Dito isso, o redemoinho roda mais rapidamente e segue seu rumo ganhando força, varrendo as nuvens, deixando o céu azul cada vez mais profundo.

Com as palavras de *Wayramama* fervilhando na minha cabeça desci do *Intiwatana* para me reunir com o grupo na entrada de *Típon*. No meio do caminho encontrei com Bambu, que estava no mesmo local que eu a deixara quando resolvi subir as escadas de pedras. Descemos juntos, e após entrarmos na *van* seguimos para *Pikillacta*, localizada no sopé de uma montanha em frente à "laguna de *Wacarpay*" limitando com o lado esquerdo do rio *Vilcanota* e o povoado de *Lucre* ao ocidente.

Eu já havia estado naquela cidade pré-*inka* de lajes e morteiros de barro, com ruas retas, largas e altas, em 2000 com Steve e Alfredo. Suas edificações tinham dois ou três pisos e algumas de suas muralhas chegaram a ter doze metros de altura. Seu nome significa "Cidade das Pulgas" e é o conjunto arqueológico anterior a chegada dos *Inkas* mais antigo no vale sagrado, e se assemelha a um forte. Foi construída durante o apogeu da cultura *Wari* no ano 500 d.C. Tem quase 2 km de extensão e é formado por uma cidadela rodeada por aterros e muralhas, existindo também numerosos depósitos e celeiros.

Depois de caminharmos pela antiga cidade voltamos para Cusco.

Os últimos dias em Cusco foram de tempo chuvoso, o que fez com que o pequeno grupo de Anka resolvesse ficar no hotel e caminhar pelas ruas da cidade ao invés de visitar outros sítios arqueológicos. Aproveitei estes dias livres percorrendo a antiga capital *Inka* de cabo a rabo, e também atualizando o meu diário estelar.

Cusco, 05 de abril de 2011.

Escrevo sob a luz de uma vela. Devido às chuvas torrenciais da semana anterior alguns transformadores da pousada queimaram. Da janela do meu quarto vejo com suas bandeiras esvoaçantes a praça sagrada dos Inkas, a Huacaypata, hoje chamada Plaza de Armas.

Passei o dia caminhando pelas ruas de Cusco. A magia da cidade brilha nos olhos de seu povo e dos turistas que a contemplam. A vida aqui se movimenta num ritmo diferente, e pode ser degustada. A Mãe Natureza ostenta-se exuberantemente por todos os cantos, desde as casas de adobe, cobertas de telhas avermelhadas, com suas luzes na cor de âmbar, até as frutas e vegetais salpicados com a sujeira do campo, as grandes pedras, a vista das montanhas que circundam o lugar. E os planaltos situados nos contrafortes e picos envolvidos por neves.

A natureza mostra-se sutilmente nos chapéus, que homens e mulheres utilizam para proteger os olhos da luz de um sol inexorável que se abate sobre todos, e atinge diretamente Cusco, sem passar pelos filtros poluidores da nossa civilização. É magnífico! Por mais que a cidade esteja crescendo, ela é ainda um pedaço de terra desabitada. Ela vive no meio da natureza, e felizmente não a substituiu como ocorre com a maioria das cidades pelo mundo.

Sou apaixonado pelos Andes e seu povo. Foi aqui que aprendi a apagar a minha história pessoal, livrando-me dos meus pesares e da minha limitada percepção do mundo espiritual. Foi nas montanhas que consegui saciar a minha sede de saber. O melhor Mestre que encontrei na minha jornada foi uma "Maestra": a Mãe Natureza. Ela me trouxe paz, o dom de gargalhar com os lobos e de sentir a pulsação do trovão na minha alma. Deitado em seu ventre, aprendi a rir e a amar a vida com compaixão e integridade.

Toda vez que volto aos Andes aprendo algo mais, e desta vez não foi diferente. Mama Julia me ensinou sobre os cintos energéticos e comecei a interagir com eles mais intimamente. Numa dessas interações consegui vislumbrar o Jaguar, só que não compartilhei sua energia junto a mim. Confesso que me sinto incomodado por não tê-lo ao meu lado, como meu alter ego. Foi ele que me mostrou a viver como um guerreiro impecável, eliminando uma série de melodrama de minha existência. De certa forma estou alimentando mais um drama quando lamento a falta do Jaguar ao meu lado, mas algo dentro de mim diz que voltaremos a nos encontrar e a trocar nossas energias.

Nos Andes conheci uma frase que diz: "Siempre hacia delante"... "Sempre em frente". Essa frase sutilmente nos ensina a termos paciência com nós mesmos e com todos aqueles com os quais nos relacionamos, em última análise, sabemos que tudo tem uma razão de ser. Sendo assim, devo me concentrar apenas no aqui e agora, seguindo adiante, sabendo que quando me encontrar num determinado estágio de equilíbrio, voltarei a encontrar o Jaguar.

Durante toda nossa vida visamos alcançar um centro de equilíbrio. Aprendi que todo Xamã deve confrontar o seu ser interior para que consiga atingir esse equilíbrio, e que para chegar até lá devemos ter paciência, fé e vontade.

Descobri a duras penas que uma enfermidade é um desequilíbrio que ocorre em qualquer nível no doente, que o impede de relacionar-se naturalmente com seu entorno, seja ele qual for. Posso afirmar que as enfermidades de origens física, psicoemocional e espiritual, estão estreitamente ligadas, por isso é difícil explicar, e mesmo entender, a verdadeira origem de uma doença. Saber isso é um grande avanço.

A enfermidade é uma grande professora, pois nos dá sinal de que algo na nossa vida não funciona bem. Um homem pleno é um homem são. Quando nossa energia, emoções, etc. não estão bem a desordem no corpo aparece e com ela a enfermidade. Esta explicação se extende para todo mal do mundo, o mal é a ausência do bem, do bem-estar. Uma guerra é a ausência de entendimento, paciência, amor, etc. A doença é um sinal que nos avisa de que algo não está bem em nosso interior, uma coisa que devemos mudar. Foi exatamente isso que ocorreu comigo em dezembro de 2007, quando tive que fazer das tripas coração.

Podemos afirmar que existe uma lei que rege todo este equilíbrio na natureza e todo cosmos. No meu trabalho como curador descobri que todas as enfermidades são criações energéticas-espirituais, eu a denomino como a gênesis das enfermidades. Essa origem às vezes é conhecida, mas outras não.

Quando nos damos conta de que estamos enfermos podemos curar-nos, porém a cura efetiva é precedida de uma transformação da forma de ser e atuar. O primeiro passo é aceitar que estamos doentes e chegar até a consciência exata do problema. É um dos passos mais difíceis já que muitos "sãos" crêem que o são, porém seu mal não se manifestou no corpo físico.

Em nossa jornada terrena terminamos perdendo o contato com o nosso elo principal; ou seja; com a Mãe Terra. A maioria de nós tenta encontrar essa comunhão em outras pessoas, mas termina por descobrir que isso é uma ilusão, e que só quando recuperamos este elo com a Terra é que seremos invadidos por uma sensação de tal completude, impossível de ser descrita em palavras. Na minha caminhada pela nossa Mãe Terra aprendi que de todos os sentimentos que senti o meu amor por Pachamama é o mais sagrado. Pois é nela que a verdade reside. Algo que pode ser vivenciado, mas não contado.

Mama Julia certa vez me disse que: "Um homem realmente são é o que possui verdadeira conexão com a natureza em um estado de balanço e equilíbrio". Esse suposto indivíduo se desenvolve perfeitamente na natureza e inclusive influi nos fenômenos naturais quando necessário, já que a natureza e ele são uma mesma coisa. Pessoas assim existiram em tempos agora remotos. Eles viviam em perfeita comunhão com a natureza. Eram verdadeiros Xamãs. Ser Xamã hoje em dia é ser responsável por sua vida. Um homem ou mulher que rege a balança de sua vida e da sua comunidade.

Ao voltar para o Brasil comecei a trabalhar na jornada xamânica de conhecimento aos Andes para julho. Marco escreveu dias depois da minha chegada dando-me o valor do pacote terrestre e com essa informação comecei a divulgar na minha página da *internet* e também pela minha lista de *e-mails*.

Neste período voltei aos meus afazeres cotidianos e além de organizar a viagem ao Vale Sagrado dos *Inkas*, resolvi finalizar o conteúdo programático do curso de Formação Xamânica que iria começar a ministrar em novembro.

Numa das reuniões do Círculo de Estudos Xamânicos na Tribo Terra tive a intuição de trabalhar mais com o elemento fogo, pois ele fornece o combustível para os sonhos se manifestarem. Mama Julia sempre me falou que todas as "sementes espirituais" que recebi em cada rito iniciático andino não germinam com água, e sim com fogo. O mesmo vale para os processos curativos que experimentamos. Esses processos devem sempre ser mantidos num nível energético, para que fluam rápida e gentilmente. Nunca repercutindo no aspecto psicológico e nem explorando o nível físico, para que somente seus benefícios e qualidades curadoras se manifestem na mente e no corpo. Estes são processos de transformação, "High-Químicos", que queremos manter no nível sutil e energético. E a maneira de conseguir isso é levando-os ao Fogo, oferecendo tudo aquilo que estamos liberando e recebendo esta Luz gentilmente por Ele oferecida.

Lembro dela ter dito claramente que:

– A cerimônia do fogo transformacional é uma prática fundamental no xamanismo andino. Trazer a luz e o calor do fogo germina as sementes que foram recebidas pelo nosso Campo Energético Luminoso.

Aprendi que quando realizamos uma cerimônia sagrada com o Fogo é criado um círculo mágico no qual deixamos para trás os assuntos da vida cotidiana, o mundo agitado e nos preparamos para entrar no mundo numinoso. Isso nos permite entrar onde a cura acontece: o nosso mundo interior. Dentro deste círculo sagrado nossos fardos se tornam mais leves, e podem ser tocados pelas mãos do Espírito.

Após esse insight, resolvi semanalmente realizar uma cerimônia com *Willka Nina*, o fogo sagrado. Nessas ocasiões eu criava um círculo de proteção invocando os Quatro Ventos, a Mãe Terra e ao Grande Espírito. Em seguida, olhando para o fogo suavemente, usava as mãos para tirar a energia do fogo e trazê-la ao meu corpo. Levando-a ao meu plexo solar, depois ao coração e por último a cabeça. Algumas vezes invertia o sentido. Parava por um momento e permitia que a luz e o calor do fogo penetrassem meu Ser. Sentindo meu corpo sendo germinado por sementes que iriam libertar sua beleza e poder. Gastando sempre o tempo que achava necessário.

Essa prática semanal fez com que eu fosse todas às vezes levado a uma jornada de transformação, no qual problemas anteriores de minha vida surgiam para serem sanados e reconciliados. O trabalho maior que tive nessa cerimônia com o fogo foi de mantê-lo num nível energético, pois não pretendia de maneira alguma manifestá-los psicologicamente ou fisicamente, e sim manter a transformação e a alquimia no nível espiritual. Para isso sempre a oferecia ao Espírito, compreendendo dentro de mim a força dele e levando-a ao Fogo tal como um milho de pipoca dentro de uma panela quente fechada, que pensa que vai morrer, mas de repente... Bum! surge transformado em algo que nunca havia imaginado. Lembrando que não sou a minha História e sim aquele Ser em que estou me transformando.

Vislumbrando o Taripay Pacha

Contos de fadas não dizem às crianças que dragões existem.
Elas sabem que eles existem.
G. K. Chesterton

Aos poucos obtive respostas sobre a Jornada Xamânica de Conhecimento ao Vale Sagrado dos Inkas, e no final de maio fechamos um grupo de oito pessoas sem contar comigo. No grupo encontrava-se *mi hermano* e companheiro de outras jornadas andinas, Vicente com sua esposa, um irmão de Clã, uma amiga e mais quatro moças. Eu só conheci Filho do Vento pessoalmente quando voltei a morar em Brasília e participar das reuniões do Clã Lobos do Cerrado. Ele era um ciclista, o que o deixava bem magro e com uma boa capacidade respiratória. Já a Ophidia havia sido minha paciente e tornou-se uma grande amiga. Já que nós três morávamos em Brasília, resolvemos comprar as passagens para o Peru no mesmo dia.

Desembarcamos em *Cusco* na tarde do dia 18 de julho, junto com mais duas garotas de nosso grupo, a Lidian e Cy, que havíamos encontrado no aeroporto de *Lima*. Rudi nos aguardava no desembarque do Aeroporto de *Cusco*, com uma placa com o meu nome. Marco o havia contratado para nos recepcionar e ser nosso guia durante nossa estada no Peru, já que ele só estaria presente em alguns passeios e cerimônias.

Chegando ao Hotel *Royal Inka*, cada um de nós se dirigiu para os quartos. Filho do Vento e eu dividiríamos a mesma habitação. Depois de um breve descanso resolvi descer e aguardar o grupo para sairmos. Eu havia marcado com todos de nos encontrarmos às sete da noite na recepção do hotel. Assim que pus os pés no hall de entrada vi Vicente sentando ao lado de Antonia, sua esposa, e me dirigi a eles. Abraçamos-nos emocionados. Eu não via Antonia desde março de 2002, já Vicente havia estado comigo em 2007 nos Andes. Na hora marcada o restante do grupo chegou à recepção e pude conhecer as duas outras moças, Mei e Hilda. Rudi chegou em seguida e com a sua chegada pudemos dar uma caminhada pelas ruas e praças de *Cusco*. A cidade estava toda enfeitada com bandeiras peruanas por todos os lados. Antes que o indagássemos, Rudi disse que dentro de alguns dias seria a Semana da Pátria e no dia 28 de julho é celebrada a independência do Peru. Depois de nossa caminhada resolvemos jantar num restaurante na *calle Plateros* e de lá voltamos ao nosso hotel para pernoitarmos.

Acordei cedo e após um banho desci para tomar meu desjejum. Marco foi até o hotel rapidamente e, para minha surpresa, trouxe com ele Dona Bernardina, já fazia cinco anos que eu a tinha visto pela última vez. Infelizmente eles não poderiam estar conosco naquele dia, mas Marco disse que dois dias depois iria nos encontrar para irmos ao *Apu Wakaywillca*, juntos. Ao deixarmos o hotel com toda nossa bagagem na *van*, seguimos para *Sacsaywaman*, onde Maestro Pedro Condori nos aguardava.

Foi muito bom rever o amigo andino que havia conhecido meses atrás. Antes de explicar e mostrar ao grupo *Sacsaywaman*, ele apanhou no bolso de sua calça azul com uma grossa listra amarela dos lados uma garrafa de água florida de arruda que havia feito, e espargiu seu conteúdo em todos os presentes purificando-nos para entrar naquele centro de poder construído pelos *Inkas*.

Depois de caminharmos por cerca de uma hora por *Sacsaywaman*, seguimos a pé até um local de poder chamado *Lanlacuyoc*, conhecido também pelo nome de Zona X. Naquele grande complexo de aglomeração calcária vimos uma diversidade de assentos, altares, cavernas e estreitas passagens que convidam a meditar e reverenciar a nossa *Madre Tierra*, *Pachamama*.

Pedro nos guiou até uma caverna para realizarmos uma pequena cerimônia. Estávamos entrando num lugar misterioso, seguindo por uma grande abertura, onde colocando as mãos nas paredes pedimos permissão a *Pachamama* para darmos nossos primeiros passos. Seguimos por um pequeno corredor escuro, com algumas infiltrações de luz que geravam uma frequência numinosa e introspectiva. Pude observar que naquela *huaca* existiam inúmeros altares e outras passagens estreitas. Nosso guia nos explicou que era o local onde os iniciados andinos fortaleciam seu corpo, mente e espírito. Dito isso pediu que cada um encostasse e meditasse com aquelas pedras ancestrais.

Assim que encostei a minha testa na fria rocha, senti um fluxo de energia violeta saindo do meu terceiro olho, me fundindo a pedra e me conectando a outro tempo.

Estou de volta ao ano de 1991, mas precisamente na Espanha, no dia 21 de junho. Visito o *Alcazar* (Fortaleza) de *Segóvia*, após ter ido a Igreja de San Millan no centro da Cidade, lá de cima vi uma Igreja Octogonal. Procurei ver no mapa que *Iglesia* era aquela e descobri que era a de Vera Cruz. Acelero meus passos e começo a descer já que estava quase na hora do almoço.

Ao chegar à sua porta, olho para dentro e vejo tudo escuro. Ao pisar no seu *atrium* vejo surgir dos meus dois lados dez cavaleiros Templários. Dou um passo atrás pensando que devo ter acionado algum sistema holográfico, mas não houve mudança. Nesse momento os cavaleiros desembainham suas espadas e as cruzam, fazendo um túnel pelo qual sigo perplexo, adiante até ver no fim outro cavaleiro todo de preto com a cruz templária branca estampada em sua túnica.

Confesso que já estava cansado de ver túnicas durante a viagem, pois tinha passado duas semanas com os freis Capuchinhos em *Assis*, na Itália, em total estado de contemplação no Monte Subásio.

Chegando perto do "Gran" Mestre Templário, ele abriu os braços e falou:

– Seja bem-vindo irmão!

Abraçou-me e deu-me um beijo na face esquerda.

Após nos afastarmos, pediu que o seguisse até uma câmera na qual indicou um genuflexório fazendo sinal para que eu ficasse de joelhos. Logo após, ele surgiu com uma espada na mão e colocou sobre minhas mãos dizendo:

– Essa é a espada do *Gran Capitan*, a sua espada *hermano*. Vá ao sul da capital e a resgate para você.

Observo a espada e vejo no seu cabo de marfim a figura de São Jorge matando um dragão. Faço menção de apertar o punho querendo segurá-la e nessa hora a espada, o "Gran" Mestre e os cavaleiros somem.

Assustado, começo a circular pela igreja visitando todos os seus cômodos e por fim subo ao campanário. Ao descer escuto uma voz perguntando:

– O que você está fazendo aqui?

– Visitando a Igreja - respondo.

– Mas como foi que você entrou? - Pergunta o senhor a minha frente.

– Pela porta - eu disse.

– Impossível, ele respondeu, pois sai para o almoço e só agora, a uma da tarde retornei.

Ele não acreditou que entrei pela porta e me cobrou uma taxa de visitação.

Três dias depois visitando *Toledo*, quase perto da hora de pegar o trem de volta para *Madri*, entro numa lojinha e ao olhar no fundo dela, vejo uma espada toda empoeirada jogada junto a outras. Ao pegá-la, olho o punho e vejo no cabo de marfim uma figura de um romano segurando um escudo, quando viro o outro lado vejo São Jorge e o dragão.

Apanho-a para mim e sigo até o caixa para pagar. Quando chego, a senhora olha para a espada e depois para mim dizendo:

– *Hermosa*! Está é a espada do *Gran Capitan*.

Sinto um arrepio, e tudo escurece a minha volta. Estou com a cabeça encostada na pedra dentro da pequena caverna em *Lanlacuyoc*. Maestro Pedro está ao meu lado e depois de sacudir os ombros como dizendo que não tinha explicação para o que tinha ocorrido comigo, fez sinal para que saíssemos.

Do lado de fora da caverna, os filhos de Pedro nos aguardavam com os cavalos que nos levariam até nosso próximo destino, o Templo de *Chacan*.

Enquanto cavalgo tento analisar a minha jornada de volta ao passado. Lembro que quando retornei ao Brasil e revelei as fotos da viagem pela Europa, notei que a porta da Igreja de Vera Cruz estava fechada antes da minha chegada até lá. Foi naquele lugar que pela primeira vez eu atravessei uma parede. De alguma forma aquela caverna em *Lanlacuyoc*, fez com que eu tivesse acesso ao éter universal e consequentemente a parte de meu registro *akáshico* do qual eu não recordava.

Chegando próximo a *Chacan*, a filha de Pedro me ajuda a apear do cavalo. Para chegar ao templo descemos por uma trilha atrás de uma grande rocha até chegarmos a um córrego. Lá todos nós fomos obrigados a tirar a bota para andar por uma gruta dentro da água por vinte metros até chegar o Templo de *Chacan*. Fui o último a fazer a travessia e quando lá cheguei, Pedro começou a cerimônia tocando seu *pututo* que reverberou pelas rochas da caverna. Assim que o fez um pequeno arco-íris surgiu sobre nossas cabeças. Não era à toa que aquele local é chamado também de o Templo do Arco-íris.

A cerimônia realizada foi a de rejuvenescimento na água, na qual após sermos "rezados" por Pedro com a sua *Mesa*, seguíamos até uma pequena cascata que caia de dentro das rochas e molhávamos nossas cabeças. Confesso que não me senti nada rejuvenescido com a cerimônia, mas certamente com a água gélida que caiu sobre minha cabeça as minhas células foram congeladas e deveriam ficar um bom tempo sem envelhecerem.

Voltamos para onde nossos cavalos estavam amarrados e fomos surpreendidos com um delicioso piquenique ao ar livre, preparado pela família do *Maestro* Pedro.

Após nosso frugal lanche voltamos a pé até um determinado trecho na estrada, onde o motorista da *van* nos aguardava para irmos a *Ollantaytambo*. Sabendo que iríamos passar por *Urubamba*, eu havia ligado mais cedo para Takua e combinado de nos encontrarmos na *chicheria* da Dona Tereza, em *Rumichaka*, próxima a casa dela. Chegamos um pouco depois das cinco da tarde e fui informado por uma senhora que se encontrava na *chicheria* que Takua tinha me esperado, mas como estava esfriando e ela se encontrava gripada, resolvera voltar para casa. Pedi que o grupo me aguardasse por uns vinte minutos e fui até a casa de minha *hermana* entregar um exemplar do meu livro de presente. Agradecida ela me deu dois CDs do Papoq, seu marido, que é um excelente músico. Infelizmente não pude ficar mais tempo e nos despedimos.

Eram mais de seis horas da noite quando desembarcamos em frente ao Hotel *Munay Tika*, sendo recepcionados por Mama Julia que nos aguardava ansiosa, pois eu havia falado a ela que Vicente iria comigo. Depois de todos os abraços e apresentações, fomos aos nossos quartos. Desci em seguida para reservar uma mesa para nosso grupo no restaurante de Alan, *Orishas*, e também para entregar a Mamita o presente que havia trazido para ela. Ela ficou muito emocionada quando abriu a embalagem que envolvia a imagem de Nanã Burukê, a Deusa dos Mistérios, a Grande Mãe da mitologia *yorubá*. Lita, a filha mais velha de Mama Julia achou linda e pediu que da próxima vez eu trouxesse uma para ela.

Só encontrei Alan quando todo o grupo estava reunido no restaurante. Aproveitei a ocasião e presenteei-lhe com algumas imagens de orixás, o que o deixou meio sem jeito, além de uma coletânea dos CDs da Legião Urbana. Jantamos assistindo a vitória do Uruguai sobre o Peru pela Copa América e ao som da Legião ao fundo.

Ainda não eram cinco e meia da manhã quando abri a janela do meu quarto e pude contemplar a magnitude do *Apu Wakaywillka* recebendo em seu cume os primeiros raios de sol a minha frente. Abri os meus braços e fiz uma saudação aos *Apus*, agradeci a *Pachamama* por estar mais uma vez naquela terra de deuses.

Após comer uma panqueca de banana preparada por Mama Julia e tomar um mate de coca, fui à recepção aguardar a chegada de Rudi e Pedro. Assim que eles chegaram reunimos todo o grupo e subimos na *van* que nos levou até *Pumamarka*.

Assim que saltei da *Van*, comecei a subida a frente do grupo. Após trezentos metros de caminhada cheguei à fortaleza de *Pumamarka*. Seu portão encontrava-se fechado, ofereci tabaco aos espíritos guardiões do lugar e solicitei licença para entrar naquele local de poder. Poucos minutos depois Maestro Pedro chegou, seguido de Mei. O grupo todo sentiu a pequena subida. Para chegar até lá fizeram diversas paradas para descansar e tomar fôlego. Quando todos chegaram, expliquei a eles que nos Andes aprendemos a estarmos conscientes da nossa respiração. Completamente diferente do nosso cotidiano, em que terminamos respirando sem sabermos que o estamos fazendo.

Depois de todos descansarem um pouco, Pedro nos levou até o mesmo local que havíamos feito um *despacho* juntos meses antes. O Maestro abriu sua *mastana* sobre a grama, pediu que todos fizessem um círculo em volta. Depois de acender um cigarro de *mapacho*, baforou algumas vezes dentro da garrafa na qual estava o *wachuma* e em seguida distribuiu a bebida no sentido horário para o grupo. A mim foram oferecidos três vasos que sorvi mansamente.

Pedro explicou que iríamos fazer um *despacho* para *Pachamama*, para que nos protegesse na nossa jornada andina e que durante a cerimônia o *wachuma* iria abrir nossos *poq'pos*, campos de energia luminoso, o que faria com que nos sintonizássemos cada vez mais com os *Apus* do Vale Sagrado dos *Inkas*.

Enquanto o *Maestro* confeccionava o *despacho*, pediu que quem quisesse depositar doces ou outras coisas para *Pachamama* o fizesse. Sabendo da série de *despachos* que iríamos fazer na nossa jornada andina, comprei flores secas do cerrado para oferecer nestas cerimônias. Fiz um pequeno buquê com as flores que trouxe, as coloquei por cima das folhas de coca que faziam uma espécie de cama para todos os elementos que ali seriam depositados.

Depois de concluir o *despacho*, Pedro me convidou para fazer a entrega do mesmo para a *Madre Tierra*, e que escolhesse uma das mulheres do nosso grupo para que fosse comigo até uma pequena clareira na mata e que ali fizéssemos uma fogueira e depositássemos nossa oferenda. Escolhi Ophidia para tal missão. Ao chegar no local indicado recolhi estrumes secos de alguns animais e após derramar um pouco de água florida, acendi o fogo. Quando ele se estabilizou fiz uma oração de agradecimento a *Pachamama*. Ao ver a minha amiga depositando o *despacho* para ser queimado, vi que lágrimas escorriam por sua face.

Nesta hora vi do outro lado da fumaça a presença do mesmo *vejito*, velho, que havia aparecido para mim meses antes naquele local e havia se apresentado como o guardião de *Pumamarka*. Após ele acenar a cabeça em sinal de aprovação, viramos de costas para o fogo e ficamos nesta posição até um vento forte soprar sobre nós, era o sinal de que o *despacho* tinha sido bem recebido por *Pachamama*, que o havia recolhido.

Durante o percurso de volta, Ophidia olhou para mim e entre lágrimas agradeceu pela oportunidade e ao convite para representar o gênero feminino.

No período da tarde nos despedimos de Pedro, que voltaria para *Cusco*, e visitamos o santuário arqueológico de *Ollantaytambo*. Nossa visita foi curta, pois Vicente estava fatigado pela falta de ar e não queríamos deixá-lo sozinho. Além disso, pela manhã eu havia combinado com Mama Julia de irmos até sua casa em *Rumira* para realizarmos outro *despacho*, no qual suas filhas Andrea e Lita também participariam. Esta última envolveria-se pela primeira vez nesta cerimônia andina.

À medida que *Mamita* organizava o material que seria utilizado no *despacho*, distribui folhas de coca que passaram de mão em mão, após orarmos em cima de cada uma. Já fazia mais de uma hora que estávamos naquela cerimônia, quando Mama Julia começou a cantar uma linda canção em *quéchua*. Em seguida apanhou três cravos nas cores amarela, branca e vermelha e os molhou num vaso com vinho e salpicou por cimas do algodão que cobria nossa oferenda a *Tata Inti*, o Pai Sol, para que sempre iluminasse nossos caminhos. Todos nós repetimos o seu gesto. Ela dobrou o *despacho*, formando um pacote e o amarrando com um cordão dourado. Terminada a cerimônia a oferenda foi entregue a Andrea, que a colocou no fogo da lareira do grande salão.

Quando nos dirigíamos a *van* que nos levaria de volta a *Ollantaytambo*, Mama Julia me chamou ao seu quarto dizendo que queria conversar comigo rapidamente. Chegando lá, abriu sua *Mesa* e tirou dela um pequeno disco de ouro, o *Pukara*. Segurando-o entre as mãos disse que ele era uma réplica do disco solar que fora trazido por Aramu Muru da *Lemúria* e entregue aos *Amautas* Andinos que viviam em *Tiwanaku*. Narrava a lenda que Aramu Muru era um lemuriano que foi o primeiro Sacerdote Solar Inkaico e fora reconhecido por Manco Qhapaq, o primeiro *Inka*, como um dos seus e o adotou.

Mama Julia comentou comigo que algumas fontes diziam que a cidade de *Cusco* fora construída por Aramu Muru. Após a construção da capital do Império *Inka*, Manco Qhapaq pendurou o Disco Solar no templo principal, o *Intiwasi*, criando oficialmente a Irmandade do Sol Andina. Completou dizendo que quando os espanhóis invadiram *Cusco*, o disco fora retirado do *Intiwasi*, conhecido também pelo nome de *Koricancha*, e fora levado pelos *Amautas* para ser escondido numa cidade de cristal nas profundezas do Lago *Titikaka*. Ao colocar o disco em volta do meu pescoço disse:

– Por ser feito de ouro, este Disco Solar irá ativar certos poderes inerentes que você desconhece.

Altamente emocionado a beijei e nos despedimos.

Na manhã seguinte, o sol surgiu timidamente entre as nuvens. Depois de todos terem tomado seu desjejum, nos reunimos na recepção aguardando a chegada de Marco, que viria com Dona Bernardina, para irmos ao *Apu Wakaywillka*.

Durante o trajeto pela rodovia serpenteada, com curvas a cada trezentos metros, Marcou explicou que a cerimônia daquela manhã seria realizada por Dona Bernardina, que iria canalizar a energia do *Apu* e transmiti-la para nós, visando fortificar o nosso corpo de energia luminoso para que pudéssemos adentrar ao *Taripay Pacha*, o mundo além do tempo e espaço. Expliquei ao grupo que era a dimensão onde mora a Senhora do Destino. Lá é o lugar onde o *Kausay*, a energia original da criação do nosso mundo respira. Enfim é o local no qual podemos acessar o conhecimento do passado e do futuro, e também visualizar destinos alternativos.

– Você poderia nos explicar melhor? - perguntou Filho do Vento.

– É claro - respondo. – A Senhora do Destino é como uma mão gigantesca que vem do futuro e nos conduz ao ser em que iremos nos transformar. As transmissões energéticas que estamos recebendo dos Xamãs nos ajudam a sonhar o mundo que queremos dar aos nossos filhos e aos filhos deles. Após recebermos os *Karpays*, teremos a habilidade de ver o mundo invisível da energia e do espírito, como também nos conectar com a linhagem dos Guardiões da Sabedoria, da Terra, do Passado e do Futuro, que são seres de luz que transcenderam o estado de ser mortal e se tornaram seres ditos angelicais.

Curiosa, Antonia me perguntou como Dona Bernardina tinha adquirido o poder para canalizar a energia dos *Apus* e repassá-la.

– A Dona Berna, como Marco gosta de chamá-la, começou seu treinamento como curandeira aos nove anos e, aos doze, enquanto pastoreava as ovelhas da sua avó a beira do Lago *Titikaka*, foi pega por uma forte tempestade e antes que encontrasse abrigo foi atingida por um raio. Este foi um sinal claro da Mãe Natureza de que ela seria uma Canalizadora de *Pachamama* e dos *Apus*. A partir daí foi reconhecida pelos Xamãs da região como *Kawak*, a visionária do Corpo de Energia Luminoso, e atualmente é reconhecida como *Alto Mesayoc*, uma "maestra" Xamã.

Os membros do nosso grupo ao escutarem minhas palavras olharam para Dona Bernardina, ao meu lado, mal acreditando que aquela senhora mirrada tinha sido atingida por um raio e sobrevivido a ele. Ela sorriu timidamente para mim quando Rudi traduziu o que eu havia falado, depois riu e disse:

– Não creiam em tudo que falam de mim – e em seguida caiu na gargalhada.

Ao descermos da *van* e começarmos a fazer a trilha até o local onde seria realizada a nossa cerimônia, Dona Bernardina disparou na nossa frente e sumiu por entre o nevoeiro que começava a surgir ao redor da montanha. Procurei segui-la de perto, mas não consegui. Depois de caminhar pela trilha de pedras marcada no *Apu Wakaywillka* pude visualizá-la sentada numa pedra arrancando algumas sálvias andinas para fazer uma fogueira. Auxiliei-a em seu trabalho e após finalizá-lo, subi até a altura de 5.300 metros de altitude, onde ofereci um *kintu* de folha de coca à montanha em nome da Assunta, uma amiga gaúcha, que estava grávida e por isso não estava participando da nossa jornada.

A vista lá de cima é muito bonita, mas devido às brumas esvoaçantes não pude apreciar mais a paisagem. Filho do Vento e Rudi foram até perto de onde eu estava, mas devido ao frio e ao cansaço pelo esforço empreendido para chegarem lá, resolveram descer. Os segui. Lá embaixo, ao redor da pequena fogueira acesa por Dona Berna, Vicente estava usando um pequeno tubo de oxigênio que comprou na farmácia. Depois de alguns minutos ele já estava bem melhor e conversando pelos cotovelos.

O frio de -5°C nos castigava enquanto Dona Bernardina saudava todos os *Apus* do Vale Sagrado. Um círculo de pessoas ficou a sua volta e, uma a uma, recebeu a transmissão energética canalizada por ela. Na minha vez, posicionei-me a sua frente e dobrei um pouco as pernas para que ela pusesse colocar sua *Mesa* sobre minha cabeça. De olhos fechados escutei-a invocando a energia da montanha *Wakaywillka*. Senti um fluxo energético entrando pelo alto de minha cabeça enquanto ela balançava um pequeno sino na minha fronte.

Findada a cerimônia, Dona Berna pediu que todos nós escolhêssemos um local para ficar em sintonia com o *Apu*, porém antes de meditarmos solicitou que apanhássemos algumas pedras e fizéssemos uma pequena *apacheta* com elas. Afasto-me um pouco do grupo e vou até um pequeno obelisco de pedra e lá deposito a minha *Mesa* enquanto recolho as pedras e monto minha pequena montanha com elas. Procuro um local no chão sem neve e sento. Mantenho meus olhos semicerrados e começo a respirar profundamente.

Sinto o ar frio no meu rosto. Sua intensidade chega a ferir minha pele. O vapor da minha respiração esfumaça o ar. A bruma me envolve com seus mistérios. Sinto-me só. Adormecido pelo frio que penetra o meu corpo. O tempo escurece. Uma série de visões surge a minha frente como se fossem *flashes*. O passado, o presente e o futuro se misturam. Nada é constante. Perco a noção de tempo e espaço. Flutuo. Meu olhar é intenso e distante. Consigo visualizar um fio tênue prateado saindo do meu corpo me conectando a uma série de lírios, que me lembram os pintados por Monet. Olho para meu corpo e o vejo azul, circundado de uma luz dourada, como se fosse feito de fogo.

Plano sobre uma mata, vendo as copas das árvores a reconheço como a atlântica. Uma mão invisível me pousa no meio dela. Vejo um rio de água cristalina formando uma série de piscinas e cachoeiras. No meio dele surgem imensas formações rochosas como se fossem granitos. A fauna e a flora são exuberantes. Consigo identificar algumas bromélias e orquídeas, alguns pássaros como o beija-flor, tucano de bico verde, gavião e jacu com seus papos vermelhos. E também alguns mamíferos: paca, porco-do-mato, quati e um homem? Isso mesmo! No meio do rio, sentado numa pedra vejo um senhor franzino de cabelos brancos.

Chego mais perto. Sua fisonomia não me é estranha, apesar de não o reconhecer. Olhando mais apuradamente identifico algumas cicatrizes pelo seu corpo, mais precisamente na região abdominal. Do lado esquerdo vejo a marca deixada pelo escorpião e cortando o umbigo verticalmente a da cirurgia para extirpar parte do intestino. Sim! Aquele sou eu em algum lugar num futuro distante. Desperto após essa revelação.

Lágrimas mornas abrem caminho através da minha pele fria. Neste momento me lembro que estou de volta ao *Apu Wakaywillka*, e que seu nome traduzido do *quéchua* significa a "lágrima sagrada". Levanto-me, apanho minha *Mesa* no obelisco e agradeço a montanha por ter me deixado adentrar o *Taripay Pacha* e explorá-lo um pouco.

Quando retornamos a *van*, uma chuva de granizo começou a cair. Durante nosso percurso de volta para *Ollantaytambo*, um arco-íris surgiu entre a cadeia de montanhas como se estivesse abençoando a nossa jornada. Passamos rapidamente no *Munay Tika* para nos despedirmos de Mama Julia e apanhamos o trem para *Machu Picchu Pueblo*.

Machu Picchu

Quando o ser humano sentir e compreender a essência da realidade integrada que o cerca, entenderá o real sentido de sua existência, talvez, quando a projeção dessa consciência emergir, ele não mais existirá.

Assis Aymone

Devido a um compromisso anteriormente assumido, Marco não pode viajar conosco. Porém para a alegria do grupo Dona Bernardina nos deu a oportunidade de desfrutarmos um pouco mais de seu conhecimento e sabedoria.

Na manhã seguinte acordamos às cinco da manhã, para podermos apanhar um dos primeiros ônibus que subiriam até o santuário de *Machu Picchu* e aproveitarmos mais da cidade sagrada dos *Inkas*. Assim que entramos na "Cidade Luz", expliquei ao grupo que aquele lugar era alimentado por poderosas energias naturais, e que além das montanhas que o circundam existem túneis extensos que conectam diversos pontos escondidos dos olhos mundanos, mas visíveis aos iniciados em seus mistérios. Finalizei dizendo que aquele local através dos anos serviu de Centro Iniciático utilizado para rituais e experiências de êxtase.

Depois de uma série de fotos com *Wayna Picchu* e *Putukusi* ao fundo, levo o grupo até a fonte de água principal onde tomamos um banho cerimonial. De lá seguimos para a *Huaca de la Hechicera* onde Dona Bernardina realiza uma pequena e profunda cerimônia de conexão com as montanhas que cercam o santuário de *Machu Picchu*. Ao final ela me entrega sua *Mesa* e pede que faça o mesmo com ela. Honrado, realizo seu pedido, e neste momento sinto que do topo de todas as montanhas circunvizinhas sai um fio energético dourado em nossa direção, formando uma espécie de teia. A energia passa pelo meu corpo e é transmitida a Berna, que ao final me agradece.

Saindo da *Huaca de la Hechicera*, Vicente pediu que fossemos até *Inti Punku* para que Antonia conhecesse o local. Eu tinha ideia de subir o *Apu Machu Picchu*, pois nunca tinha ido até lá. Mas como meu *cumpadre* não estava no seu melhor preparo físico, tendo utilizado balão de oxigêncio no dia anterior, resolvi conduzir Antonia e o restante do grupo até lá enquanto ele nos aguardaria numa plataforma no meio do caminho até a Porta do Sol.

Passado pouco mais de trinta minutos de caminhada pela trilha *inka* chegamos ao nosso destino e todos puderam apreciar *Machu Picchu* lá de cima. Uma parte do grupo permaneceu em nosso ponto de chegada tirando fotos, enquanto Antonia, Filho do Vento e eu descemos para nos encontrar com Vicente. Nós quatro fizemos um pequeno lanche na trilha e descemos juntos até o setor das *andenarias* que davam acesso ao caminho que levava até a montanha de *Machu Picchu*. Ao nos despedirmos do casal, Filho do Vento e eu começamos nossa jornada. Meu irmão de Clã seguiu a frente, descalço, enquanto eu registrava a hora da nossa entrada no livro de controle numa pequena guarita.

Caminhando pouco mais de cem metros pelo chão de pedras ancestrais, uma mata surgiu a minha frente. Pouco depois encontrei duas brasileiras que estavam descansando a sombra. Disse olá a elas e segui adiante. À medida que caminhava o sol parecia ficar mais forte fazendo com que eu suasse a cântaros. Passados pouco mais de trinta minutos do início da minha subida encontrei três rapazes descendo e perguntei se faltava muito para chegar até o topo. Eles deram de ombro e um disse que dependeria do meu ritmo. Sem uma resposta exata continuei.

O caminho era difícil e a subida cada vez mais árdua, mas a cada passo que dava sentia uma força crescendo dentro de mim e me impulsionando a seguir em frente. Devido o esforço o meu coração bombeava cada vez mais forte, fazendo com que eu fizesse paradas estratégicas para descansar e beber água. Devido a não ter exatamente a noção de tempo que tinha até atingir o meu objetivo resolvi economizar a água, preferindo fazer como uma tribo africana do *Sahara* que vi num documentário que apenas colocava um pouco de água na boca deixando-a descansar ali, sem engoli-la, apenas para esfriar um pouco a temperatura do corpo. Eles andavam por horas assim, mas apesar de tentar imitá-los a engolia em menos de três minutos.

Numa dessas paradas pude ver que estava na altura de *Wyana Picchu*; ou seja; estava mais ou menos a 2.700 metros de altitude e segundo meus cálculos ainda faltava pouco mais de 600 para atingir o cume. De lá também pude visualizar a minha frente o *Apu Putukusi* emanando toda sua energia amorosa em minha direção. Há pouco mais de três meses e meio eu estava no seu topo tendo a visão contrária de onde eu me encontrava naquele momento. Coloquei minha mão esquerda no meu plexo solar e a direita no coração e fiz uma saudação àquela montanha que tanto amo e segui caminhando para cima.

Durante a minha escalada encontrei pontos muito íngremes e tive que caminhar lentamente por alguns precipícios. Nestes momentos eu comecei a respirar profundamente e sentia o meu coração bombeando sangue cheio de energia, dando-me força suficiente para superar os obstáculos que se apresentavam. Um chileno, recém-saído da adolescência, se juntou a mim enquanto eu bebia um gole de água. Subimos juntos até vermos Filho do Vento descendo. Assim que ele me viu pediu um gole do meu cantil. Estava exausto. Informou-me que eu deveria demorar em torno de mais trinta minutos do ponto em que estava.

Subindo por mais algumas escadarias íngremes, pude avistar a bandeira arco-íris do *Tawantinsuyu* tremulando no topo da montanha. Apesar de parecer estar a pouco menos de 200 metros, o caminho era maior do que eu pensava. Meus últimos minutos de subida foram em completo silêncio, cortado apenas pelo som da minha respiração. Admirei toda natureza ao redor e olhando para o chão agradeci aquelas pedras gastas por pés ancestrais e de andarilhos modernos que tinham a coragem de chegar até ali, tendo como recompensa pelos seus esforços o desfrute de ter uma vista completa de todo santuário de *Machu Picchu*, os picos arredores do vale e os nevados da cordilheira andina.

Procurei um local para sentar e realizar uma cerimônia privada de gratidão e conexão com o *Apu Machu Picchu*. O som de uma flauta tocando uma música suave chegou aos meus ouvidos, quando abri os meus olhos. Procurando saber de onde vinha o som, pude ver que meu amigo chileno era o responsável por aquelas notas maravilhosas que engrandeceram ainda mais aquele momento único em nossas vidas.

Ao pegar meu cantil para beber água, vi que Filho do Vento tinha bebido mais do que a metade dele quando nos encontramos na trilha. Bebi um pequeno gole apenas procurando deixar um pouco para o percurso de volta.

Aguçando minha visão, consegui ver que o santuário cobre muitos quilômetros quadrados de construções e terraços conectados por escadas feitas de rochas sólidas em volta das montanhas. Olhando aquela cidade abaixo tive mais uma vez a certeza de que *Machu Picchu* foi uma Universidade Iniciática. Durante todos os anos que estive visitando esse local sagrado, que é uma das sete maravilhas do mundo, as informações que recebi é de que todo o complexo era chamado originalmente por *Picchu* que em *quéchua* significa pico ou montanha.

Com a alma lavada por ter conseguido escalar o *Apu* que dava o nome atual a cidade perdida dos *Inkas*, fiz o trajeto de volta em uma hora, meia a menos do que a subida. Ao chegar lá embaixo bebi o último gole de água do meu cantil. Eu ainda tinha a intenção de ir até a *puente inka*, um dos lugares que ainda não conhecia, mas estava muito cansado para tal empreitada e resolvi caminhar pela cidade calmamente procurando uma sombra para descansar. Num dos lugares que parei, pude apreciar um *Viscacha* muito semelhante a um esquilo, mas com a cara de coelho, que vive no meio dos rochedos.

Além de me sentir bem espiritualmente naquela cidade e ter tido uma série de *insights*, a sua parte material sempre me impressiona bastante. Como é que os *Inkas*, que não tinham animais de carga, conseguiram realizar um trabalho tão grandioso de alvenaria? As pedras pesam toneladas e ainda hoje estão conservadas e ajustadas de tal forma que nem uma faca consegue ser introduzida entre elas. A maior característica da alvenaria *Inka* é a forma de como as pedras foram talhadas com inúmeros ângulos que se ajustam perfeitamente sem a utilização de qualquer espécie de cimento. Parece um quebra-cabeça tridimensonal, o que certamente aumentou a sua estabilidade, fazendo com que resistissem ao frequentes tremores de terra que abalam a Cordilheira dos Andes.

Como eles deram formas nestes enormes granitos sem utilizarem ferramentas de ferro? Certamente os *Inkas* não possuíam tecnologia para realizar este tipo de trabalho, mas o fizeram. Este é mais um enigma que recai sobre os sábios andinos. Há uma série de hipóteses, mas creio que a resposta talvez nunca seja conhecida.

Depois de meditar sobre a construção de *Machu Picchu* procurei o grupo pela cidade, mas, sem ter marcado um local de encontro, seria muito difícil encontrá-los nos mais de 80 mil acres do complexo. Como estava só, resolvi seguir para a zona residencial, onde fica localizado o bairro dos *Amautas*.

Atravessei a praça central e subi uma escada de pedras até meu destino que é caracterizado pela presença de três portas de batente duplo que olham para a praça, e têm sistemas de segurança, com base em troncos de cilindro, onde é possível amarrar as portas. Os quartos estão confinados por todos os quatro lados por ruas que os separam de outros conjuntos urbanos que os rodeiam. A primeira vista esse local parece um lugar comum, mas nesta cidade tudo pode ser considerado sagrado.

Além de ser conhecido pelo nome de bairro dos *Amautas*, esta zona também é chamada de "*el barrio intelectual*" pois durante as escavações constataram que ali viveram os mestres, conselheiros dos nobres e por uma relação a zona vizinha na qual eram ministradas aulas. Explorando este local pude notar que o pequeno grupo de sábios que vivia ali era homogêneo e precisavam de ambientes próprios e comuns para desenvolver suas atividades intelectuais, provando que ali vivia uma classe social privilegiada.

Logo abaixo deste bairro existe um conjunto auxiliar onde os Amautas faziam suas palestras em vários ambientes acomodados na Mãe Natureza, entre *andenarias* e cavernas, integrados com os afloramentos de pedra, que foram ajustadas as configurações de um e dois pisos, distribuídos em pátios e banheiros. Aparentemente parece uma distribuição caótica, mas estão integrados à natureza de forma orgânica, utilizando desníveis, criando plataformas, aproveitando saliência superiores e inferiores de cavernas, que foram desenvolvidos após um trabalho árduo em ambientes acolhedores e de clima ameno, orientados com a paisagem deslumbrante que rodeia este lado de *Machu Picchu*.

Desci ao primeiro nível e cruzei um amplo pátio sobre uma plataforma que precede todo o conjunto, até chegar em uma de suas extremidades onde há uma grande rocha cercada por muros de pedras. De lá fui até uma pequena varanda onde apanhei três folhas de coca e fiz um *kintu* e olhando para o *Apu Putukusi* a minha frente ofereci a Mãe Natureza. *Hatun Wayra*, o Senhor Vento, apanhou as folhas e as levou para o alto durante algum tempo, até sumirem da minha vista. Ao começar a caminhar para a saída de *Machu Picchu*, fui agraciado com os surgimentos de dois arco-íris que coroaram aquele dia na Cidade de Cristal dos *Inkas*.

A primeira coisa que fiz ao chegar à cidade de *Machu Picchu Pueblo* foi parar numa quitanda e comprar uma garrafa de água mineral *Cielo* para aplacar minha sede fenomenal. Chegando ao hotel verifiquei que somente Vicente e Antonia estavam lá e fui informado por eles que o grupo tinha saído para almoçar. Combinamos de nos encontrarmos na recepção do hotel às sete e meia da noite para jantarmos no Bistrô Indio Feliz. Em seguida fui ao meu quarto, tomei um banho relaxante e descansei até a hora do jantar.

Chegando ao Indio Feliz apresentei o proprietário, Patrick Vogin, a cada um do grupo. Escolhi um menu completo tendo como entrada uma sopa de cebola com queijo do altiplano, de prato principal uma truta do rio Urubamba com tomate, cebola e pimenta rocoto, e de sobremessa uma torta de maçã com creme inglês e sorvete. Todos ficaram deslumbrados com o atendimento e o sabor da comida. Ao pedir a conta o próprio Patrick veio entregá-la. Agradeci a gentileza do meu amigo francês, que vive desde 1995 na cidade, e nos despedimos com um até breve.

Ao sairmos do bistrô o grupo se dispersou, alguns voltaram para o hotel e outros foram passear pela cidade. Convidei Ophídia para ir comigo até a loja "Arte Sípan" de um velho conhecido meu. Não encontramos o Hebert quando lá chegamos, mas sua esposa estava lá para nos atender com um belo sorriso no rosto. Minha amiga terminou comprando uma bela serpente de olhos vermelhos esculpida em *chonta*. Antes de sair perguntei a Rosa se ela não tinha uma "Pipa Sagrada", pediu para eu aguardar um pouco e logo retornou com um lindo cachimbo com o tubo de *chonta* e com a face de um jaguar esculpida numa pedra. Ao olhar aquela pequena obra de arte sagrada não tive dúvida e comprei-a para mim, ganhando também um pequeno meteoro para colocar em minha *Mesa*.

Eram cinco e trinta da manhã quando Dona Berna passou no nosso hotel com Rudi para irmos até *Mandor Pampa*. Resolvemos pegar o caminho que segue pela linha do trem, porém, devido à escuridão, tivemos que utilizar lanternas nos primeiros trinta minutos e também em dois túneis que atravessamos. Como o terreno era plano, apesar das pedras soltas, Antonia disparou na frente do grupo até chegarmos à estação de trem em frente ao Jardim Botânico de *Machu Picchu Pueblo*. A partir dali caminhamos todos juntos.

Em Mandor Pampa, Dona Bernardina mostrava a todos nós uma série de plantas medicinais e nos dava explicações sobre sua utilidade. No percurso até a ponte de madeira que cruza as águas do *Mandor*, meu amigo *perro loco* apareceu e saudou a todos. Ao me ver no grupo pareceu reconhecer-me e balançou o rabo enquanto corria em círculos a minha volta e depois sumia no meio do mato.

Seguimos a trilha até a cabana de palha na qual Hiran Bingham acampou antes descobrir *Machu Picchu*. Após um breve descanso seguimos até as cataratas de *Mandor*. Lá Dona Bernadina pediu que todos ficassem descalços e levantassem as barras das calças, pois iríamos entrar na água. Ela explicou que a cerimônia do *Unu Karpay* com o elemento água serviria para alimentar nosso corpo e espírito. Em seguida desceu até a próxima cachoeira e entrou na água. Após fazer algumas invocações aos *Apus* e lagoas sagradas, chamou Antonia para ser a primeira a fazer a cerimônia.

Fui o último a ser chamado por Dona Bernardina. Desço calmamente a escada de pedras e vou até o local da cerimônia iniciática. A água gélida faz com que meu corpo todo se retivesse. Procuro uma melhor posição para fixar o meu pé enquanto Berna passa um buquê de cravos brancos na minha cabeça e corpo. Depois apanha uma cuia cheia de água e joga sobre minha cabeça, fazendo com que eu estremeça de frio. Porém um fato estranho acontece neste momento. Em vez de ficar com frio meu corpo aquece de dentro para fora me dando uma sensação de bem-estar. O sino soando sobre minha cabeça é o sinal de que a cerimônia acabou.

Antes de sair da cachoeira, Dona Bernardina pede que eu faça a cerimônia do *Unu Karpay* nela. Trocamos de posição e começo saudando os elementais da natureza, as montanhas sagradas e invoco a energia de *Mama Cocha*, a mãe d'água, para que abençoe e purifique a minha irmã andina. No início tento seguir os mesmos passos que ela fez comigo, mas o meu coração pede que eu faça do meu jeito. Sendo assim, apanho a água entre as mãos e passo em seu corpo enquanto canto. Ao final pego o *maraká* de folhas e dou pequenas batidas em seu corpo.

Voltamos até *Machu Picchu Pueblo* pelo mesmo caminho que fizemos na ida, escutando ao longe o som do rio *Willkamayu*. Almoçamos numa pizzaria na praça. Em seguida voltamos ao hotel para apanharmos nossa bagagem e embarcamos no trem 44 da *Inka Rail* para *Ollantaytambo*.

No trem, 23 de julho de 2011.

Visitar Machu Picchu é sempre um eterno retorno ao lar. Lá eu me sinto conectado com a terra e o céu. Esqueço-me de quem sou. Naquele lugar tenho vontade de me transformar em pedra só para contemplar o nascer do sol todas as manhãs, e também o seu tom alaranjado na cidade inka quando está se pondo. Os sábios andinos certamente escolheram aquele local a dedo, pois lá podemos viajar nas asas da nossa imaginação. Sempre digo aos participantes dos grupos que vão comigo até esse santuário sagrado, que antes de percorrer suas ruas de pedras, devemos nos livrar de ideias preconcebidas e deixar as rochas contarem suas histórias para nós.

Um fato curioso que sempre chama a atenção quando chego a Machu Picchu é de que em relação à Cusco está trezentos metros mais baixa, mas ao olhar o Santuário Inka a impressão é exatamente o contrário, talvez seja porque ela fica aninhada entre os picos das montanhas e as nuvens que a cercam, enquanto antiga capital do Tawantinsuyu está encravada no meio de um vale.

Machu Picchu é uma prova viva de que os Inkas adoravam a Mãe Natureza, reverenciando as estrelas, rios e pedras. A Cidade Luz revela o quanto eles festejavam o seu ambiente. O Santuário com jardins, terraços íngremes, escadarias, aquedutos, templos de calcário e granito, parecem ter sido esculpidos diretamente nas montanhas. Não é a toa que ela é uma das sete maravilhas do mundo.

Apreciar suas qualidades estéticas é reconhecer que Machu Picchu é um exemplo de arte e paixão paisagística. Perdemos completamente a noção do tempo quando nos maravilhamos com a encrespada paisagem de montanhas altas cobertas de floresta e o Apu Putukusi ao leste; os picos nevados ao oeste e a cidade graciosamente acolhida entre duas belas montanhas. O amanhecer silencioso entre a silhueta serrilhada atinge as montanhas nevadas colorindo-as com uma luz laranja flamejante que nos leva as lágrimas de alegria por tão belo espetáculo.

Aquele Templo da Natureza nos sugere olharmos para nosso interior, para as leis cósmicas que governam o Ser e o Universo. Ao trilhar o Caminho Xamânico aprendi que o nosso mundo interior se projeta sobre o exterior, tal como a fórmula hermética da Tábua da Esmeralda de Hermes Trimegistus:"O que está em cima é como está em baixo, e o que está em baixo é como o que está em cima". Baseado nesta máxima chego a conclusão que dentro de nós temos o sol, a lua e as estrelas numa escala menor. Reunimos assim o macro e microcosmos.

Lidian me interrompe apontando uma montanha e perguntando se aquela é *Wakaywillka*. Fechando meu diário estelar aguço a minha visão e ao ver o cume coberto de neve, respondo afirmativamente. Poucos minutos depois o apito do trem anuncia a chegada a *Ollantaytambo*. Desembarcamos com nossas mochilas a tiracolo e seguimos até o Hotel *Munay Tika* para apanharmos nossas malas e seguirmos viagem para *Cusco*. Infelizmente Mama Julia não estava lá para nos despedirmos.

Chegamos à antiga capital do Império *Inka* depois das seis da tarde. Após nos acomodarmos e um banho todo grupo se encontrou na recepção do *Royal Inka I*. Vicente e eu fomos os primeiros a chegarmos e ficamos conversando até a chegada de todos para que fossemos jantar no *Pukara* na *calle plateros*. Voltamos ao hotel para descansarmos e nos prepararmos para a viagem do dia seguinte até *Pisac*.

Após o nosso desjejum matinal partimos em direção ao nosso destino no Vale Sagrado, porém a pedido de Ophídia paramos em *Ccochahuasi* para que todos tivessem a oportunidade única de ver um condor de perto. Antes de entrar expliquei que aquele lugar era conhecido por ser um santuário para os animais resgatados do mercado negro, e que apesar de não cobrarem entrada era necessário fazermos alguma doação financeira, pois eles viviam delas.

Fomos recepcionados por um jovem guia que fez uma explanação dizendo que muitos dos animais resgatados são soltos na natureza, mas os doentes e que sofreram maltratos ficam durante algum tempo hospedados por lá. No espaço conhecido pelo nome de Resgate Andino tivemos a oportunidade de ver pumas, falcões, lhamas, araras, jaburus, gatos malteses, veados, guacamayos, raposas e condores. Estes últimos por serem as maiores aves do mundo, com a envergadura das asas chegando próxima a quatro metros, foram o que tomaram a maior atenção do nosso grupo.

Saindo do Santuário Animal de *Ccochahuasi* andamos pouco mais de um quilometro e paramos em *Awana Kancha*, um centro de exposições têxteis e camelídios da América do Sul. Seu nome em *quéchua* significa "Palácio dos Têxteis". Entre os camelídeos encontramos alpacas, guanacos, *vicuñas* e lhamas. Depois de vermos e alimentarmos os animais, tivemos a oportunidade de ver tecelões nativos fazendo uma série de artefatos de lã.

Ao chegarmos a *Pisac* pegamos uma trilha que nos levaria até o Templo dos Quatro Ventos na zona religiosa daquela cidadela *Inka*. Durante toda caminhada procurei ficar ao lado de Vicente que parecia cada vez mais cansado. Creio que o peso dos setenta anos estava fazendo com que ele se sentisse fatigado. Meu *cumpadre* demonstrou mais uma vez que é um guerreiro, pois além da idade avançada, ele ainda é diabético e não tem o intestino grosso há mais de duas décadas. Nós dois brincávamos sempre dizendo que todos os mitos de Xamã narram que para ser um de fato era necessário faltar um pedaço do corpo. E nós dois não temos.

Depois de meia hora de caminhada subindo, cruzando túneis e descendo escadas de pedras chegamos ao Templo dos Quatro Ventos e pudemos apreciar a belíssima *Intiwatana* envolvida por um grande muro circular. Como não havia naquele dia nenhum Xamã nativo conosco, resolvi assumir a função de líder espiritual e fiz naquele recinto cerimonial o *Kalana Huna* dos *Kahunas* havaianos. Depois exploramos um pouco mais a área sagrada da cidade e pudemos observar entre suas paredes o símbolo escalonado horizontalmente construído, a chakana.

Ao deixarmos a zona religiosa da cidadela fomos visitar o famoso Mercado de *Pisac*. Por ser domingo estava lotado de turistas e de nativos. Devido a esta razão não conseguimos almoçar por lá e logo após as compras voltamos para Cusco para saciar a nossa fome e descansar para o dia seguinte.

Reencontro com o outro

A adversidade é como um vento forte. Arranca tudo de nós, menos o que não nos pode ser tirado, de maneira que nos vemos como exatamente somos.
Arthur Golden

Na manhã do dia 25 de julho visitamos *Típon*, o belo conjunto de terraças agrícolas, escadas largas e canais trabalhados em pedra, que é considerado o Templo das Águas dos *Inkas*. Para os andinos o elemento água tem um papel vital em nossa vida, e em *Típon* não poderia ser diferente. Neste local de poder a água representa a fertilidade e a pureza, e sua função principal é a limpeza. A fonte principal foi concebida para manter a água quase estável, captada e distribuída pelo canal seguinte, ao chegar na parte deste que representa o masculino passa a fluir rapidamente. Neste lugar a energia feminina e masculina trabalham em completa harmonia.

O Xamã de plantão do dia foi Vicente que, após pedir que todos tomassem um banho cerimonial no *Baño del Inka*, fez uma harmonização xamânica no grupo com seu *maraká*. Depois pediu que nos dirigíssemos até o templo redondo que acredito ser em honra a *Pachamama* e lá fez uma meditação conosco.

Saindo de *Típon* fomos à casa de Don Martin em *Huasao*. Nosso velho amigo estava atendendo um grupo de senhoras e tivemos que esperar cerca de trinta minutos até que ele estivesse disponível para nós. Ao vir nos recepcionar no pátio, pareceu não reconhecer a Vicente e a mim tão pouco. Achei-o cansado e relevei esse pequeno fato. Ao entrarmos no seu "consultório" cheirando a folhas de coca e arruda, sentamos nos bancos de madeira e quando ele começou a falar como realiza seus atendimentos, pude ver atrás dele o condor empalhado que já tinha visto em 2000 e 2001 quando fizemos algumas jornadas juntos.

Ao final de sua pequena palestra sobre medicina nativa andina, ele fez uma pequena demonstração com Ophídia, que não se sentia muito bem. Acabada a sessão de cura nos despedimos e combinamos de nos encontrar na manhã seguinte no *Apu Pachatusan*.

Depois do almoço em *Cusco*, Rudi nos levou até o *Koricancha* para conhecer o antigo Templo do Sol dos *Inkas* e depois ao "Mercado San Pedro" para vermos as frutas típicas peruanas. De lá fomos até o Mercado das Bruxas onde compramos *palo santo* e água florida. Como ainda era cedo quando retornamos, resolvi finalmente conhecer o Museu Histórico Regional. Lá pude ver em suas catorze salas de exibição uma série de mostras pré-*inkas* pertencentes às culturas *Chanapata*, *Killque* e *Marcavalle*, como também cerâmicas *inkaicas*. Em 2011 festejavam a (re)descoberta de *Machu Picchu* com uma exposição fotográfica que pude apreciar e também ver uma múmia que foi encontrada no Santuário *Inkaico*.

Voltando ao hotel preparei a minha mochila para a jornada do dia seguinte e depois fui jantar na fantástica pizzaria *Chez Maggi* com Ophidia, Mei e Lidian. Ao sair de lá passei por uma loja de equipamentos de trilha e comprei uma jaqueta de frio.

Marco apareceu na manhã seguinte dizendo que nos levaria até *Pachatusan*, mas como não cabíamos todos em seu carro havia contratado Armando para levar uma parte do grupo de táxi. Dividi o grupo em dois, três pessoas em cada carro, já que Vicente e Antonia não viajariam conosco. Ophidia, Lidian e eu fomos no táxi, enquanto Cy, Filho do Vento e Hilda foram na 4x4 com Marco. Eles iriam demorar um pouco mais para chegar até nosso destino, pois iriam passar em *Hausao* para apanhar Don Martin e levá-lo ao nosso encontro.

Seguindo para *Pachatusan* com Armando, fizemos uma pequena parada para aguardar Marco com o restante do grupo e enquanto esperávamos nosso motorista nos mostrou o outro lado de *Típon,* o que fica escondido atrás das montanhas do Templo das Águas. Após meia hora de espera vimos a 4x4 subindo a estrada de terra da montanha e seguimos adiante. Paramos no que me pareceu ser um pequeno rancho. Lá descemos com nossas coisas, colocamos em cima dos cavalos que estavam reservados para nós e seguimos Don Martin, que estava completamente diferente do dia anterior. Ele nos levou até uma rocha que tinha o formato de vagina no seu meio.

Martin, com a felicidade estampada no rosto, nos disse que faríamos um *despacho* para *Pachamama* e depois iríamos escalar a "*Roca Sagrada*" onde ele nos conectaria com a energia do Guardião da Montanha Sagrada. Não resisti e enquanto o grupo arrumava suas coisas ao pé da rocha, escalei-a sendo seguido por Filho do Vento e Rudi. Lá pudemos ver o pico nevado da montanha que fica a 4.840 metros de altitude. Rudi disse-nos que o nome *quéchua* de *Pachatusan* significa "Aquele que sustenta a terra".

Antes de começar o *despacho* Don Martin nos mostrou diversas formas de fazer um *kintu* e as utilidades de cada um deles, como para juntar um casal ou separá-lo, como também para ter prosperidade, entre outras coisas. Ao final da nossa oferenda, pediu que cada um subisse a "*Roca Sagrada*" enquanto ele queimava o *despacho* no buraco no meio da rocha.

Quando Martin subiu, pediu que cada um escolhesse um local e deitasse. Um som de flauta soou no ar deixando-me em estado meditativo. Em seguida era possível ouvir apenas o uivo do vento. Sou levemente tocado no meu ombro esquerdo. Ao abrir meus olhos vejo Don Martin fazendo sinal para que eu fique em pé. Levanto. Já não tem mais ninguém lá em cima com nós dois. Ele me dá um sorriso maroto e coloca sua *Mesa* sobre minha cabeça, depois começa uma ladainha em *quéchua* que não consigo identificar. Sinto um fluxo energético debaixo para cima e vice-versa. É como se fossem dois rios de energia se encontrando e misturando dentro do meu corpo. Aos poucos essa sensação se desfaz, finalizando a cerimônia.

Enquanto alguns camponeses montam nosso acampamento, almoçamos dentro de uma grande barraca. Martin pede licença a todos e se despede de nós. Vou com ele até um determinado ponto na montanha e acompanho com meus olhos a sua descida em direção a *Huasao* até vê-lo desaparecer do meu campo de visão.

Como Filho do Vento e uma das meninas do grupo passaram a namorar, terminei dividindo a barraca com Ophidia. Após nos instalarmos fui explorar um pouco mais a montanha solitariamente. A rocha que mais me atraiu, foi a que Martin havia dito se chamar de *Pachamama*. Foi lá que vi o belíssimo pôr-do-sol na direção de *Cusco*. No início da noite comemos pipoca e logo depois foi servida uma sopa de *quinoa* acompanhada do maravilhoso pão andino com molho de *rocoto*, pimentão picante.

Ao sairmos da barraca fizemos uma fogueira para nos aquecer, pois a noite prometia ser muito fria. Ao redor do fogo começamos a cantar, lembrando sucessos antigos da década de 1980. Ophidia se recolheu a nossa barraca mais cedo, e passado uns dez minutos pediu para que eu ficasse um pouco com ela até que conseguisse dormir. Passado pouco mais de meia hora ela começou a tiritar de frio e gentilmente lhe cedi todas as minhas mantas, restando apenas meu saco de dormir e a roupa que eu estava usando.

Como ela não conseguia relaxar e dormir fiquei ao seu lado durante todo tempo, enquanto a serenata de nossos amigos rolava solta em volta da fogueira.

Após o som lá fora silenciar, pude ouvir a forte respiração de minha amiga. O frio se intensifica a cada minuto que passa. Sem nenhuma manta para me cobrir, procuro meditar na tentativa de me aquecer interiormente. Sou interrompido por Ophídia perguntando se a chamei. Inspiro calmamente e procuro não ser rude ao dizer que não. Ela não tinha culpa de estar desesperada com o frio. Eu como o líder do grupo não posso me deixar irritar e tenho que demonstrar calma para que ela possa se tranquilizar.

A madrugada avança a passos de tartaruga e a temperatura caia para -15°C. Ophídia reclama do frio. Minto, dizendo que o pior já passou e que em poucas horas o dia vai amanhecer. Ofereço-lhe frutas secas na esperança de que fique mais aquecida e consiga dormir.

Mais uma vez tento meditar. Fico de joelhos em cima do meu saco de dormir e sento-me em cima dos meus calcanhares. Encurvo os ombros para frente, comprimindo o meu coração. A posição é desconfortável. Sento de forma ereta e ergo meu olhar para frente. Sinto uma força delicadamente sendo exercida sobre minha cabeça, ombros e tronco. Neste momento descanso a palma das mãos sobre a parte superior da coxa, com os cotovelos voltados para fora. Contra-ataco erguendo minha postura como se estivesse tentando alcançar o teto da barraca.

Minha coluna se retesa e fica alinhada de forma flexível, como uma corda de um arco. Deixo o meu peito relaxado. Ouço apenas o som do meu coração... dum-dum, dum-dum... Meu campo de energia luminoso se expande. Vejo uma coloração levente dourada em volta dele, como céu na alvorada. Essa energia se expande. Sinto uma emanação de calor vindo dela. Concentro-me procurando penetrá-la. Saio do meu corpo abruptamente. Algo estranho ocorre neste momento. As células do meu corpo não são separadas das células do ar que me rodeia, e as células do ar não estão afastadas das células deste campo de energia que me envolve. Sinto minha conexão com esse oceano de energia. Estou ligado a Grande Teia Cósmica.

Estou sentado à beira de um rio. Vejo a minha frente uma floresta densa e bem clara. A selva ferve ao meu redor. As folhas das árvores no lugar de serem verdes eram de diferentes tonalidades de amarelo, algumas pareciam reluzir como se fossem feitas de ouro. Levanto-me e entro na clareira a minha frente. Adapto meus olhos e piso com cuidado. Meu coração palpita enquanto caminho. Meu corpo absorve a umidade da selva. Movo-me com a agilidade de uma sombra. Farejo o ar. Sinto meu próprio cheiro. A cada passo dado eu vejo o solo cedendo ligeiramente as minhas... patas?

A selva se agita ao meu redor, para logo depois se silenciar. Os outros animais me temem quando sentem a minha presença. Caminho mansamente pela relva. Olho para as copas das árvores e vejo as estrelas brilhando fortemente acima delas. Sigo cada vez mais fundo na densa floresta. Sinto uma presença íntima ao meu lado. Aguço meu olfato. Reconheço o cheiro. Ele esta voltando. Não é mais aquele jovem. Depois de tantas batalhas finalmente o guerreiro parece que despertou. Veremos como ele se sai.

Desloco-me pela selva fluida entre árvores, cipós e folhas luminescentes. Um sentimento dentro de mim diz que algo me aguarda no meio da floresta. Sigo rumo um corredor verde sem fim, a cada passo dado ele parece maior e o meu destino parece estar mais distante, embora sinta estar me aproximando dele. A vegetação abaixo de meus pés muda de repente. Sinto o roçar de uma areia macia e pura. Minhas pernas doem. O suor escorre pelo meu rosto, pescoço e peito. Tiro a camisa e a amarro na cintura. O vento mudou de rumo. Um cheiro almiscarado chega as minhas narinas. Reconheço aquele odor.

Ele está perto. Nunca duvidei que ele achasse o caminho de volta. Estive esperando-o todos esses anos.

Irei ao seu encalço. Estou perto. Não posso deixá-lo escapar. Piso num chão encharcado. Vejo uma serpente deslizando para debaixo de um tronco. Tenho que ter cuidado para não pisar em falso e ser surpreendido. Sou um espreitador. A sombra da noite envolve a densa floresta. Aguço o meu olhar à medida que penetro cada vez mais no interior da selva. Vejo um enorme vulto felino movimentar-se ao longe. Meu coração dispara.

Ao passar por uma sucessão de árvores e cipós, chego numa imensa clareira com um rio dividindo-a. Visualizo pegadas na areia. Resolvo seguir aquele rastro que se desfaz na beira d'água. Atravesso cuidadosamente a correnteza. A água eleva-se acima da minha cintura. A lua reflete sua imagem no rio. Sou hipnotizado por aquele momento. Olho para o céu e vejo as estrelas unidas como se fossem pontos de intercessão da grande teia cósmica. Conectadas ente si, formam um filigrana tridimensional que me deixa extasiado.

Um esturro do outro lado do rio quebra o meu momento de êxtase. A água chega à altura dos meus ombros. Decido nadar até o outro lado do rio. Desvencilho-me de minha roupa no caminho. Chego à margem. Deito sobre a areia deixando meus braços penderem frouxos ao longo do meu corpo. Meu corpo molhado e nu brilha ao luar. Um galho é quebrado perto de onde me encontro. Imediatamente fico de pé. Olho para o lugar de onde veio o barulho e vejo uma sombra enorme se movimentando em direção a uma caverna acima de um banco de areia. Caminho para lá.

De longe a subida até a caverna parecia ser mais fácil. Meus pés afundam na pequena duna de areia formada pelo vento. Quando estou quase chegando à entrada da caverna, escorrego e caio na areia que gruda ao meu corpo suado pelo esforço empreendido na subida. Ao olhar para o cume elevado, vejo grandes pegadas na areia em direção ao topo. Alguém ou alguma coisa está dentro da caverna. Será uma armadilha? Aprendi quando criança que a curiosidade matou o gato. Recupero meu fôlego e sigo o rastro pisando conscientemente sobre eles. Movo-me cadenciadamente com o pulsar do meu coração. A adrenalina aumenta desordenadamente quando chego à entrada da caverna escura.

As pegadas acabam aqui. Olho todo o caminho que percorri desde que deixei a selva do outro lado do rio. O céu começa a receber traços alarajandos, dando sinal que o sol estava nascendo. Uma pequena rajada de vento toca meus cabelos. Sinto uma presença as minhas costas. Viro-me e vejo os primeiros raios solares entrarem na caverna e desvendando quem era o responsável pelas pegadas na areia. Dentro da luz o musculoso jaguar caminha resoluto na minha direção. Respiramos conjuntamente. Nossos olhos se cruzam. Reconheço meu olhar felino. Estendo minhas mãos querendo tocá-lo. Ele pula sobre mim.

Fundidos, caminhamos pela Via Láctea como se fossemos um corpo celeste. Já fizemos este percurso outras vezes juntos. Estamos em total comunhão. Neste momento sinto no meu Ser o que os *Inkas* quiseram dizer sobre o *Yanantin Masantin*, a relação harmoniosa entre coisas diferentes. Somos opostos completamentares; ou seja; masculino e feminino, luz e escuridão, direita e esquerda. *Yanantin* é o anel, enquanto *Masantin* é a ressonância dentro dele.

Passado um lapso de tempo estamos de novo na entrada da caverna. O sol incide diretamente sobre ele, fazendo o pelo negro resplandecer douradamente. Seu corpo se transforma. Tal como eu ele está totalmente nu. O corpo mais musculoso que o meu tem um tom dourado. Não resta dúvida alguma. Aquele a minha frente sou eu. Estendo minhas mãos para tocar seu rosto que parece sorrir. Abraçamos-nos. Lágrimas escorrem pela minha face.

Já perdi a conta de quantas coisas presenciei na minha existência e das manifestações da vida e do espírito, mas é reconfortante saber que posso sempre ser surpreendido. Sempre fico assombrado quando uma visão se torna real. Estou feliz. Olhei atrás do véu. Mais uma vez entrei no mundo além do mundo e me encontrei. Não estou sonhando. Olho-o mais uma vez extasiado. Neste momento percebo que tive uma escolha. Poderia não ter atravessado o rio e muito menos seguido as pegadas na areia. Na verdade fiz minha jornada sem expectativas. Fui impulsionado até aquela caverna e a encontrar o meu outro, *wakin*. Aquele que foi afastado de mim na selva do Congo quando o escorpião me atacou.

Seguimos juntos em direção ao rio. Ao caminhar sob o sol da manhã vejo que somente a minha sombra é projetada na areia. Ao chegarmos à margem, nos abraçamos. Entro na água e sinto sua presença ao meu lado, apesar de não estar mais visível aos meus olhos.

Escuto Ophídia mais uma vez perguntando se a chamei. Abro meus olhos. Ainda estou de joelhos sobre os meus calcanhares. Respiro. Dou um sorriso e respondo que não. Não sinto mais frio. Um fogo interior me aquece. Deito de lado sobre meu saco de dormir e fecho minhas pálpebras. Poucos minutos depois sou acordado por Rudi anunciando que o café da manhã estava posto.

Ainda em estado de êxtase resolvo escrever no meu diário antes de sair da barraca.

Apu Pachatusan, de 27 de julho de 2011.

Na madrugada de hoje descobri que não existe um Eu verdadeiro e sim múltiplos dele. Nossa Sociedade se preocupa com seres bipolares, quando na verdade somos multipolares. Encontrei um outro importante para o meu Ser. Um Eu que seguiu o caminho do guerreiro, enquanto eu me envolvi com a minha vida cotidiana.

Faz anos que estava a procura dele. Durante todo este tempo persegui o poder e fui por ele perseguido, até chegar na entrada de uma caverna e ali encontrar a mim mesmo, defrontando-me com os olhos do jaguar. Eu havia deixado aquele outro na selva africana, para encontrá-lo agora. Essa força com a qual me conectei se materilizou como eu mesmo e andou ao meu lado sem projetar nenhuma sombra, tal como um guerreiro, um ser etéreo.

Desde que comecei a trilhar o Caminho Xamânico compreendi que teria diversos desafios a minha frente. Sei que muitas das coisas que vivencio pertencem a outra dimensão, a outro tempo, mas fazem parte daquilo que sou, da busca do meu próprio Ser.

Aprendi que o poder adquirido durante a minha caminhada é menos expressivo que a conquista do conhecimento, manifestação do Espírito, a responsabilidade e a habilidade de se tornar um Xamã. É também a aquisição de várias vidas.

Aprendi com Mama Julia que existe um corpo energético que se obtém ao Sul. Outro natural, etéreo, que é adquirido no Oeste, o corpo do Jaguar que encontrei hoje. Um astral ao Norte que tem a duração da vida das estrelas, o corpo dos mestres ancestrais. E por fim o corpo causal no Leste, aquele que tem existência antes do acontecimento, o corpo da Águia.

Sei que tenho que continuar minha jornada, pois há novas perguntas a serem respondidas e experiência que ainda não vivi e servi. Cada um de nós traça sua própria jornada. Cada um vive sua própria aventura, encontrando todos os tipos de desafios, e as escolhas que fazemos no caminho é que irão nos definir. Essas escolhas vão nos pressionar, nos testar e levar ao nosso limite. E a nossa aventura nos fará fortes como jamais pensamos que poderíamos ser. É por isso que sempre digo que a minha jornada é definida por começos e não por fins.

Ao sair da barraca constatei que havia geado durante a noite. Após o desjejum fomos até a Pedra do Condor com Don Nazário Quispe, um velho conhecido meu, que nos conectou à energia do *Apu* e a linhagem do seu pai, Don Manuel Quispe. Eu não tive a felicidade de conhecer Don Manuelito, como Nazário chamava-o carinhosamente, mas Marco havia me contado que ele havia sido um dos mais respeitados *Paq'o* dos *Q'eros* que trabalhou com os filamentos energéticos do *Apu Ausangate* e era também um grande leitor de folha de coca.

Encerrada a cerimônia caminhamos até o rancho onde Marco e Armando nos aguardavam para nos levar a *Cusco*. Durante a caminhada conversei com Don Nazário, que agora estava mais falante do que na ocasião em que o conheci em 2008 em *Hatun Q'ero* na montanha *Ausangate*. Ele me contou que havia deixado sua vila e que agora vivia num bairro de *Cusco*, onde a maioria da população era da tribo dos *Q'eros*.

Infelizmente, na última década do século passado, alguns antropólogos, ao encontrarem essas comunidades, se apossavam delas como se fossem seus donos e tentavam mostrar à "Civilização Ocidental" os sobreviventes nativos andinos como se fossem animais exóticos. Os *Q'eros* foram manipulados por esses pseudos-cientistas que os apresentaram como os únicos preservadores do conhecimento iniciático andino, o que não é verdade, pois existe uma série de outros povos que tem acesso a outros conhecimentos ancestrais. Esta exposição criou uma divisão neste povo que passou a encontrar nas seitas evangélicas a sua verdade e suporte espiritual, o que culminou na transformação para sempre de suas práticas.

Conversando com Marco, horas depois, ele me contou que algumas ONGs foram criadas por um pequeno grupo de antropólogos visando a preservação da cultura dos povos andinos, Mas terminaram arrancando-os do seu lugar no campo e os levaram para o meio urbano. As vilas nas montanhas estavam quase que completamente abandonadas. Nada era mais como três anos atrás quando estivéramos lá. Indignado me disse que esses antropólogos, "gringos" em sua maioria, em vez de ajudarem aos povos nativos terminaram por prejudicá-los, o que é uma lástima. Por causa disso ele procurava cada vez mais tratar de divulgar a medicina nativa para que ela não se perca como aconteceu a tantas outras.

Acordei na manhã seguinte com os estrondos dos fogos de artifícios da *Festa Pátria*. Para fugir dos festejos Marco nos levou até sua casa de campo na província de *Anta-Pacca*. Após nos instalarmos em nossos quartos, realizamos um *despacho* com Don Nazário, Isidro, Dona Bernardina e Maestro Pedro. Ao final nos reunimos ao redor de uma pequena fogueira na qual Berna depositou nossa oferenda. Neste momento demos as mãos e em júbilo gritamos:

– Haylliy! Haylliy! Haylliy!

Em seguida nos reunimos ao redor de uma grande manta estendida no chão, onde pouco a pouco uma senhora colocava os alimentos que iríamos comer no almoço.

Pedindo a palavra Maestro Pedro disse:

– Nosso Grande Pai, aquele que sabe tudo, diz pra abrirmos nosso coração, aprender a viver com muita felicidade, harmonia e amor. Peço a *Tata Inti*, nosso Pai Sol, que nos dê força. Que as estrelas e espíritos venham participar de nossa reunião. Meus irmãos e irmãs abram seus corações ao Cosmos, ao Universo.

Marco olhando para Vicente disse:

– Por você ser o mais velho entre os presentes representa a sabedoria e a palavra dos anciões. Nos Andes a voz dos mais antigos sempre são as mais importantes que existem numa reunião.

Vicente com os olhos marejados de lágrimas falou:

– Ancião não é o mesmo que sabedoria, pois todos nós a temos. Alguns a encontram antes, outros depois. Espero que todos nós continuemos cultivando os ensinamentos aprendidos nesta jornada e os apliquemos em nossas vidas cotidianas.

Por eu ser o chefe do grupo Maestro Pedro pede que eu fale também.

– Agradeço aos Mestres e ao Marco que nos proporcionaram este encontro. Cada um trouxe um pouco de sua sabedoria e compartilhou nesta jornada. Agradeço a todos vocês por terem aceitado meu convite e espero revê-los numa próxima viagem. *Anãy Pachamama*! Obrigado!

Após nosso almoço houve uma série de demonstrações sobre o xamanismo andino com cura, limpeza, florescimento, inclusive com a utilização das *chumpi kuyas,* além de outras técnicas. Pela noite fizemos uma cerimônia com *Willka Nina*, o Fogo Sagrado, ao som de *marakás* e *ícaros* cantados por Marco e Berna.

Fui o primeiro a despertar na madrugada do dia 29 de julho. Ao descer as escadas da casa de Marco, vi que a lenha da lareira ainda estava ardendo. A noite deve ter sido fria e tive a confirmação quando saí e pude ver que havia geado. Pouco a pouco as pessoas foram acordando e após um frugal café da manhã seguimos de carro até *Killarumiyoc,* no distrito de *Ancahuasi*.

Ao chegarmos a este Local de Poder, apreciamos a Pedra da Lua, que dá nome ao lugar, e pudemos ver o suposto calendário lunar esculpido pelos *Inkas* trabalhado na grande rocha granítica. Enquanto Dona Bernardina e Don Nazário preparavam uma cerimônia de purificação, nosso grupo se dispersou e explorou a região. Chamei Ophídia para caminhar comigo e a levei a Caverna da Mãe Sagrada que tem a entrada em formato de vulva. O lugar tem uma energia feminina tão forte e intensa que nos convida a reconhecermos a nossa essência divina e a meditar com a Grande Mãe.

Deixei Ophídia meditando lá e subi a montanha na direção do *Intiwatana*. Na minha caminhada fui agraciado pelo belo espetáculo dos beija-flores que voavam em pequenos grupos. Pude observar uma série de terraças, pirâmides naturais e diversas pedras trabalhadas com os símbolos escalonados. Subi lentamente até meu destino seguindo um caminho de pedras. No *Intiwatana* pude visualizar a Porta da Lua, *Killa Punku*, e segui até lá. Ao tentar entrar no local de poder escutei uma voz me dizendo para não fazê-lo. Por não ter aprendido a ouvir, anteriormente, eu havia entrado numa *Huaca* sem permissão e terminei ficando enfermo. Isso não iria ocorrer de novo comigo. Apanhei minha bolsa com folhas de coca e fiz um *kintu*. Depositei-o na porta de entrada, que é direcionada para o oeste, e fui encontrar com o grupo.

Durante a cerimônia de purificação nos conectamos com a energia da *Mesa* de Don Nazário e depois Berna nos banhou numa pequena queda d'água. Ao voltarmos para *Cusco*, participamos de um almoço de confraternização com nossos irmãos andinos na *Quinta Eulália*. De lá alguns seguiram para o hotel para descansar, outros foram às últimas compras e eu fui sozinho a *Amaru Mach'ay*, conhecido popularmente como Templo da Lua ou *Laqo*.

Linhas de Energia

Um Xamã solitário encontra-se nu dentro de uma caverna, na escuridão da noite, olhando as estrelas acima. A brisa acaricia gentilmente seus cabelos e ele escuta a voz suave dela. Sente a batida do coração da terra embaixo de seus pés. Tudo aquilo que existe é a batida do coração. Ele sente o poder da terra e pede a sua Mãe para lhe dar coragem para escutar sempre o coração dela e entrar em equilíbrio com todas as coisas.

Wagner Frota

Chego à formação granítica de mais de vinte metros de comprimento e uns dez de altura ao final da tarde. Encontro lugares de observação solar e altares para oferendas. A expressão de um conhecimento milenar foi preservada em suas rochas virgens. Na parte superior existe uma série de tronos iniciáticos. Pude ver também restos de canais que certamente eram utilizados para que a água fosse conduzida até esta *huaca* com fins ritualísticos. Neste lugar, além das rochas trabalhadas, existe uma série de cavernas e passagens.

Indo para a parte inferior, caminho até a parte de trás da pedra e vejo uma escadaria perfeita esculpida no imenso bloco maciço. A escada me leva a uma grande fenda vertical, parecida com uma vagina, no meio do granito. Vou até a entrada da caverna. Ao abaixar para entrar, vejo o que parece ser a silhueta de um condor no chão. Descendo os degraus encontro do lado esquerdo a imagem de um puma com a cabeça cortada. Diante dela visualizo outra. Silenciosamente curvo-me e peço aos guardiões daquela *huaca* autorização para entrar.

Antes de entrar identifico na parede da caverna uma pequena serpente negra ingressando e outra maior da cor branca saindo daquele local de poder. Olhando-as com cores diferentes intuo que os mestres ancestrais andinos quiseram representar a polaridade da vida do ser humano, ao trabalharem as duas serpentes em cores diversas. Na mesma hora me vem à mente que devemos deixar ali nossa energia pesada e sair de lá com uma refinada. Creio que é por causa das duas serpentes ali esculpidas que aquele local é chamado de *Amaru Mach'ay*, "*La Cueva da Serpente*".

Cruzando o que parece ser um pequeno *atrium* da caverna-templo, chego até o final da mesma. A *cueva* parece ter em torno de sete metros quadrados, e pude ver um altar de pedra, *usnu*, e uma abertura para o céu que servia como uma fonte de luz a iluminar a *huaca*.

As paredes da caverna estão molhadas e ao sentar no altar redondo de pedra sinto algumas gotas cairem sobre mim. Cruzo as pernas e começo respirar profundamente. Aos poucos vou relaxando e sou direcionado naturalmente a fazer uma recapitulação da minha vida. À medida que inspiro sinto as memórias emotivas surgirem e ao expirar procuro entregá-las as paredes da *huaca*, junto com a energia *hoocha* destes eventos passados.

Neste momento sinto a energia telúrica da Serpente Galáctica se manifestando no meu vórtice energético localizado no períneo, onde reside a força que os andinos me ensinaram a chamar de *Kamaq*, que em sânscrito significa *Kundalini*. Sinto minha coluna formigar como se uma serpente de energia estivesse caminhando dentro dela limpando cada um dos meus centros vitais até o *Uma-Pukio* no alto da minha cabeça, livrando-me de todas as coisas desnecessárias que pesam na minha vida e criando uma armadura de proteção.

De repente sou jogado no momento da minha criação. Do alto, como se estivesse voando, vejo meu pai e minha mãe se unindo amorosamente. A partir deste momento sinto a caverna se iluminando. Seus corpos de energia se uniram formando uma única bolha. Naquele instante vejo os meus pais como nunca havia visto desde que me entendo por gente. O casal bailava num ambiente puro e belo. Era como se um pudesse ver a beleza do outro dentro de si. Eles estavam enamorados.

A minha frente vejo surgir um óvulo e um espermatozóide correndo de encontro a ele após deixar centenas de outros para trás. A luz impregna a terra. O sêmem solar e o óvulo oceânico se misturam. A codificação na estrutura genética dos dois faz com que células se dividam. O espírito funde-se ao solo, a água, ao vento e ao céu. A gestação do Filho de *Pachamama* é catalisada. Sinto que estou puxando a energia refinada da Terra através do meu osso sacro, como se fosse um cordão umbilical enraizado no *usnu*. Abro meus olhos e vejo um fluxo de energia sutil vindo do orifício acima da caverna e entrando no topo da minha cabeça. As duas energias são uma só, apesar de virem de lugares diferentes... da mãe e do pai. Olho para o buraco e vejo uma estrela única brilhando. Minha estrela-guia, *Itu Apu*. Levanto-me e saio renascido da caverna, como se estivesse saindo do ventre de *Pachamama*.

Levanto meus braços em direção ao céu e localizando a minha estrela faço uma pequena oração pedindo força, visão e tudo mais que necessite para trazer para o mundo a energia da manifestação.

Neste momento a estrela brilha intensamente e escuto-a dizendo:

– Desde o início dos tempos um cordão umbilical de energia cósmica se estendeu a partir do centro da nossa Galáxia até a Terra como se a estivesse alimentando. E está. Este cordão energético é a lendária Serpente Emplumada do qual falam os *Hopis*, *Toltecas* e os *Maias*, cuja chegada às Américas em 2012 foi predito por inúmeros Xamãs e profetas nativos. Durante os últimos 5.600 anos a Serpente Galáctica estava enrolada no sopé do Himalaia, alimentando as grandes tradições espirituais que surgiram no Tibete e Caxemira. Agora ela irá residir nas Américas despertando o poder feminino e do chacra do coração da Mãe Terra, serpenteando os Andes na chegada do Quinto Mundo.

Após um breve silêncio a voz continuou:

– Ao reconhecer a transcedência de sua missão lhe será permitido celebrar com dignidade e força os presentes da vida. Você deverá despertar o poder da Serpente Galáctica dentro de si para levar uma vida iluminada. Deixa a força do *Kamaq* guiá-lo no caminho da transmutação, pois assim terá sua mente (*yanchay*), coração (*munay*) e corpo (*llankay*) limpos, alcançando a luz, *Q'anchay*. Nunca tema o desconhecido, aprenda a confiar em seus instintos e esteja seguro dos passos dados, pois *Pachamama* será sempre sua companheira e guia nesta jornada.

Saindo de *Amaru Mach'ay* caminhei até a *Vila San Blas* onde Armando me aguardava com o seu táxi. Enquanto ele me levava de volta ao hotel perguntou por que eu estava tão calado. Respondi dizendo que estava digerindo a experiência que havia tido. Encostou o carro no acostamento da rodovia e disse:

– Como você deve saber a tradição andina nos ensina a conectar nossa própria energia com o mundo natural, o mundo da energia viva. Tudo é energia. A energia é percebida como a energia densa, *hoocha*, e energia refinada, *sami*. Aprendemos a transformar a energia pesada em luz e assim harmonizamos nosso campo energético. Isso nos permite alcançar a harmonia dentro de nós mesmos e dentro de nosso meio ambiente. Estou te dizendo isso com a intenção de convidá-lo a ir ao *Koricancha* comigo para que tenha a oportunidade de ver como era a manifestação dessas energias no tempo dos *Inkas*.

Interrompendo-o, falei:

– Mas a essa hora ele já deve estar fechado.

– Sim! Está, mas conheço uma entrada subterrânea próxima ao jardim sagrado. Você quer ir lá?

– Cáspite! É claro que sim.

Eu sabia que o *Koricancha* ou *Inti Wasi* tinha sido o templo dedicado ao sol mais suntuoso do Império *Inka*. Havia pouco mais de dois mil sacerdotes vivendo dentro de seus limites. Além de ser um local sagrado, servia como um observatório astronômico. Narram as crônicas que o complexo do templo era um palácio reluzente com centenas de painéis revestidos de ouro, além de estátuas de tamanho natural e altares maciços do mesmo mineral. Era lá que o disco do sol trazido por Aramu Muru havia estado pendurado e ao receber o reflexo do sol, banhava o templo com uma luz dourada.

Armando estacionou o carro na *calle ahuacpinta* e demos a volta até a Avenida *El Sol* para chegarmos ao jardim sagrado de *Koricancha*. Seguimos em direção até um arbustro, que escondia uma pequena porta. Meu amigo bateu por duas vezes e segundos depois ela foi aberta por um monge dominicano de hábito branco e uma capa negra sobre os ombros. Os dois conversaram algo em *quéchua* e logo depois recebemos a autorização para entrar no subsolo do antigo templo *Inka* em homenagem ao sol.

A iluminação da sala que entramos era toda feita com dois archotes. O monge apanhou um na parede e nos levou por um corredor que parecia seguir na direção sul. Olhando suas paredes desgastadas pelo tempo pude ver resquícios de conchas marinhas. Ao final do corredor uma porta de madeira maciça foi aberta e entramos num pátio perfeitamente redondo. Atravessamo-o até um portal *Inka* e saímos num imenso salão também arredondado. No meio dele arde um fogo tranquilizador. Olhando ao redor vejo quatro nichos separados milimetricamente, dividindo o lugar em quatro. Armando me diz que cada um representa uma das direções cardeais.

Noto que no lugar onde está a pira com o fogo começa um desenho do qual saem quarenta e um raios que são cortados por uma espiral. Curioso, pergunto a Armando para explicar o que são todas aquelas linhas.

– São *cekes*, as linhas que nos interligam com a teia energética do universo.

– São como as linhas *ley*.

– Isso mesmo Hermano! Também as conhecemos como linhas axiotonais. Elas são cordões de energia viva que atravessam a terra e seus locais de poder.

Mais uma vez o interrompo concluindo:

– Ou seja, são linhas de energia sagrada que conectam lugares, pessoas e coisas. Só que as linhas axiotonais também estão ao longo do meridiano do corpo humano, conectando-os aos vórtices de energia.

– Exato! Aqui nos Andes também não é diferente, já que eles passam pelos *ñawis*. Bem, mas me deixe complementar estas informações.

Balanço a cabeça em sinal de concordância, enquanto ele fala:

– Durante o Império *Inka* haviam 41 *cekes* emanando do Templo do Sol no *Koricancha*, unindo 328 *huacas* e estações iguais ao número de dias em 12 meses lunares. Se dividirmos 328 por 12 obteremos 27,3 dias; ou seja; um ciclo lunar. *Cekes* foram agrupados quanto a *Cusco* superior e inferior, *Hanan* e *Hurin*, como também para o *Tawantinsuyu*. Para os sábios Amautas, os movimentos da Via Láctea estavam ligados ao sistema de *Ceke* e ao *Tawantinsuyu*. Cada um dos 41 *cekes* foi da responsabilidade de um clã. Era por causa disso que as principais cerimônias eram realizadas aqui. Pois era através delas que os Sacerdotes faziam um intercâmbio constante com a energia viva do Universo.

O monge que até então permanecerá calado, disse:

– Daqui do *Inti Wasi*, o sistema de 41 direções, o *Ceke*, era irradiado a diferentes pontos do *Tawantinsuyu*. Ao longo de cada um desses havia lugares sagrados, *huacas*, que poderiam ser uma simples fonte de pedra, árvore, cavernas ou outras coisas. Ao todo eram: 96 fontes de água, 95 pedras em pé, 32 passagens, 28 templos, 28 campos, 10 cemitérios, 07 ravinas, 16 cavernas e 16 *intiwatanas*, o que totaliza 328 locais de poder. Se analisarmos detalhadamente, podemos verificar que o sistema de *Cekes* parecia um *quipu* enorme com seu nós, as *huacas*, em número de várias formas de cordas sinuosas.

Fiz um mapa mental de todo Império do *Tawantinsuyu* e vi que ele estava certo, e verifiquei também que *Cusco* seria o centro do Sol e as direções os raios. Não era a toa que a capital *Inka* era chamada de "Umbigo do mundo". Olhando a imagem desenhada no chão perguntei sobre a espiral que cortava as linhas energéticas.

– De acordo com cosmovisão *Inka* existem diferentes níveis de evolução espiritual que levam a outros mais elevados de consciência - respondeu o monge. – A espiral de *Pachamama* aqui desenhada nos lembra disso. Se você contar os pontos de intercessão que ela corta, verá que é igual a 328; ou seja; o número total de *huacas*.

Virando para o monge pergunto se posso fazer uma meditação naquele espaço. Ele me diz para ficar a vontade e sai do grande salão junto com Armando.

Caminho até a fogueira e me posiciono perto dela. Apanho algumas folhas de coca da minha bolsa e ofereço ao Fogo Sagrado. Sinto o calor que vem dele quando levanto meus braços e começo a abrir o meu campo de energia luminoso. As chamas bruxuleantes iluminam o salão cerimonial traçando sombras sutis, desenhando animais e deuses nas suas paredes.

Olhando para o leste visualizo a forma etérea do *Pukara*, o disco solar, que brilha intensamente. De repente vejo um ente surgindo dele e vindo em minha direção. Parece a entidade solar que segura dois bastões no Portal do Sol de *Tiwanaku*, a representação de *Wiracocha*. Após flutuar a minha frente por alguns segundos, ele some no ar.

Neste instante o grande salão se enche de pessoas em cada um dos outros 327 pontos de intercessão. Reconheço-os como os espíritos das *huacas*. Eu também sou um deles, só não sei qual. Sinto-me como se fosse seiva de uma árvore se manifestando nas folhas e cascas. Escuto ao longe o som de um rio como se fosse um sopro tranquilizador. A luz leitosa de *Mama Killa*, a Mãe Lua, se derrama sobre mim. Neste momento tenho a certeza de que sou um aspecto de *Wiracocha* e instintivamente tenho acesso aos mistérios da criação.

O *Koricancha* se revela totalmente para mim. Ele é um centro de observação de um sistema radial totalmente organizado. De lá é possível ver horizontes distantes, onde as montanhas sagradas e outros lugares de poder seguem os movimentos celestes. Fazendo uma analogia, o Templo do Sol é um *hub* de ligação cósmica que serve para rastrear inúmeros fenômenos celestes, correlacionando-os com os terrestres. Irradiando para fora dele os *Cekes* que se estendem além do horizonte. Dada a importância da irrigação naquelas terras, não é de admirar que quase 1/3 destas linhas de energia sejam compostas de fontes de água.

O teto da grande sala se abre revelando a Via Láctea em todo seu esplendor. Os *Inkas* a chamavam de *Mayu Celestial*, o rio celeste, observando-o vejo que suas 328 estrelas reluzentes representam os *Cekes*. Será? Não tenho porque duvidar, os *Inkas* certamente sabiam o que faziam. E ao inventarem esse sistema energético devem ter estudado muito antes de fazê-lo. Do *Koricancha* é póssível ver todo movimento do rio celestial, e certamente esse fluxo foi o ponto de partida para as correlações destas linhas de energia. Foi desta forma que eles organizaram os trabalhos diário, sazonal, anual e ritualístico.

Posso ver que o eixo central intercardeal do *Mayu* corresponde as rotas de *Cusco* para todo o *Tawantisuyu* e também os *Cekes*. Essas linhas axiais luminosas criam uma grade para toda a esfera celeste dividindo-a em quatro cantos, o *suyu*. Os *Inkas* tinham a certeza de que seu destino estava entrelaçado com o movimento das estrelas e dos planetas. Eles tinham como princípio a premissa de que "*O que está em cima é como está embaixo*", foi desta forma que eles viram a desgraça de seu império em 1532. Da mesma forma previram uma época de ouro que iria começar a surgir lentamente em 1992.

Compreendo que o rio celestial passa por baixo da Terra após a primeira entrada no mar cósmico, a oeste. Os animais acima nas constelações estão intimamente ligados com os da terra. *Mayu* é na verdade composto por dois rios, e não um. Os dois se originam em um ponto comum no norte e o outro no sul, os fluxos seguem em direções opostas e colidem de frente na Via Láctea. E as nuvens de estrelas brilhantes nesta parte do *Mayu* representam a espuma resultante da colisão celestial. Desde que a Via Láctea é inclinada com relação ao plano do eixo de rotação da Terra, um centro do *Mayu* fica acima do solo enquanto o centro oposto está abaixo.

Sinto a água no rio Celestial entrar na esfera celeste no extremo norte do *Mayu*, passando pelo meu corpo de energia onde se unirá ao rio terreno no sul. Meu corpo convulsiona. Neste momento compreendo que a Via Láctea é, portanto, parte integrante da reciclagem contínua de água em todo o universo.

Armando me sacode. O monge joga água sobre a minha cabeça. Abro meus olhos e digo que o *Mayu* é a estrada do Xamã. Eles riem. Após eu me levantar e constatar que estou bem, saímos silenciosamente pelo caminho que viemos anteriormente. Despedimos-nos do dominicano e seguimos em direção Hotel *Royal Inka*. Ao chegarmos agradeço ao Armando pela oportunidade com que me presenteou e digo:

– *Tupananchiscama.*

Ele ri e responde.

– Sim! É verdade. Em breve nos encontraremos novamente.

Como a maioria do grupo já havia se recolhido quando voltei ao hotel, terminei jantando sozinho no *Pukara*. Antes de dormir, arrumei a minha mala cuidadosamente, separei a roupa que iria viajar na manhã seguinte e tomei uma ducha quente. Como não conseguia dormir, resolvi escrever no meu diário estelar.

Cusco, 30 de julho de 2011.

Cada vez que venho a esta terra mágica sou surpreendido. Toda rua, lugar, flor, árvore, pedra, montanha, homem, mulher, criança, animal, rio, céu, estrela e planeta tem algo a ensinar. Sinto-me como se estivesse lendo o livro vivo da vida. É incrível! No meu caminho muitas foram as luzes qual mensageiros místicos, chaskis, que me deram diretrizes e sinais ritualísticos na montagem de uma cultura milenar, cada passo que dou significa um retiro ao meu interior, uma visão transcendente e uma experiência integral do meu Ser.

Vivemos atualmente um momento muito singular. O saber ancestral que havia sido disperso pelo tempo e a ignorância dos homens que não estavam à altura de manter uma tradição tão rica em misticismo e ciência, como a andina, agora ressurge com força total. Tradições de diversos povos previram de forma diferentes uma série de profecias neste tempo que estamos vivendo. Mas todos têm um fator em comum, a de que é uma época de transição na qual após um tempo de obscuridade, haverá um alinhamento harmonioso com as energias da Eternidade.

Como bem disse a minha estrela-guia quando estava saindo da caverna, as portas do Quinto Mundo estão se abrindo para nós. É chegado o momento de nos sintonizarmos com essa energia que virá do centro galáctico. Mas como fazer isso? Basta agirmos como os ancestrais nativos em Cusco, Machu Picchu, Ollantaytambo, entre tantas outras cidades sagradas que não adoravam o Sol como alguns pensavam, e sim realizavam ritos de harmonização, sintonizando-se com as emanações deste Ente Solar. Vivemos durante muito tempo isolado destas energias. Chegou o momento de sairmos das sombras e nos alinharmos com a luz, com a vida.

Os Inkas eram chamados de Filhos do Sol com todos os méritos. Eles observaram, estudaram e compreenderam a linguagem dos céus e da terra. Notamos isso ao vermos como seus templos e altares estavam perfeitamente alinhados vibracional e matematicamente para que pudéssemos escutar dentro de nossos corações a mensagem de Wiracocha, que diz para que procuremos sempre nos harmonizar e seguir o caminho da Luz. Talvez seja por isso que suas construções sempre estavam harmoniosamente simétricas com o nascer do Sol, e eles sempre diziam para si mesmos: "Nokan Inti Kani", Eu sou o Sol.

Em minhas andanças pelo mundo, encontrei diversas tradições que procuram se sintonizar com essa energia como os povos ancestrais faziam. Tal como eu, eles percorrem o Caminho do Sol, o Caminho dos Guerreiros da Luz que procuram trazê-la de volta ao nosso planeta. E segundo diversas tradições nativas este novo momento da história da humanidade está ocorrendo agora. É chegado o momento da grande transformação, onde os caminhos que foram preservados por diversas culturas têm vindo à tona e se revelado em toda sua beleza e profundidade.

Não eram cinco horas quando despertei com Filho do Vento batendo na porta. Ele, Cy, Lidian e Mei iriam embarcar cedo para *Lima*, enquanto Ophídia e eu iríamos às nove e trinta. Já Antonia e Vicente iriam ao final da tarde, e Hilda só viajaria na manhã seguinte. Desci para tomar o meu desjejum e depois fui para a recepção aguardar a chegada de Rudi. Enquanto esperava-o, Antonia e Vicente vieram se despedir de mim. Abraçando meu "Cumpadre" chorei copiosamente. Algo dentro de mim dizia que aquele tinha sido a nossa última jornada juntos nos Andes.

O Caminho do Mestre

La tierra se extiende delante de nosotros y nuestros pies se encaminam por si mismos y se mueven directamente sobre la realidad.
Así, como el viaje de los hombres se hace y se descubre caminando, así también, el viaje del chamán no necesita mapas. Pues para nosotros el horizonte, cuando los miramos com atención, se abre como uma puerta.

Don Mariano Apasa

Ao voltar para o Brasil fui surpreendido com o número de pessoas que haviam me escrito em resposta a um *e-mail* despretensioso que havia enviado para a minha lista na qual os convidava a participarem de uma Vivência Xamânica Andina que eu pretendia ministrar nos dias 20 e 21 de agosto. Inclusive havia comprado um típico *despacho* andino para *Pachamama* no Mercado *San Pedro* em *Cusco* para oferecê-lo durante o *workshop*. Meu amigo Antílope da Serra foi um dos que escreveram dizendo que viria de Itatiaia para participar do meu evento e me conhecer pessoalmente.

Passava um pouco das doze horas quando cheguei com Amayi a Tribo Terra para começar a organizar o salão onde seria realizada a vivência. De repente vejo um senhor de barba caminhando mansamente no meio da mata, com um rabo de cavalo prendendo seus cabelos brancos como a neve das montanhas andinas. Reconheço-o como o Antílope, só que o vi se transformando num Corvo Branco e passei a chamá-lo deste nome a partir daquele momento. Aos poucos o restante do grupo foi chegando e se acomodando nas esteiras no chão da sala.

Após quinze minutos de tolerância comecei a jornada daquele final de semana segurando em minha mão direita um *maraká* que sacudia três vezes chamando as forças das quatro direções do universo, o *Haywaricuy*:

– Vento do Sul! Invocamos a energia da Água para que conserve a pureza de nossa alma. Que a grande serpente do lago *Yarinacocha*, *Sachamama* a "Senhora da Selva e das Emoções" nos envolva em suas espirais de luz e fazei-nos seres plenos de sua criação fecunda como são as *pakarinas*, as guardiãs dos olhos d'águas que aqui se fazem presentes. Ho!

Neste momento levo a minha boca uma garrafinha de água florida e após beber, sopro seu conteúdo na direção sul. Sacudo o *maraká* outras três vezes e digo:

– Invocamos o Espírito do Oeste, *Kori Otorongo*, Jaguar Dourado que traz a energia da Terra e constitui a fundação e fortaleza de *Pachamama*. Vós que és o Guardião da Ponte do Arco-íris, ajuda-nos a construir e transformar todas as estruturas materiais a nossa volta, como uma raiz fortifica uma árvore frondosa. Ensina-nos em conjunto com os *Mukis*, os Guardiões das Cavernas, a sermos impecáveis e a percorrer o Caminho do Guerreiro com graça e mansidão. Ho!

Realizo um *kamay*, sopro forte com a água florida, nesta direção e manuseando o *maraká* me viro para o norte.

– Saudamos o Vento Norte, o espírito de *Wayra*, o Ar que traz as mensagens do antigos mestres ancestrais que nos observam. *Kori Q'ente*, Beija-flor Dourado que traz em seu pico o néctar da vida ensina-nos os seus caminhos. Abençoe nossa jornada, para que um dia possamos entrar na Caverna de Cristal dos *Amautas* e fazer parte do seu Conselho Sagrado. Ho!

Repito as operações realizadas ao fim de cada invocação das direções anteriores e continuo:

– Invocamos o Espírito do Leste, *Kuntur Apuchin*, o Espírito da Vida que voa além das montanhas. Condor Sagrado ensina-nos a ver com seus olhos. Que nossa visão penetre a Terra e o Céu. Voe agora sobre nossa cabeça e nos leve em suas asas até o encontro com o Grande Espírito. Que *Willka Nina*, o Fogo Sagrado se faça presente, alimentando nosso interior, aumentando assim a chama trina que habita o coração que pulsa em cada um de nós. Ho!

Abaixo e de joelhos derramo um pouco de água florida no chão e digo:

– *Pachamama*, Grande Mãe Cósmica de todas as coisas. Obrigado por tudo que nos oferece. Vós que nos nutriu e nos alimenta em seu seio. Obrigado pela sua presença nas águas cristalinas do rio, do seu semblante sorridente nos reflexos do arco-íris, pela sua voz nas sinfonias dos pássaros e no uivo dos lobos. Vemos-na refletida em todos seus filhos: o povo pedra, os duas-pernas, os quatro-pernas, os seres alados, os que rastejam e o povo-em-pé que nos alimenta com seu doce cheiro, Grande Mãe. Ensina-nos a andar pelo seu ventre com beleza e graça. Ho *Mamamtuá*!

Levanto minhas mãos para o céu.

– *Wiracocha*, Senhor do Universo, do Céu e da Terra, Criador de toda a realidade humana. Vós que estás no sul, no oeste, no norte, no leste e dentro de nós. Você que celebrou toda a Criação, que nos deu a Canção da Vida. Ensina-nos o seu Caminho Sagrado e que tudo que fizermos seja em sua honra. Ho!

Em seguida apanho meu abalone, coloco sálvia apiana dentro dele e acendo-o. Com a minha pena de condor na mão esquerda defumo cada um com a fumaça que a erva sagrada exala docemente. Ao final entrego meus objetos ao Corvo Branco que me defuma.

Acomodado no colchonete começo a vivência me apresentando e em seguida dou as boa-vindas a todos dizendo:

– Sejam bem-vindos a Oficina Vivencial "Caminho Xamânico dos Mestres Andinos" que será realizada na tarde de hoje e de amanhã, onde conhecerão um pouco da sabedoria sagrada dos Mestres *Amautas*. Realizaremos uma série de meditações que elevarão nossa essência, nosso *Aumakua*, e irá conectar o nosso Ser Divino ao Mundo Numinoso dos Sábios Andinos e seu caminho xamânico. Compartilharei com vocês a Cosmovisão Andina, as histórias de poder destes povos, algumas técnicas de cura e outras cerimônias sagradas.

Bebo um copo d'água e continuo:

– Hoje a tradição iniciática nativa andina se assemelha com um grande fogo que está concentrado no calor intenso das brasas. A exuberância de suas chamas foi apagada, porém o fogo ainda vive. E o poder do vento pode avivá-lo e despertar seu poder latente. É exatamente isso que pretendo fazer nesta jornada, compartilhando esse legado deixado pelos *Amautas*. Pretendo também no futuro trazer alguns Xamãs andinos ao Brasil para que eles possam compartilhar seus ensinamentos sobre a medicina nativa praticada nos Andes.

– Os Xamãs andinos sempre começam suas cerimônias fazendo uma invocação do Sagrado, um *Apuyayay*. Na região serrana dos Andes invocam os *Apus* neste momento, além de *Wiracocha* e *Pachamama*. Já na selva chamam as forças das quatro direções e da Mãe Terra e do Pai Céu, *Mamamtuá* e *Papamtuá*.

– Porém a cerimônia mais importante nos Andes é a arte de *coquear*, que é chamada na língua *quéchua* de *hallpay*. E na verdade não é uma cerimônia dita exclusivamente espiritual, já que todos os camponeses levam consigo uma bolsa a tiracolo repleta de folhas de coca e ao encontrar outro irmão andino fazem uma troca de *chuspa* na qual cada um se serve das folhas de que o outro traz. Muitos destes encontros soam como um acontecimento social onde um grupo de pessoas intercambia suas *hojas* de coca. Isso é uma forma de coletivizar, conectar e começar uma reunião.

Apanho um saco de coca e distribuo entre os presentes enquanto falo:

– O *coqueo* é uma atividade ritualística ancestral. A pessoa que inicia o ritual coordena a conversação, que toma diferentes rumos e participantes no decorrer da cerimônia. Primeiro eles oferecem as folhas de coca aos deuses, a mãe natureza, ancestrais, etc., para logo depois começarem a mascá-las vagarosamente. Quando fazem isso estão recebendo a energia do sol que a planta absorve. Algumas vezes o *Hallpay* é acompanhado de cigarro de *mapacho* para dar mais força. Estas reuniões muitas vezes se estendem até o amanhecer, enquanto os mais velhos contam histórias e os jovens apenas ouvem, além de cantarem músicas. Não é a toa que esta planta é mais sagrada nos Andes.

Acabada esta explicação sobre o *Hallpay*, digo que no dia seguinte iria falar a eles um pouco mais sobre a *Mama Coca*, a Mãe Coca, quando fossemos realizar um *despacho* para *Pachamama* como a cerimônia de encerramento da nossa vivência. Em seguida conto uma história sobre a criação da terra por *Wiracocha* que aprendi com Mallku.

Na escuridão primordial da Eternidade, Wiracocha abriu seus olhos e olhando para todos os lados, como também em cima e embaixo, verificou que estava só na vastidão do Universo. Silenciosamente ele tocou o seu coração e com uma corrente energética criou o Panya e Yoqe (direita e esquerda), conhecidos também pelos nomes de Tonal e Nagual. Da direita saiu o Puma e da esquerda o Condor; Wiracocha brincou, correu e voou com eles, celebrando sua própria dança. Parou por alguns segundos e escutando a voz do seu coração perguntou a si mesmo: Que é isso? Sou aquele que controla o Universo, o absoluto, a eternidade e o infinito; criarei a partir deste mar cósmico o mundo e semearei o homem com a minha essência e, deixarei que cresçam e caminhem por este solo.

Ao final, contemplando o mundo escuro, Wiracocha se sentiu triste e incompleto ao ver que os homens que havia criado, se escondiam na escuridão das profundezas da Terra, então decidiu mudar seu próprio espaço/tempo. Chamou o Puma, que veio ficar a sua direita, e lhe perguntou:

– De que necessita este Universo?

– A manifestação dinamizará sua própria continuidade e a presença de esferas será a mostra de sua expansão.

Wiracocha estendeu suas mãos fechando os olhos do felino e disse:

– Que sejam liberados os planetas e as estrelas.

E dos olhos do Puma saíram milhões de chispas que se transformaram em planetas e estrelas ordenados em um movimento espiralado. Mas o mundo tinha sua própria lei e Wiracocha sentiu que necessitava de algo mais. Chamou o Condor, que prostou-se a sua esquerda, e perguntou o que ele achava deste Universo. A grande ave respondeu:

– É necessário equilibrar as trevas para que o céu se ilumine.

Wiracocha tocou os olhos de opala translúcida do Condor e de lá tirou o Sol e a Lua. Desta feita o Sol, a Lua, os planetas e as estrelas estavam no firmamento. Saudando os dois animais ele os convidou para dar uma volta pela Terra para ver os homens. Todos lá festejavam, cantando e dançando para agradecer Wiracocha, pois agora a luz estava sobre seu planeta e não precisavam mais se esconder. Vendo todos os seus filhos felizes, se emocionou e de seus olhos saíram lágrimas de alegria, inundando os vales, planícies e picos. As montanhas concentravam a umidade e os ventos traziam as nuvens para derramar sobre a Terra o precioso líquido dando vida e fertilizando a Pachamama. O mundo estava em equilíbrio e Wiracocha decidiu deixar sobre a Terra o Puma e o Condor para guiar os destinos dos homens.

– Como vocês puderam observar nesta pequena história, os povos andinos sempre tiveram uma relação espiritual com a natureza e o céu;

hoje podemos entender o significado de muitos dos centros de poder que existem como evidência do passado glorioso deste povo. Seguindo esta premissa, sobre a concepção espiritual, reconhecemos outros aspectos interessantes, como seu desejo de conhecer as virtudes do retorno imediato, com a finalidade de alcançar estabilidade e equilíbrio em suas vidas.

Seguro a pena de Condor com minha mão direita e a levanto na direção do céu dizendo:

– A prática espiritual andina, que prefiro chamar de caráter iniciático, é o resultado da experimentação de uma infinidade de interações do ser humano com o resto do universo. Tudo isto leva o indivíduo a descobrir seu mundo interior e, a partir dali, chegar a conclusões de vida; e ter uma prática coerente com suas necessidades internas. Conhecendo-nos cada vez mais, poderemos controlar nossas necessidades e criar as fontes para que a natureza não seja nossa inimiga, mas sim uma aliada. Para os andinos *Pachamama* não é um simples meio de produção, nem algo profano, é Sagrada.

– Os Andinos convivem com a terra e com toda a natureza numa relação harmônica e ecológica. Tudo esta relacionado: a família humana, a terra, os animais, a natureza. A terra é mãe, as montanhas os avôs, os animais e as plantas são como irmãos desta imensa família cósmica. A Mãe Terra é uma anciã que ampara a seus filhos e uma jovem virgem que se renova constantemente. Existe uma reciprocidade entre o povo andino e a terra, que se manifesta nas cerimônias de agradecimento por tudo que ela nos dá e para pedir bênção. Esses ritos são como uma celebração da criação. A natureza e a terra não são somente objetos de produção e sim de contemplação, é um mistério que temos que respeitar e conservar sua integridade, em harmonia com toda a criação, buscando a paz com a terra, com a comunidade e com o Universo.

Fizemos uma pequena pausa para fazer um lanche acompanhado de *chicha morada* que eu havia trazido do Peru na minha última viagem e logo após voltamos ao salão. Antes, porém, de ensinar ao grupo algumas técnicas de cura, resolvo falar um pouco sobre os Xamãs e suas função como curandeiro de sua comunidade, *ayllu*, nos Andes.

– O Xamã tem a capacidade de manter contato com as entidades do mundo mítico ancestral, chamados "encantados" nos Andes. Em síntese, ele é uma pessoa com habilidades paranormais, capaz de explorar a realidade "não-comum" e perceber os processos energéticos sutis. No xamanismo acredita-se que o mundo aparente é dominado por forças sobrenaturais. Essas forças agem por impulsos próprios ou muitas vezes são guiadas, podendo ser benéficas, ou não. Sendo ocultas, essas forças sobrenaturais só podem ser manipuladas através de estados alterados de consciência. Esta realidade implica a necessidade de especialistas, capazes de penetrar e agir com sucesso nesse mundo oculto: os Xamãs.

– O Xamã andino não é um possuído e tampouco um místico. Ele realiza todas suas jornadas num estado de superconsciência que não exclui os sentidos físicos, mas os transpassam, deixando-o consciente de tudo que ocorre ao seu redor. Ele deve estar "dormindo" e ao mesmo tempo desperto para perceber os perigos que o esperam em sua "viagem" além do tempo e do espaço, no *Taripay Pacha*, onde efetuará a cura do seu paciente. Para realizar essa odisseia o Xamã utiliza a sua "sombra" ou *llanto*, seu duplo anímico, uma forma de consciência independente dos sentidos físicos.

– A "sombra" separada do corpo mantém sua consciência e identidade autônomas. Exercendo atividades independentemente do corpo e manifestamente incompatíveis com as possibilidades corporais e a capacidade de ter experiência como "viajar' ou "voar" no espaço e no tempo passando através de corpos sólidos, alcançando instantaneamente lugares distantes e acontecimentos que não pertencem ao presente; influindo positiva ou negativamente na saúde de outras pessoas; estabelecendo contato também com outras entidades míticas.

– Ela tem o poder de mesmo separada do corpo manter intactas as características fisionômicas e as qualidades características da pessoa como a bondade ou maldade, força, sabedoria, beleza, etc. Podendo também assumir, no caso dos Xamãs, a forma de um animal.

Enquanto faço uma breve pausa para beber um copo de água, Grande Urso levanta o braço e pergunta:

– Wagner, ouvi falar que ela pode ser raptada por entidades míticas que atuam autonomamente ou por intermédio de um *malero*, feiticeiro. Isso é verdade?

– Sim! Inclusive também pode ser ferida por eles. Mas também podem ser recuperadas pela ação de um Xamã que a chama e a reintroduz no corpo por meio de práticas cerimoniais. A "sombra" pode subsistir fora do corpo da pessoa atacada, que com isso terá uma série de distúrbios e anomalias que irão causar desquilíbrios físicos e psíquicos produzidos pela sua ausência, podendo causar inclusive a morte das pessoas que a tiveram roubada por um *malero*. Ela também pode ser afastada do corpo físico caso a pessoa tenha sofrido uma experiência traumática, definada nos Andes como *susto* ou *espanto*.

Dadas as explicações das funções e ações do Xamã ensino o grupo a criar uma armadura espiritual energética, *arkay*, a partir da fumaça do tabaco usado pelo Xamã. Faço também uma demonstração do *Miqhuy*, o processo de cura utilizado para extirpar uma energia intrusa do corpo de um paciente. Enquanto realizo a cura no jovem que se voluntariou para ser a "cobaia", expectoro um líquido que na Amazônia é chamado de *Yachay* ou *Mariri*. Explico que esse produto detem a essência de poder do Xamã amazônico e também funciona como defesa espiritual energética.

Acabada as demonstrações me despeço de todos e peço a eles que cheguem no horário na tarde do dia seguinte, pois iríamos fazer uma meditação direcionada e para finalizar realizaríamos um típico *despacho* andino para *Pachamama*.

Na tarde de domingo, no horário marcado, compartilho com o grupo a minha "Pipa Sagrada". O cachimbo com um puro *mapacho* em seu fornilho passa de mão em mão até retornar para mim. Peço que todos deitem em posição confortável e começo a fazer um exercício meditativo com eles no qual exploramos os três mundos da cosmologia andina com o auxílio de seus três animais simbólicos, a Serpente, o Puma e o Condor. Ao final peço que cada um compartilhe sua experiência nesta jornada pelo *Ukhu Pacha*, *Kay Pacha* e *Hanan Pacha*.

Após cada um falar sobre sua jornada, Fê olha para mim e pergunta:

– Ontem quando você contou a história da criação do mundo por *Wiracocha* falou sobre o *Panya* e *Yoqe*. Poderia falar um pouco mais sobre eles?

Depois de responder afirmativamente, digo:

– Tudo aquilo que sentimos e percebemos é apenas a superfície de uma vasta realidade; constituindo um espetáculo holográfico de som e luz. Nosso corpo, mente, percepções, sentimentos e as coisas que compõem o que nos Andes chamamos de *Panya*, fazem parte desse espetáculo, dessa profunda vastidão invisível por trás do mundo superficial. Ou seja, nossa realidade ordinária. Já o *Yoqe* é tudo aquilo que existe e não conseguimos perceber. Lá o tempo não existe como o conhecemos aqui. Para ser um pouco mais claro podemos dizer que o nosso sistema solar é o *Panya* e o *Yoqe* é a energia que vem do sol, dos planetas, luas, cometas, meteoritos, etc.

– Quando um Xamã entra num estado xamânico de consciência, ele sai do *Panya* e entra no *Yoqe*. É importante frisar que estas duas realidades existem paralelamente, ao mesmo tempo e no mesmo espaço. Ao entrarmos no *Yoqe* enxergamos a energia, *kausay*, que se esconde por trás de tudo. Essa percepção nos permite observar as linhas energéticas da terra, e seus pontos de maior poder. Percebemos também nosso *poq'po*, bolha de energia, que divide nossos corpos em dois: o lado direito, e o esquerdo; ou seja; *Panya* e *Yoqe*.

Dada as explicações todos foram convidados para lanchar durante um pequeno intervalo de vinte minutos antes de começarmos a parte final da nossa vivência.

Ao voltarmos para o salão, coloco um pouco de *palo santo* num braseiro de barro, boto fogo nele e em seguida explico o que é um *despacho*, enquanto o confecciono.

– Esta é a cerimônia básica em todo o xamanismo andino, conhecido também pelos nomes de *haywarikuy*, *wilancha* ou *pago*, que são oferendas aos comensais sagrados (*Apus* e *Achanchilas*), *Pachamama* (*Madre Tierra*), *Kuntumamani* (guardião do lugar), ao *Supay* (senhor do submundo), *Chullpas* (seres espirituais que habitaram os Andes eras atrás). É um ato de amor e um lembrete das conexões que compartilhamos com todos os seres, elementos, espíritos e lugares sagrados. No nível mais profundo, é uma oportunidade para entrar na unidade essencial de todas as coisas.

– Há pelo menos trezentas variações de *despachos* nos Andes (principalmente no Peru, Bolívia e Equador). Embora existam certos elementos comuns a todas oferendas, a intenção de cura particular; como trazer harmonia e equilíbrio para com a terra, honrando novos começos, ou se livrar de uma doença; determina o desenho da oferta e até mesmo a maneira que os elementos são adicionados. Hoje faremos um *despacho* de gratidão para *Pachamama*, que nos apoia em todos os nossos esforços.

Abro minha colorida *Mastana* (manta andina) e em seguida estendo um papel branco, para maior clareza. Apanho cravos vermelhos para oferecer a *Pachamama* e brancos ao *Apus*. E faço uma cama com suas pétalas, colocando-a padronizadas de forma circular. Logo após peço que o grupo se aproxime e escolham três folhas de louro, em substituição a de coca, e façam um *kintu* colocando neles pétalas brancas e vermelhas também. Enquanto eles montam e rezam colocando sua intenção sobre eles, eu deposito no centro do *despacho* uma concha branca que simboliza o útero da Grande Mãe Cósmica.

A medida em que o grupo traz para mim seus *kintus*, eu pergunto o nome de cada um, rezo sobre as folhas e as assopro com a intenção de que consigamos sorte e sucesso nas coisas que intentamos. Em seguida deposito-os ao redor da concha, transformando-os em pétalas de uma linda flor.

– Um *despacho* contém símbolos de tudo. Elementos, condições meteorológicas, as nuvens ao redor de montanhas, o arco-íris, as quatro direções, lagos, rios, frutos de nosso trabalho, a terra e as estrelas. Cada item representa uma parte da cosmologia andina, está imbuído de intenção para conexão com as montanhas e o Cosmos, e afeta a totalidade da energia no Universo.

O cheiro suave e doce do *palo santo* envolve o ambiente no momento em que começo a explicar sobre as representações simbólicas dos elementos que acrescentaremos ao *despacho*.

– Após a "cama" inicial ter sido criada, apanhamos um feto de lhama que representa o que esta por nascer e não se manifestou. Lambuzamos com gordura de lhama e o enfeitamos com penas, algodão, papéis dourados e prateado. Durante este processo rezamos a Grande Mãe. Depois o colocamos cuidadosamente em cima da concha, o útero da mãe que irá nutri-lo e gerá-lo espiritualmente.

Bebo um copo de água e continuo:

– No *despacho* oferecemos a *Pachamama* seus próprios frutos: sementes de coca, passas, grãos, nozes, milho e quinoa. Depois lhe damos doce, que podem ser balas, chocolates e açúcar. Depositamos representações do mar como caracóis, conchinhas e estrelas marinhas. Colocamos pequenos bastões envolvidos em papéis dourados e prateados que representam a dualidade sagrada, o homem e a mulher, o sol e a lua, o ouro e a prata. Agregamos confete simbolizando a alegria, macarrão de letrinhas que representam as palavras. Incenso de copal ou breuzinho para purificação. Pequenas notas de dinheiro para atrair riqueza. Ao final é espalhado algodão branco; ou seja; as nuvens que rodeiam as montanhas e trazem as chuvas. E por cima dele são postas várias lãs coloridas, simbolizando a ponte do arco-íris que liga a Terra ao Cosmos.

Embrulho cuidadosamente o *despacho*, amarrando-o com um cordão branco. Peço aos participantes que façam uma fila enquanto eu limpo seus corpos luminosos com a nossa oferenda, retirando a energia *hoocha* e abençoando-os. Esta energia densa também faz parte da oferenda e será comida por *Pachamama*. Ao fim de cada limpeza e bênção, encosto minha testa em cada um deles e realizo um *Ayni Karpay*, uma troca de conhecimento e energia através dos nossos *poq'pos*, corpos de energia luminosos.

Saímos do grande salão silenciosamente e quando chegamos ao local onde será queimado o *despacho* para *Pachamama*, digo:

– Nossa maior missão na Terra, como Guerreiros do Coração, é podermos compartilhar todo nosso conhecimento, fazendo com que qualquer tipo de confrontação entre as pessoas desapareça e elas se tornem professoras umas das outras. Para haver desenvolvimento não deve haver diferença entre o potencial de cada um. Aquele que tem um conhecimento superior ensina o outro como ter aquele mesmo conhecimento. É um momento de comunhão, o *onkoy*.

Apanho minha garrafinha de água florida, sorvo um pouco e após soprar seu líquido na fogueira, finalizo:

– Lembremos que, segundo os *Amautas*, as portas entre os mundos estão novamente se abrindo e este é um momento propício à exploração de todas nossas capacidades humanas. Recobrar a nossa natureza luminosa é hoje uma possibilidade para todos que se atreverem a dar um salto em suas vidas. Talvez não recebamos exatamente o que desejamos, mas certamente receberemos o que realmente precisamos.

Deposito suavemente a nossa oferenda no centro do fogo e agradeço a *Pachamama* dizendo:

– *Anãy Pachamama!!!*

Começamos a ver o fogo envolver o *despacho* e pedi ao grupo que virassem de costas, pois não é de bom tom ver *Pachamama* e os outros "Comensais Sagrados" se alimentarem. Acabada a queima voltamos ao salão da Tribo Terra, onde faço a saudação final às forças primordias do Universo e seus elementos, girando pelos quatro pontos cardeais, sacudindo o *maraká* e dizendo:

– Agradecemos a *Yacu*, o Espírito da Água, pela sua presença e pedimos que nos ajude a fluir naturalmente para a Fonte Universal. Somos gratos a Terra pela sua presença curativa e solicitamos que nos mantenha centrados e serenos. Obrigado poderes do Ar aqui manifestados por deixar nossa mente clara e por permitir a expressão das palavras de sabedoria de nossos Ancestrais. Gratidão ao Fogo Sagrado por aquecer os nossos corações, fortalecer nossos espíritos e manifestar o dom da visão. "Gracias" Mamamtuá e Papamtuá, pela sua presença aqui e em todos os momentos de nossa existência. Agradecemos pelo Amor, Luz, Força e Poder. Saudamos a *Kausay Pacha*, a grande energia universal, pela sua eterna manifestação.

Sacudo o *maraká* mais algumas vezes e finalizo dizendo:

– Que a luz de nossa alma nos guie. Que ela abençoe o trabalho que fazemos com o amor e com ele aqueça nossos corações. Que possamos ver no que fazemos a beleza de nossa própria alma. Que a sacralidade do nosso trabalho possa trazer a luz curadora e da renovação para aqueles que vêm até nós. Que as forças do Universo possam sempre estar presentes no que fazemos. Que nunca nos percamos no caminho. Que as promessas de vida sempre brilhem em nossos olhos. Que todos sejam sempre abençoados e protegidos. Que sejamos renovados a cada amanhecer e sigamos sempre adiante espalhando luz ao nosso redor. *Munay.*

Ao proferir estas palavras, vi encostado a porta principal do salão a presença materializada de Arutam com a bandana azul amarrada na cabeça e vestindo uma longa saia feita de palha. Ele sorriu como se estivesse aprovando o meu trabalho naquele final de semana e evaporou-se no ar.

O Beijo da Morte

Quando deixo de ser o que sou,
me torno o que posso ser.
LAO TZU

Após a vivência resolvi assumir de vez o manto de *Yachac* e divulgar cada vez mais a tradição iniciática nativa andina, para tanto, além dos meus cursos, eu iria trazer alguns "Maestros" dos Andes para compartilharem seus conhecimentos sobre a medicina nativa, programar novas oficinas vivenciais e jornadas xamânicas de conhecimento no Peru. Não pretendo formar nenhum Xamã, a minha proposta na verdade é a de utilizar o conhecimento xamânico para auxiliar as pessoas a terem uma vida mais equilibrada, focada, harmônica e feliz. Aprendi na minha caminhada que xamanismo não se aprende, se vive.

Brasília, 21 de outubro de 2011.

Quando comecei meus estudos solitários sobre o xamanismo pedi que surgisse um mestre para me guiar. Depois de alguns dias passeando no Parque da Cidade em Brasília, recostei-me numa árvore e após alguns minutos comecei a indagar: Será que estou preparado para ter um guia? Estou pronto para trilhar o Sagrado Caminho do Xamanismo? Uma voz vinda de dentro falou que a minha caminhada seria infinitamente longa e que se escolhesse trilhá-la devia estar preparado para o pior. Poderia até encontrar um guia, mas este não iria estar comigo durante toda a minha jornada. Existiria a possibilidade de que eu me perdesse no caminho e quem sabe morresse antes de atingir a minha meta. A voz interior me alertou:

– Fique atento a cada passo dado e não se esqueça de se lembrar sempre do porque está ali. Pois bem, dito isso, agora você pode começar a sua jornada.

Durante a minha caminhada no xamanismo nem tudo foi um mar de rosas já que minhas condições internas não estavam preparadas para o que vi e por vezes me espantei. No Caminho, vemos algo especial o tempo todo. Descobri que o paraíso está dentro nós mesmos, e conquistá-lo é uma trilha única e especial para cada ser humano.

Dei sorte em encontrar verdadeiros mestres na minha jornada e de não ter encontrado charlatães, apesar de algumas pessoas acharem que estes são bons guias na sua caminhada. É comum no mundo globalizado em que vivemos existirem um sem números de "falsos" professores que levam indivíduos a percorrerem caminhos que parecem acessíveis no princípio, porém logo depois se tornam verdadeiros quebra-cabeças ou coisas bem piores. Essa via de contato com o mundo dito espiritual aumenta cada vez mais por causa da preguiça generalizada das pessoas. Preguiça produzida pela energia interna dos indivíduos e de seu costume mercantilista do "pago e obtenho". Mas o que irão conseguir no mundo espiritual por meio de um pagamento?

O que verdadeiramente buscamos? Grandes feitos a realizar por um ser humano verdadeiro num mundo de verdades.

O mundo está desumanizado. O que será de nossas selvas e oceanos no futuro? E do homem? Os indivíduos desta humanidade crêem ser humanos porque tem pensamentos e atitudes humanas, porém o que acontece com a experiência de ser humano? E aí? Quem somos? Ao ver o mundo sendo destruído por nós, só posso dizer que somos o que temos... será que teremos algo no futuro? As profecias ancestrais nos dão esperanças de um futuro melhor, mas para que ele exista temos que ser conscientes de que somos filhos da Terra e devemos preservá-la.

Durante todos estes anos de caminhada percebi que o mundo está em transformação. Na verdade sempre esteve, mas desta vez Pachamama manda suas vibrações a todos os corações, para que despertem e ajam. Aqueles que têm a marca do Espírito no coração e na consciência devem se tornar disponíveis ao chamado da Mãe Terra, ver com os olhos de "ver" e ouvir com ouvidos de "ouvir". Creio que este seja mais um chamado ao despertar do guerreiro dentro de cada um no "Aqui e Agora". Devemos cultivar o sentimento do chamado que brotou dentro de nós, e nos transformarmos em mais um indivíduo que pode fazer toda a diferença.

O xamanismo é um caminho, embora a rigor, sua definição possa se resumir a um "conjunto de técnicas que levam ao êxtase", o que não o torna exatamente uma estrada, mas há algumas abordagens onde se mapeiam os estados evolutivos e a forma de espiralar ascendentemente, sempre retornando ao mesmo ponto de onde se partiu, porém numa "oitava" perceptiva superior, e é por isso que me considero um andarilho da senda xamânica e não um Xamã pleno, pois para sê-lo ainda tenho muito a caminhar.

A função dos Xamãs nos dias de hoje é a de ressacralizar a natureza no seio da consciência humana. Os seres humanos, com suas construções e forma de vida, tomaram espaço da Mãe Natureza. Os Xamãs têm a missão de devolver à Pachamama o que é dela, sua plenitude. Para isso trazemos em nossos corações marcas que afloram e se descortinam no momento adequado, nos conduzindo a tomar ações combativas a ignorância e ao descaso, por meio de histórias a serem contadas na intimidade das fogueiras, curas com a simplicidade da palma das mãos, das ervas, sons, sopros, tambores, pensamentos, intento e palavras, poesias e artes que tocam as essências dos seres com a Essência do Ser... Somos mensageiros do Céu e da Terra, e nosso trabalho é uni-los dentro de nós mesmos e alquimizar ambas as forças na fornalha alquímica que é nosso coração, derramando a força Telúrica e Etérea com nossos olhares pelos quatro cantos do mundo.

Ao redor da fogueira, quando da iniciação com meus irmãos de clã, assumimos o compromisso de levar tais forças, da melhor maneira possível, para todos e tudo aquilo que encontrarmos, às vezes, utilizando como argumento apenas o silêncio. Outras, fazendo bastante barulho. Viemos para dançar com todos os minerais, vegetais e animais, e assim, declarar amor, fraternidade e cooperação entre todos os seres. Reconhecendo que nós, humanos, em nada somos superiores a nenhum outro ser, somos apenas mais uma peça no grande jogo da criação e devemos oferecer respeito e gentileza a tudo o que vive, sejam animais, plantas ou pedras. Na caminhada cada um encontra sua missão, ou é por ela encontrado, mas para isso há que se caminhar, logo, há que se ser um andarilho.

Aprendi com meus mestres da "Tradição Iniciática Nativa Andina", que a Iniciação Xamânica é só o início dos mergulhos no Cosmos, que não terminam nunca. A aprendizagem se caracteriza pela dureza e a dificuldade em todos os níveis. Gostemos ou não, o sofrimento é uma premissa comum para nos liberarmos. Na maioria das vezes chegamos a correr risco de vida.

Nos Andes aprendi que realizando a jornada do Oeste e enfrentando o Jaguar em sua vida, o guerreiro espiritual não apenas se liberta para viver integralmente o presente, mas sabe que caminho tomar quando a morte vier, e ela também o reconhecerá. Isso significa morrer com consciência, de olhos abertos. É a maneira de deixar este mundo vivo.

Certa vez Mama Julia me disse:

– O Jaguar é um guerreiro. Ele tem equilíbrio. Tem um propósito. O Runauturuncu, o Homem-Jaguar, tem essas mesmas qualidades em sua busca espiritual em todos os mundos e suas realidades. Um Jaguar potencial vive em cada pessoa. Ele caminha sozinho, parte da sua jornada espiritual é solitária. Wagner, só você pode transmutar as energias pesadas de dentro de você. O grande ensinamento do Jaguar é que ele um animal com o mínimo de ego, e nunca procura ser visto. Desperte!

Na minha caminhada descobri que todos têm seus desafios, e só quem os enfrenta sabe o quanto são limitantes ou estimulantes.

O xamanismo é um caminho árduo, mas não da forma como se usa tal palavra no cotidiano, ele é penoso por que ardemos com o fogo interior desperto pela fricção do Céu e da Terra dentro de nós. Para um andarilho não há difícil ou fácil, há apenas desafios que são enfrentados com muita alegria, se o caminho for "sofrido" não há coração nele, e é melhor que este seja abandonado rapidamente.

Na filosofia xamânica a coisa mais importante é a nossa relação com as manifestações da força da natureza e nossa comunhão com tudo aquilo que nos cerca visando nossa jornada rumo a Liberdade Total, ao salto quântico no qual nos tornaremos um Homo Luminus. É por isso que caminho. Essa busca me fascina e sustenta.

As raizes da maior parte dos problemas em nosso planeta podem ser atribuídas aos homens e mulheres. É na verdade um assunto que tem sua origem na mesma configuração de nossa mente. Ela geralmente nos faz duvidar e sentir medo. Já a natureza é perfeita em si, nos dá medo e nos ensina a construir um mundo possível e melhor. Às vezes penso que a origem de nossa mente é extraterrena. Nossa mente é diferente da de todos os animais. De onde veio a nossa mente? Não encontro elementos de que o simples fato de termos sobrevivido neste planeta fez com que desenvolvêssemos uma mente tão complexa, anos-luz de distância da evolução atual das demais espécies.

Em síntese todos os ensinamentos de autoconhecimento nos dirigem a um único fim, o do respeito e amor entre todos os seres. Um Xamã tem que cuidar-se para não se viciar em somente curar, ele tem que saber o momento preciso de atuar. A enfermidade é um transtorno causado pela natureza, que não tem origem causal, mas é definitivamente causado pelas atitudes do indivíduo. Isso funciona no homem, tal como uma purificação que visa aumentar a consciência sobre uma determinada área de sua vida. O paciente deve conquistar essa consciência antes de ser curado, caso contrário, terá sido inútil ter ficado doente.

Como um andarilho do Caminho Xamânico, sou um ser manipulador da energia e da ordem espiritual, que o faz desde uma perspectiva responsável. Essa responsabilidade tem uma magnitude, tal como a de ser responsável consigo mesmo, com a minha família, comunidade e com a humanidade como um todo. A responsabilidade tem sua raiz na intenção. Sempre busco agir com intenção amorosa e respeitosa. Para tudo isso tenho que possuir uma consciência ampla e bastante energia.

Ser e agir como um Xamã não é privilégio de povos nativos, mas do desenvolvimento humano. O amor, o respeito, a energia e a intenção são determinantes para que isso ocorra. O amor é a pedra angular da vida e da consciência. É a chave que abre todas as portas. A morte é nossa melhor amiga e nos recorda continuamente que estamos vivos. Na minha caminhada aprendi que a vida se alimenta de ilusão e a morte da verdade. Dentro de mais alguns dias irei fazer uma "Vision Quest" em Águas da Prata com meu clã e mais uma vez estarei indo de encontro à morte. Um ciclo está se fechando para mim com a proximidade do meu aniversário, e ao retornar de viagem começarei uma nova jornada.

Era uma manhã chuvosa quando Filho do Vento e eu chegamos à Águas da Prata. A viagem de Brasília até lá foi tranquila, porém não consegui dormir. Diferente das outras vezes em que desembarquei na Prata,

Águia de Coração Leve não estava nos esperando. Quando passamos por São João da Boa Vista liguei para ele, mas o seu celular estava fora de área. Creio que deveria estar com o restante do grupo no alto da Serra do Deus me Livre, onde se dará mais uma vez a nossa jornada da "Busca da Visão". A solução era sentar no banco da pequena rodoviária e aguardar sua chegada.

Passado uns trinta minutos Velho Lobo chegou no Fiat Estrada, cabine dupla, de Águia de Coração Leve. Pediu desculpas pelo atraso ocorrido devido à forte neblina que enfrentou ao descer a serra. Acomodamos nossas mochilas e barracas na parte de trás do carro e após um rápido café da manhã numa padaria, fomos nos encontrar com o resto do nosso Clã que chegara dois dias antes de nós.

Ao entrarmos na "cozinha da alma" de nosso acampamento, recebemos as boas-vindas de Águia de Coração Leve, que preparava um saco com frutas para cada um dos membros do Clã. Depois de nos abraçarmos euforicamente nos deliciamos com uma banana e uma tangerina. Durante o frugal lanche, nosso amado Mestre nos explica que após arrumarmos as barracas, devemos escrever uma carta de despedida da vida, com nossas palavras finais. Disse-nos que iríamos fazer a cerimônia da morte. Eu enterraria Filho do Vento num buraco na terra e ele faria o mesmo comigo.

Subo solitariamente ao local onde meus irmãos instalaram suas barracas e armo a minha próxima a rede de Águia do Coração Leve. Cubro-a com uma lona negra de plástico para não ser surpreendido pela chuva forte que geralmente assola a região nesta época do ano. Depois de me acomodar, escrevo a minha carta de despedida.

Serra do Deus me livre, 31 de outubro de 2011.

Dizer adeus não é fácil, mas às vezes é necessário fazê-lo. Aprendi com os Xamãs andinos a dizer "Hasta Pronto!" Mas desta vez a expressão não será essa, pois estou pronto para morrer. Despedirei-me definitivamente dos meus amigos, irmãos de caminhada e familiares.

Durante minha estada terrena tenho mais a agradecer do que a lamentar. Creio que o fiel da balança irá pender muito mais para um lado, do que para o outro, talvez seja por isso que darei uma vantagem para o prato das lamentações.

Tenho a lamentar principalmente as palavras não ditas, as promessas não cumpridas, os lugares que gostaria de ter conhecido e não visitei, como também não ter passado mais tempo em companhia de pessoas queridas, que amei e ainda amo.

Agradeço a vida pelas dádivas que me foram concedidas, as risadas, choros, lições aprendidas, obstáculos superados, aos meus amigos espirituais e da natureza, irmãos e familiares que me acompanharam nesta grande jornada, destacando:

As árvores, as montanhas, o povo pedra, os lagos, os ventos, os lobos cinzentos, os jaguares e outros seres, que me presentearam com os seus segredos de harmonia e poder, e me permitiram aprender outras formas de comunicação.

Agradeço aos guerreiros ancestrais que me receberam no seu mundo, dando-me conselhos valiosos para que eu possa prosseguir na minha jornada, até chegar o dia em que eu me reúna a eles no Grande Conselho ao redor da fogueira, e possamos juntos tomar um chocolate.

Aos meus amigos que se fazem sempre presente no meu cotidiano pelas trocas de ideias e ensinamentos diários, como também àqueles que estão presentes nos meus sonhos.

A minha mãe, que além de me dar a vida e seu amor, me ensinou com Coração de Loba a primeira canção de amor que aprendi cujas notas ainda embelezam o meu mundo.

Ao meu sobrinho simplesmente pelo fato de ele existir, me amar e encher minha vida de alegria.

Ao meu pai, pelos conselhos e por estar sempre ao meu lado quando eu mais preciso.

O meu profundo agradecimento a Amayi pelo amor, carinho, cumplicidade e por ser minha companheira nesta vida e em outras jornadas.

Aos membros do Clã Lobos do Cerrado, que possibilitaram a geração de tanta magia que temos compartilhado durante todos esses anos de aprendizado contínuo.

Aos meus Mestres por terem compartilhado os ensinamentos aprendidos com os Nativos Americanos durante anos de estudos, e por mostrarem a trilha que me levou ao Sagrado Caminho do Xamanismo.

A Mãe Terra que me acolheu e me nutriu em seu seio, dando-me o sustento para seguir em frente, caminhando docemente pelo seu ventre.

E, é claro, ao Grande Espírito que nos deu a essência da Vida, para que possamos explorar o Grande Mistério e viver em Harmonia com todos os seres.

Ao acabar de escrever minhas últimas palavras, Filho do Vento vai até a minha barraca e diz que é chegada a hora. Saio apenas de cueca, segurando a pequena carta de despedida na mão esquerda. Cruzamos todo acampamento silenciosamente até um pequeno córrego, e de lá seguimos por uma trilha até encontrarmos duas covas rasas. Lentamente me deito no buraco na terra. O céu chora por nós. Pequenas gotas de chuva caem sobre meu corpo nu, envolto numa mortalha branca. A terra é jogada sobre mim. Começo a sentir seu toque frio envolvendo-me.

Filho do Vento diz algumas palavras sobre mim:

– *Pachamama*, receba o corpo do seu filho Wagner e ilumine sua jornada de retorno ao lar...

Mergulho no Éter Universal sem nenhum clarão ou estampido. Tudo escurece. Estou na plácida escuridão do vazio. Não escuto mais as palavras que meu irmão pronuncia. Uma coruja pia incessantemente ao lado do meu túmulo. Uma voz chorosa se faz presente. Apesar de sempre dizer que estava preparado para a morte, a sinto se apresentando assustadoramente para mim. Encolho-me diante dela, negando-a. Ela, porém, sempre esteve incubada em mim.

Milhares de rostos e cenas conhecidas passam a minha frente como se fosse um *trailer* de um filme no qual sou o ator principal. Sinto-me sendo privado dos meus sentidos. Meu corpo afunda na terra e desliza cada vez mais fundo através da matéria orgânica. Sou engolido totalmente por ela. Isso é surreal. Estou morrendo em meio ao rugido de mares neuronais. Quão real é essa realidade? Não! Tenho que assumir o comando e acessar o subconsciente. Respiro. Tenho que correr. Estou chegando. Vejo um túnel de luz. Não posso parar. Flutuo em paz.

Aprendi na minha caminhada xamânica que o ato mais poderoso do Xamã é a morte. O voo xamânico é uma jornada além da morte. Aprender a morrer é aprender como viver, pois se a vida nos solicita, da morte nada podemos solicitar. O medo da morte apavora nosso futuro, seja ele qual for. É por isso que um Xamã passa toda sua vida aprendendo a morrer.

Passei a minha vida me enfrentando, procurando nesta batalha interna me libertar e viver plenamente no presente, sabendo que caminho seguir quando a morte vier e me reconhecer. Este momento chegou. É hora de morrer com consciência, de olhos abertos, deixando para trás o invólucro carnal e me identificar com o seu conteúdo, a energia viva do qual são feitos o Cosmo e os sonhos. Senão morrer conscientemente, meu corpo de energia retornará para o Grande Mar Escuro da Consciência. Mas aprendi a me separar do corpo físico, tomando conhecimento de que sou um ser luminoso que tem consciência de que irá morrer para carne, mas continuará sua jornada espiritual rumo a sua estrela guia conservando a integridade de sua consciência.

Ao caminhar a Morte parece flutuar. Não escuto seus passos. Ela encontra-se a poucos metros de mim. Irei contemplar sua face. Um manto de estrelas envolve seu corpo totalmente. Dou um passo em sua direção. Seus braços fortes impedem meu avanço segurando meus ombros firmemente. Sinto seu hálito adocicado. Um véu translúcido cobre o seu rosto. Vejo-a através dele. Ela tem os traços fortes e o rosto levemente angulado. Seus olhos faíscam como meteoros incandescentes.

A Senhora a minha frente mansamente levanta o véu e só neste momento é que consigo visualizar suas rugas profundas. Cabelos brancos como o pico do *Apu Ausangate* caem até a altura de seus seios medianos e flácidos. Seus braços enlaçam meu pescoço. Ela me puxa para mais perto e me beija suavemente.

Sinto sua língua explorando a minha boca. Faço o mesmo. Não sinto os seus dentes, apenas sua arcada. Mesmo assim continuo a beijá-la como se estivesse com Amayi a minha frente. Nem no momento da minha morte deixo de pensar na mulher que amo e que foi minha companheira durante outras eras. Abro meus olhos para ver senão é ela que está ali e o que vejo me surpreende.

A Senhora Morte transforma-se paulatinamente de uma anciã em uma deslumbrante mulher que jamais voltarei a ver. Longos cabelos negros como a noite caem sobre os seios torneados e rígidos. Seu rosto antes enrugado tem apenas pequenas rugas de expressão. Os olhos continuam faiscantes, porém mais serenos. Vendo meu estado de perplexidade, ela ri deixando a mostra lindos dentes brancos. Abraça-me com ternura. Faço o mesmo. Fecho os olhos e nos beijamos pela última vez.

Sinto-a rejuvenescendo cada vez mais, enquanto definho até me tornar pó.

A jovem donzela me apanha entre suas delicadas mãos e assopra em direção as estrelas. Estou voltando para casa depois de morrer conscientemente. Neste momento vejo que meu corpo de energia luminoso ganhou a forma de um homem-felídio com as cores do arco-íris. Transformei-me num *runauturuncu*, um homem-jaguar, voando para Sírius, a minha estrela, fundindo-me ao éter universal.

Minhas sinapses se acendem como supernovas enquanto o ímpeto das partículas do meu ser é apanhado em uma espiral subatômica. Minha consciência é capturada por uma corrente de elétrons e espalhadas pela escuridão do espaço, deixando os pensamentos, ilhas isoladas e adormecidas, separadas por eternidades oceânicas. Sou enrolado em volta de uma hélice dupla ao redor do eixo universal, uma sequência neurológica no cérebro cósmico. Ressonantemente o meu Ser está conectado a tudo. Minha alma se contrai e sou lançado num novo e luminoso renascimento, envolvido na mais perfeita graça, navego por éons, abençoado por uma paz beatífica, vivo num universo de glórias brincando com os seres-alados em torno de um poderoso sol sagrado.

Porém efêmera como o pensamento Elemental, a minha jornada não dura mais do que alguns breves milênios. Depois de fazer uma curva num buraco negro, minha nau de êxtase naufraga no iceberg da mortalidade. As partículas se rencontram e as memórias reúnem-se na sensação cada vez mais intensa de um novo Ser.

Olho para a Via Láctea e contemplo o Cruzeiro do Sul e ao seu lado outra constelação com algumas partes escuras. Vejo nitidamente o corpo negro de *Yanapuma*, o Jaguar Negro, e seus olhos brilhantes, próximo a linha do horizonte. Neste momento compreendo que o medo da morte afeta cada aspecto de nossa vida. A morte significa se despojar de tudo aquilo que não somos. O segredo da jornada da vida é saber morrer antes que realmente morramos. Esse é o caminho do Despertar do Guerreiro.

"A História é sempre um recomeçar eterno".

Aramu-Muru

Glossário

Achuar – Guerreiro na língua dos *Shuar-Jívaros.*

Alto Mesayoq – Xamã andino que tem uma relação com seres sobrenaturais, mais particularmente com os espíritos das montanhas. Também é utilizado como uma das expressões para chamar e saudar o Grande Espírito.

Amacy – *Banho de ervas.*

Amaru – Serpente ou cobra.

Amauta – Mestre andino ou sacerdote. Sábio, depositário de conhecimento. Conhecido também por *Yachac.*

Ampiri – Preparado da maceração do tabaco com álcool utilizado para limpeza e também para ser bebido em pequenas porções para alimentar os aliados de poder que se localizam na garganta do Xamã amazônico.

Anaku – Túnica feminina longa e reta que vai até os tornozelos.

Apacheta – Lugar de oferendas. Montanhas de pedras.

Apu – Senhor. Designação dada às Montanhas Sagradas que também são consideradas divindades protetoras.

Apuyayay – Invocação do sagrado

Arkay – Armadura espiritual energética criada a partir da fumaça do tabaco usado pelo Xamã.

Arutam – Força espiritual por trás da manifestação da selva.

Aumakua – O Eu do eterno espírito. Eu superior. A mente super consciente. Espírito pessoal que é masculino e feminino.

Ausangate – O Apu (montanha) principal da região de Cusco.

Awki – Espírito protetor das montanhas nos Andes. A alma das montanhas.

Ayawaska ou Ayahuaska – A Corda da Morte ou Vinho dos Mortos. Planta Mestra de Poder, muito utilizada em experiência xamânicas na selva.

Ayllu – Comunidade.

Ayni – Reciprocidade ou troca. O dar e o receber.

Ayni Karpay – Troca de conhecimento e energia através dos *poq'pos*.

Caminho Sagrado – Caminho da vida em equilíbrio, em harmonia com o Grande Espírito.

Ceke – Linhas que nos interligam com a teia energética do universo.

Chakana – Cruz andina que simboliza o cruzeiro do sul.

Ch'alla – Oferenda com vinho colocada num vaso cerimonial ou concha, e jogado na direção leste, primeiro para a direita e depois esquerda.

Chamakani – Senhor da obscuridade, chamado pelo nome de "Senhor mais Velho". Na África e Brasil é conhecido por Xapanã.

Chaquiras – Pérolas de concha rosa enfiadas em colar ou costuradas em vestes cerimoniais.

Chaski – Mensageiro.

Chavin – Complexo sagrado perto de Huaraz. Cultura pré-inka de mesmo nome que habitou a costa peruana em torno de 1.500 a.C.

Chicha – Bebida cerimonial. Cerveja fermentada à base de milho.

Chinkana – Túnel ou passagem.

Chonta – Madeira derivada de uma palmeira que cresce na selva, muito dura e utilizada para fabricação de espadas, lanças, varas e burdunas.

Chumpi Kuyas – Conjunto de pedras utilizadas para abrir os centros de energia do campo luminoso.

Chuspa ou ***chuspita*** – Pequena bolsa feita de lã de lhama ou ovelha, onde se guardam as folhas de coca.

Clã Solar – Tribo Alada. Águias Xamãs. Seres Luminosos.

Coya – Título dado à esposa legítima do *Inka*.

Cumbi – Tecido de altíssima qualidade, na maioria das vezes feito de lã de vicunha.

Despacho ou ***Haywarikuy*** – Cerimônia sagrada de oferenda nos Andes.

Eboka – Planta psicotrópica africana utilizada para a comunicação com espíritos ancestrais.

Ego – Controlador do medo no plano físico, designado para cuidar do corpo físico. É um componente secundário da identidade humana quando saudável. É o segundo eu.

Grande Mistério – Fonte de toda Vida. Conhecidos por diversos nomes: Deusa, Deus, Eterno Um, *Wakatanka*, *Pachacamac*, *Maheo*, *Masauu*, Mãe Universal, Espírito, etc.

Hallpay ou ***Pijcho*** – Ritual de *coqueo* para compartilhar as folhas de coca.

Hamas-Ohne – Significa "sem macho" na língua dos *iacamiabas*, sua corruptela é amazona. Mulheres guerreiras que adotavam o matriarcado como forma de governo. Narram as lendas que elas guardavam a cidade mítica de *Miscayani*.

Hana e Urin – Superior e inferior. As duas metades da dualidade andina. Homem e Mulher. Sol e Lua. Similar ao conceito taoísta do *yin* e do *yang*.

Hanan Pacha – O mundo superior, uma atmosfera superior acima das nuvens onde habitam os seres espirituais, representado pelos Apus e o Condor.

Hempu – Bolsa dos Xamãs amazônicos na qual se guardam folhas de coca e objetos de poder como cachimbo, tabaco, *maraká*, etc.

Hoocha – Energia densa ou pesada.

Huaca – Lugar sagrado.

Huara – Calção que um menino recebia por ocasião do rito de iniciação chamado também por *huarachiku*.

Ichu – Capim selvagem, cuja palha serve para a cobertura de tetos.

Inka – Imperador, chefe supremo do Império *Tawantinsuyu*. Filho do Sol.

Inti – Sol.

Inti Raymi – Festa do Sol. Celebrado em 21 de junho como sendo o Ano Novo *Inka*.

Intiwatana ou ***Suqanqa*** – Amarrador do Sol. Medidor do Sol ou observatório solar.

Itu Apu – Montanha de Referência. Local de Poder.

Kamaq – Vórtice energético raiz, conhecido mais popularmente como *Kundalini*. A energia suprema criativa que transita por todos os chacras. Ela também é o coração de toda a existência.

Kamay – Sopro dado pelo Xamã com água florida.

Karpay – Iniciação que conecta a pessoa com uma linhagem ancestral de conhecimento ou a um local sagrado e dá poder ao indivíduo.

Kausay – Força vital que anima o Universo.

Kausay Pacha – Energia viva do Universo.

Kay Pacha – O mundo mediano ou ordinário, onde habitam os seres vivos e tudo que se move pela Terra. Representado pelo Puma.

Killa – Lua.

Kintu – Trinca de folhas de coca, indispensável nas oferendas andinas.

Kissangua – Bebida fermentada, típica de Angola. Pode ser feita de vários frutos.

Kuntur – Condor, a maior ave voadora, de cor negra com algumas penas rajadas de branco.

Kuraq – Xamã andino que trabalha com os filamentos energéticos celestiais, a energia divina.

Kuya – Pedra de Poder.

Layka – Xamã andino. Com a invasão espanhola este nome passou a ser designado somente para bruxos e feiticeiros, enquanto os Xamãs passaram a ser reconhecidos pelos nomes de *Paq'os*, *Uwishins* ou *Yatiris*. Recentemente os Xamãs voltaram a ser reconhecidos por esse nome.

Llanto – Sombra, também conhecida por *Arwa*, *Ch'iwi*, *Qamasa*, *Supam* ou *Wani*. Duplo anímico, uma forma de consciência independente dos sentidos físicos de qualquer ser, matéria vivente, como: Montanhas, *huacas*, lagoas, animais, plantas, objetos de poder, etc.

Loas – No Vodu eles são os habitantes originais deste mundo. Às vezes chamados de espíritos ou anjos, os *Loas* são energias ou entidades que se tornaram divinas. Eles são divididos em diferentes famílias, grupos e sub-grupos.

Lunda Tchokwe – Povo nativo angolano de origem *Banto* que habita as selvas da Zâmbia e a da República Democrática do Congo (antigo Zaire).

Machu Picchu – Significa Montanha Velha, porém é também chamada de Cidade Iniciática, Cidade Luz, Cidade do Arco-Íris, Cidade Cristal, etc.

Malero – Especialista em fazer o mal.

Mama Cocha - Mãe D'água.

Mama Killa - Grande Mãe Lua, a Senhora das Emoções.

Mapacho ou ***Seri*** - Nicotina rústica, um tabaco utilizado pelo Xamã de forma cerimonial para limpeza espiritual.

Masato - Cerveja ou *chicha* feita da mandioca, fermentada pela saliva das mulheres.

Mastana - Manta de alpaca ou lhama.

Maykua - Uma planta da espécie de *Brugmansia*, conhecido também como *Floripôndio*, *Toe*, *Hallapa*, *Huacacha*, *Saaro* ou Dama da Noite.

Mesa - Altar sagrado do Xamã andino, onde ele deposita seus objetos sagrados, "artes".

Miqhuy - Processo de cura utilizado para extirpar a energia intrusa.

Miscayani - Cidade mítica habitada por lindas mulheres espiritualizadas.

Mochica - Civilização pré-inka nos Andes, surgida por volta de 200 a.C.

Mullus - Pequenas conchas do Pacífico de cor vermelha ou rosada; em estado natural, sua utilização é intimamente ligada a ritos sagrados.

Munay - Amor, compaixão ou coração.

Nagual - Mar infinito do Ser, que cerca o universo como o rio cerca o peixe; contém os padrões de toda a criação possível.

Natem - Nome dado a *Ayahuasca* pelos *Shuars-Jívaros*. Planta Mestra de Poder, muito utilizada em experiência xamânicas na selva amazônica.

Ñawi - Olhos de luz, centro energético do corpo luminoso.

Nina - Fogo.

Nuga - O administrador do medo no plano material. Aquele que cuida do nosso corpo físico. O segundo eu. O ego.

Onkoy - Comunhão.

Otorongo ou ***Uturungo*** - Jaguar, o guardião da floresta e do portal entre os mundos.

Pacha - Mundo ou Universo.

Pachacamac - Senhor do Universo, aquele que governa todas as coisas. O Infinito.

Pachamama – Mãe Terra. O espírito da Terra no seu aspecto feminino.

Pachatata – Pai Terra.

Pakarina – Local de origem. Elementais da água.

Palanca Negra – Uma espécie de Antílope africano que só é encontrado em Angola.

Panya (Paña) – Direita. Lado material.

Paq'o – Xamãs andinos.

Payé – Pajé.

Poq'po – Bolha de energia que cerca o corpo humano. Corpo de Energia Luminoso.

Prunus Africana – Árvore africana de folha perene. Seu fruto é apreciado pelos gorilas.

Puna – Planalto semi-árido dos Andes.

Pututu – Concha utilizada como instrumento de sopro nas cerimônias xamânicas nos Andes.

Q'ero – Tribo andina que vive nos arredores da montanha sagrada de *Ausangate*, no Peru. Nome dado também a um vaso cerimonial feito de madeira.

Quéchua (Runasimi) – Antiga língua falada pelos *Inkas* e pela maioria dos povos andinos.

Quipu – Conjunto de cordões coloridos com nós com registros mnemotécnicos. Eram feitos de cordões que podiam ser coloridos ou não, onde cada combinação de nós significavam uma mensagem distinta.

Radá-canzo – Tradição Vodu que trabalha exclusivamente com magia branca.

Sachamama – A Deusa-Serpente, a Senhora das Emoções. Anaconda ou sucuri. Senhora da Selva.

Samay ou ***Phukuy*** – Sopro forte dado aos *kintus* pelo Xamã.

Sami – Energia refinada.

Sapa Inka – Único Senhor. Título do soberano *Inka*.

Shishink ou ***Schapa*** – Chocalho de folhas de mandioca e *guayaba*.

Shuars-Jívaros – Tribo amazônica que vive no sudeste equatoriano e nas encostas orientais da cordilheira andina peruana. No passado eram conhecidos por encolherem as cabeças dos inimigos, prática que não é mais realizada.

Shupoga – Cerimônia de cura com pedras quentes, porém se diferencia do *Temascal* porque é individual e não grupal.

Singada – Cerimônia de limpeza feita com uma mistura de tabaco com álcool, que consiste em sorver o líquido pelas narinas.

Tata Inti – Pai Sol.

Tawantinsuyu – As quatro regiões do Império *Inka*. Significa literalmente Quatro Terras.

Temascal – É uma cerimônia de purificação utilizada a milênios por povos nativos. Conhecida também pelo nome de *Temazkatl*. Já os nativos norte-americanos a chamam de *Inipi*, ou Sauna Sagrada.

Texemuyo – A matriz luminosa do Universo. O Grande Espírito. O *Spíritu* para os andinos, conhecido também pelo nome de *Pachacamac*, aquele que governa todas as coisas.

Tonal – O universo e tudo que ele contém. Estrutura material existente.

Tribos Aladas – Guardiões espirituais da Terra. Entes alados. São os espíritos humanos em seu estado mais elevados. São os seres originais da Terra.

Tsantza – Antigo ritual praticado pelos *Shuars-Jívaros* que consistia em encolher a cabeça de um inimigo decapitado ao tamanho da palma de uma mão.

Tsentsak – São setas mágicas também conhecidas pelo nome de "virotes", que são essenciais para a prática do xamanismo *Shuars-Jívaros*. É através do poder dos *Tsentsak* que é possível curar as doenças.

Tsachila – Uma tribo equatoriana conhecida como os Colorados, porque tem o hábito de pintar o cabelo e o corpo com *urucum*.

Tuntui – Tambor dos *Shuar-Jívaros*.

Ukhu Pacha – O mundo interior ou inferior, representado pela Serpente, é também chamado de mundo dos mortos.

Unku – Túnica sem mangas que vai até os joelhos, usada pelos homens.

Usnu – Estrutura de pedra na qual são realizadas cerimônias sagradas.

Uwishin – Pajé dos *Shuars-Jívaros.*

Vicuñas – Camelídeo típico dos Andes.

Viscacha – Roedor da família das marmotas, com uma cauda semelhante à do esquilo, que vive nos amontoados de pedras de rochedos.

Vodu – É uma religião xamanista em busca do sagrado, que procura utilizar a força cósmica somente de uma maneira positiva.

Wachuma – Nome indígena do cacto *San Pedro*, utilizado como enteógeno.

Wakin – Outro ou duplo, uma réplica tridimensional do corpo de luminoso.

Wanga – Feitiço ou feiticeiro(a). É também o nome de uma prática mágica de origem africana que deu origem ao *Vodu.*

Wari – Povo andino que construiu um império por volta de 600 d.C.

Waska ou ***Huasca*** – Fibra luminosa que liga o corpo luminoso à natureza.

Wawek – Feiticeiro *Shuars-Jívaros* que utilizam seus poderes para praticar o mal.

Wayra – Vento, massa de ar em movimento. Um Ente da natureza.

Willca ou ***Willka*** – Sagrado, Divino.

Willcanota ou ***Willkamayu*** – Rio sagrado dos *Inkas* que percorre toda a selva até chegar ao rio Amazonas.

Wiracocha – Senhor do Céu. Deus supremo dos Andes.

Yachac – Sacerdote ou mestre andino.

Yachay ou ***Mariri*** – Líquido que os Xamãs expectoram e detém a essência de seu poder. Funciona como defesa espiritual energética.

Yacu – Espírito da Água.

Yanantin – Uma relação harmoniosa entre opostos.

Yoqe – O lado espiritual e misterioso. Esquerda.

Yorubá – Grupo étnico africano de origem nígero-congolesa.

CONHEÇA OUTROS TÍTULOS DA EDITORA ALFABETO

ALFABETO

PRÁTICAS BIOXAMÂNICAS

Samuel Souza de Paula (coordenador)

ISBN 978-85-98736-55-6 | Formato: 16x23 cm

Páginas: 368 | Peso: 640g

Quais são as práticas xamânicas especiais utilizadas no processo de cura? Onde nasce a espiritualidade xamânica? Qual a importância em descobrir e se beneficiar das forças de seus animais de poder? Estas e muitas outras perguntas são respondidas no decorrer da leitura de Práticas Bioxamânicas – Despertar das Capacidades Interiores, uma obra abrangente que vai instigar você leitor a buscar a sua essência enquanto ser cósmico, espiritual.

VIA CORAÇÃO – CAMINHOS DA TRANSFORMAÇÃO

Horácio Netho

ISBN: 978-85-98736-33-4 | Formato: 16 x 23 cm

Páginas: 288 | Peso: 434g

Da religião à espiritualidade, da crença científica à entrega pela fé, esta obra toca acervos de ensinamentos ancestrais ao mesmo tempo em que sugere novas possibilidades para um autoconhecimento transcendental rumo ao "mundo dos céus".

CRISTAIS UM UNIVERSO EM SUAS MÃOS

Rosa Maria Biancardi

ISBN: 978-85-98736-27-3 | Formato: 16 x 23 cm

Páginas: 168 + caderno colorido 16 páginas | Peso: 285g

Esta obra contém toda a preparação para o uso dos cristais e a prática da gemoterapia, incluindo análise detalhada dos chacras, técnicas de radiestesia, gráficos de avaliação, glossários de sintomas específicos para cada área e um índice de cristais, com as especificações para o uso, selecionados criteriosamente para atender a todas as necessidades do trabalho e ao alcance de todos. Inclui um caderno com fotos coloridas de mais de 100 cristais e pedras preciosas.

ANÁLISE CÁRMICA

José Carlos Palermo

ISBN 978-85-98736-57-0 | Formato: 16x23 cm
Páginas: 288 | Peso: 550g

A proposta deste livro é estabelecer um elo entre nossa vida atual, vidas passadas e tudo o que influenciou e motivou a moldagem de nosso ser. O amigo leitor, detentor do perfil do eterno buscador, inquietante em sua essência, encontrará nas páginas subsequentes um oceano profundo de conhecimento, contendo todos os subsídios para uma análise cármica e reveladora.

WICCA PARA TODOS

Claudiney Prieto

ISBN 978-85-98307-02-2 | Páginas: 416
Formato: 16x23cm | Peso: 500g

WICCA PARA TODOS é um livro essencial para os que buscam os caminhos da Arte e desejam ampliar sua visão e conhecimentos sobre esse fascinante universo. A obra é uma fonte de referência para todos que têm se encontrado perdidos em meio a tantas informações distorcidas, deturpadas e equivocadas sobre a Wicca disponíveis na atualidade. O livro traz, ainda, um Compêndio de Reflexões que versa sobre os temas mais profundos e controvertidos da Wicca, destinado aos que buscam informações mais avançadas sobre os muitos aspectos das questões mistéricas da Bruxaria Moderna.

OS NOVOS GRÁFICOS EM RADIESTESIA

António Rodrigues

ISBN 978-85-98736-26-6 | Páginas: 224
Formato: 21x28cm | Peso: 663g

Instrumentos obrigatórios para a prática da radiestesia, os gráficos oferecem multiplicidade de usos e permitem análises mais precisas, possibilitando aumentar o poder vibracional de substâncias e palavras a fim de interferir nas energias presentes e modificar ambientes. Foram adicionados doze novos gráficos.